弾き語りキーボード・セッション①

音楽療法の必須100曲

高齢者編

日本音楽療法学会認定音楽療法士
大垣女子短期大学音楽療法コース 教授

Sugata Ayako
菅田文子

はじめに

音楽療法士に求められる伴奏とは

この楽譜集「音楽療法の必須 100 曲 [高齢者編]」は、これから高齢者分野で音楽療法の実践を始めようとしている人に向けて作りました。

私たちが実践現場でお会いする高齢の方々は、当然ですが私たちよりも昔に生まれて、その当時に流行っていた歌を歌い、生きてこられた方たちです。私たちは、高齢の方の思い出を呼び起こし、その想いに共感するためにも、当時の歌を学び、その頃のできごとを思い出してもらうためのきっかけを提供できなければなりません。

1. 選曲

本書では、高齢者の現場で長年実践を積んできた音楽療法士たちの助言を取り入れて、高齢者施設に入所あるいは通所されている方々がよく知っている歌、かつ反応が良いと思われる歌を選びました。

2. 曲のキー

市販の楽譜集は原調（オリジナルキー）のまま書かれていることが多く、高齢の方たちには高すぎて声が出にくいことが多いことから、音を下げて書きました。

3. 余裕のあるアレンジ

さらに、音楽療法士には、単に伴奏をするだけではなく、対象者の反応を引き出し、それを観察する能力が求められます。むしろ、伴奏の演奏力そのものよりも、対象者の反応に応じた働きかけや、観察記録する力の方が音楽療法士としては大切だと筆者は考えています。

演奏に余裕を持って対象者に働きかけをしたり観察したりするために、本書の伴奏アレンジは簡単なものとなっています。ピアノの経験を積んだ人ならば初見で演奏できると思います。

4. 歌唱を促すためのかけ声タイミング

そして、短かめのイントロと、歌唱を促すためのかけ声のタイミングを楽譜中に盛り込みました。適度な長さのイントロは、曲の雰囲気を表現することと、少しの間、曲の始まりに向けて意識を集中してもらうことにつながります。

5. 電子キーボード（61鍵）のためのアレンジ

この譜面は、施設に置かれていることが一番多い61鍵の電子キーボードでの演奏を念頭に置いて書いたものです。電子キーボードとピアノの見かけは同じ鍵盤楽器ですが、実体は異なる楽器です。それを知らずに、ピアノを弾くようにキーボードを演奏してしまって演奏効果を損ねてしまっているケースが多いのが残念です。

ピアノと電子キーボードの仕組みの違いや、演奏の細かなコツについて、p. 6に記載しました。

6. 楽器演奏への応用

また、Ⅰ－Ⅳ－Ⅴのベル和音で演奏できる曲については、極力和音記号をつけて、楽器活動にも応用できるようにしてあります。和音奏だけでなく、単音のクリシェ（順次に音が下降していく進行）が使える曲についても、ベルの音名を掲げました。また、体操や手遊びなどに使える曲についてはそれらの方法も盛り込んであります。

7. 会話のきっかけとなるキーワード、出来事コラム

曲が発表された年に起こった主な出来事や、曲に関連したキーワードは、歌にまつわる思い出を引き出すための材料として活用してください。

高齢者のレパートリーはとても幅広く、童謡、唱歌、歌謡曲、民謡など多岐にわたります。

本書を活用して、それらの曲をどこで知ったのか、どういうところで歌ったのかなど、たくさんの思い出や発言を引き出してください。そして、グループセッションならば、それらの言葉をグループで共有して、話を深めていってください。そういった様子をきちんと記録し続けることで、音楽療法による結果が明らかになってゆきます。評価に必要な観察のチェックポイントをp.216に記しました。

私たち音楽療法士は、素敵な演奏をして「すごいね」と誉められることや、「そんなに弾けたらいいな」とうらやましがられることを目的として演奏するのではありません。音楽療法士の演奏は、対象者の反応を引き出し、展開するためのものです。実はこの目的で行う演奏が、「すごいね」と称賛される演奏より数倍も難しく、工夫が必要な、奥の深い世界であることがわかってきます。

以上の本書の意図をふまえ、何のための伴奏であるかを分かったうえで活用していただければ幸いです。

2009年8月　　著者

弾き語りキーボード・セッション①

音楽療法の

CONTENTS

★印のある40曲はベル譜付き

春

夏

秋

必須100曲 高齢者編

冬

全季節

電子キーボードとピアノを弾き分けよう！

見た目は似ていますが違う楽器です

音楽療法を行う施設に置いてある鍵盤楽器は、ほとんどが 61 鍵盤の電子キーボード（以下キーボードと呼ぶ）です。

キーボードはピアノに似ていますが、以下の点が違います。キーボードの特性を理解して演奏することで、より良い伴奏ができるようになります。

1．タッチの違い①

キーボードは、**鍵盤を押す速さが、タッチによる音量の違いを表現**します。速く鍵盤を押すと大きな音、ゆっくり押し込むと小さな音になります。ピアノに似ていますがこの仕組みの違いがあるために、ピアノと同じような感覚で弾いてしまうと意図しないタイミングで大きな音が出てしまったり、反対に小さな音しか出なかったりします。

キーボードの音量はベロシティという単位で表すことができ、1～128の値で表します。ピアノの音量の幅に比べると狭いためにピアノに慣れた人にとっては思ったような表現にならないかもしれませんが、この違いを理解することで、例えば左手の和音は小さめで、メロディを強調した演奏を意図的に行うことが簡単にできるため、歌わせやすい伴奏をすることが可能です。

♪ タッチの違いが極端に表れるので、意識して使い分ける

2．タッチの違い②

弦の太さや長さで音程の違いを出しているピアノと異なり、キーボードはすべての鍵盤が同じ重さです。ピアノでは低い音域を重たいと感じることがありますが、そういった実感の違いがないために、キーボードをピアノで演奏するように弾いてしまうと、低音域が軽い、ぺらぺらとした演奏になってしまいます。

伴奏する人が実際に出てくる音を良く聴いて、音域にふさわしいタッチを使うことで、より歌いやすい伴奏になります。**低音域はゆったりと、高音域は軽やかに演奏**するとよいでしょう。ピアノだと鍵盤の重さによって自然とそうなる演奏を、演奏者が意識して行うということです。

♪ 鍵盤自体が軽いので、音の重さ・軽さは演奏者がコントロールする

3．倍音の違い

キーボードは生のピアノと比べると倍音が豊かではありません。同じ音域で固めて演奏するとごちゃっとしてしまい、タッチで差をつけようとしても例えば内声のメロディだけ引き立たせて演奏することは苦手な楽器です。

そのため、キーボードで演奏することを念頭に置いた本書では、聴かせたいメロディーの音を、和声の一番上に持ってきています。また、中音域に和声を固めてしまうと歌ったときにメロディーが聞き取りにくくなるために、ピアノで演奏するときよりもあえてメロディーの音域を高くしてアレンジしている曲もあります。ただ、すべての曲でそれがふさわしいのではなく、例えば歌いだしの音が低めである場合などは、音がとりやすいようにメロディーを実際の声の音域で演奏している曲もあります。

本書は伴奏に歌声が加わってバランスが取れるようにアレンジしてあります。低音域ではベース音とリズム、中音域は実際の歌声、高音域ではメロディーが聴こえるように左手と右手を離して書いてあるアレンジはそういった意図からできています。それぞれのアレンジには意図がありますので、曲ごとのコメントを参考にしてください。

♪ 左手と右手を離して歌声の音域も込みで「1つの曲」だと考える

4. ペダルについて

ピアノのダンパーペダルは、普段かかっているミュートをはずして弦を響かせる役割をもっています。キーボードのペダルは、踏んだら音が伸びるというところはピアノと似ていますがサステインペダルと呼ばれるもので、音を保持するという意味です。**ピアノと異なり、半分踏む、軽く踏むといった細かなコントロールはできず、**ペダルを踏んだか踏まないか、オンかオフかといった違いになります。

ピアノに馴れた人はキーボードでペダルを踏みすぎることがよくあります。キーボードのペダルで出来るのは「音を伸ばすか、伸ばさないか」の2択ですから、次のコードに行ってもペダルを踏んでいたら音がにごってしまいます。必要な音だけ伸ばすようにして、むしろ極力使わないように伸ばしたい音は自分の手でテヌートするほうが、伴奏としてはリズムにキレが出てよいと思います。

♪ ペダルはオンとオフしかないので、使用は必要最小限にとどめる

5. 使用する音について

キーボードには多彩な音色が入っています。最近のものではリズムマシンも内蔵していることが多いですが、音楽療法では音色やリズムを探したりしている暇はありません。
どのメーカーのキーボードも、電源を入れて一番最初に出てくる音はグランドピアノ（に似せた音）の音で、メーカーがそのキーボードの基本的な音としているものです。音楽療法士は複数の施設や、同じ施設内でも違う種類のキーボードを演奏することが多いでしょう。迷わず、**一番最初に出てきた音をメインに**して演奏してください。

その際、**タッチレスポンス（ベロシティを感じるか感じないかの設定）は必ずオンに**してください（初期設定ではオンになっています）。ペダルはあればそれにこしたことはありませんが、無くても演奏できるように**テヌートで演奏する技術**も身につけておいてください。

6. キーボードの利点

よく調律されたピアノが置いてある施設はまれなのではないでしょうか。
・キーボードの利点は調律が不要であることや、持ち運びが便利な点にあります。
・ピアノは壁際に置かれていることが多く対象者に背を向けなければなりませんが、キーボードなら対象者の顔を見ながら演奏できます。
・スピーカーの近くにマイクを置いて音を拾うことや、ヘッドフォン端子とアンプを接続することにより、簡単に大きな音になります。
・値段も比較的安価（筆者が本書をアレンジしたのは２万円程度のキーボードです）で入手できます。

音楽療法士に限らず音楽家は、与えられた環境でベストを尽くすべきだと思います。キーボードをピアノの代用品だと考えず、こうした別の楽器であると見直して、キーボードの特性を活かした演奏をすることによって、演奏者の音楽的表現も広がるでしょう。

歌に合わせてベル活動と手あそびを

1. ベルの和音奏について

本書で和音記号（Ⅰ、Ⅳ、Ⅴ）がついている譜面の曲は、「ミュージックベル」、「トーンチャイム」、「音積み木」、「クワイヤーホーン」など、１音ずつに分かれる楽器であればどれでも和音奏が可能です。

和音奏はリーダーの出す合図を見て演奏したり止めたり、さらに演奏しながら歌うなど一度に複数の動作ができる複雑な楽器活動ですから、音楽療法セッションのプログラムでメインの活動にすることができます。

音楽療法士が１人で和音奏を指揮する時には、中央で３つのグループに対して１人で「音を出すタイミング」と「止めるタイミング」の指示を出さなければなりません。特に、「止めるタイミング」が重要です。できれば、実際のタイミングよりも半拍早く、次のグループに合図できれば理想的です。そのためにも、セラピストはⅠ、Ⅳ、Ⅴのタイミングをよく知っておかなければなりません。

もし施設スタッフの協力が得られるならば、図のように個々のグループの指揮者として音楽療法士の合図に従ってもらえたら、対象者は集中しやすくやりやすくなるでしょう。

① ベルの和音奏の配置

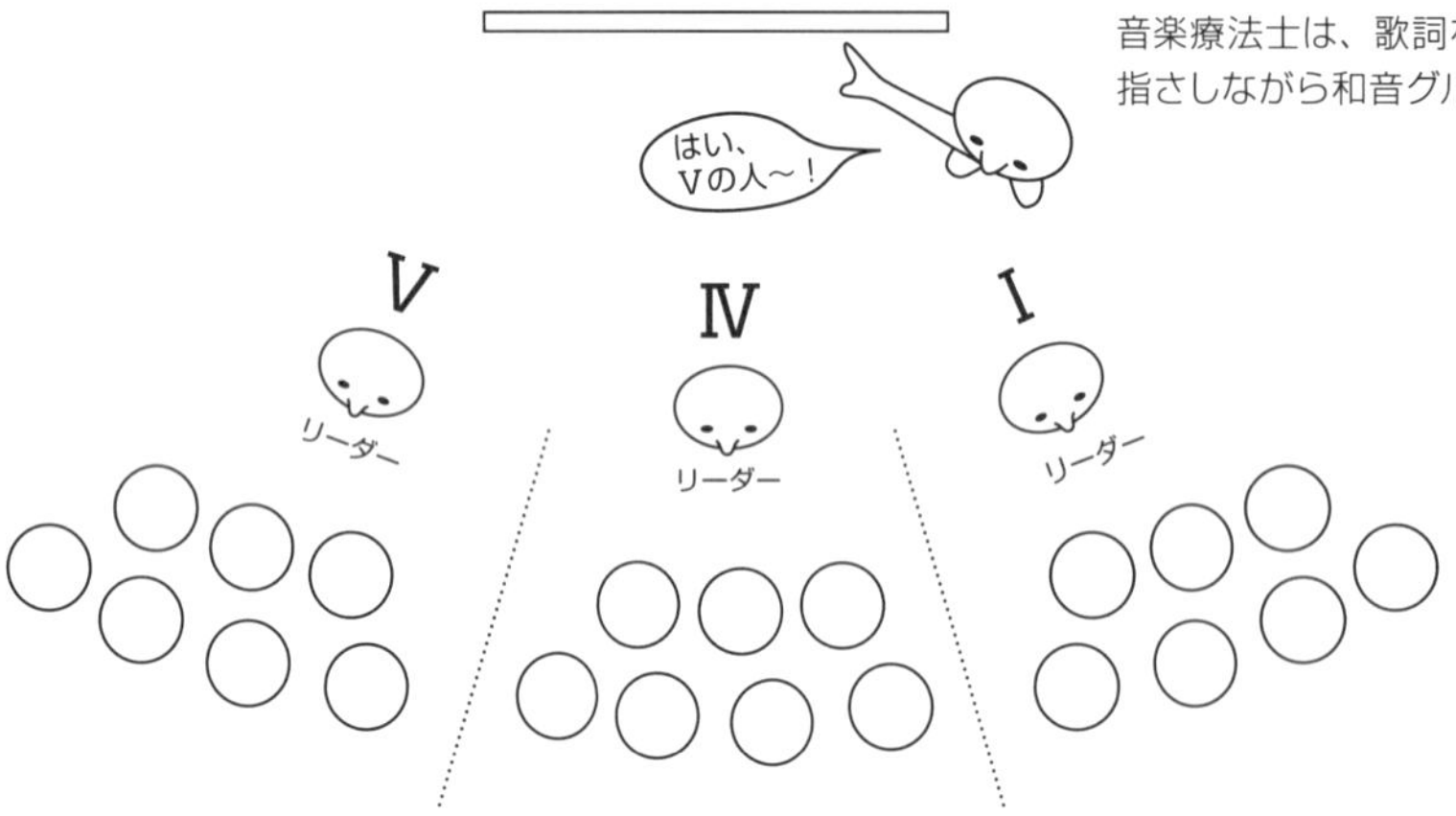
はい、
Ⅴの人～！
Ⅴ
Ⅳ
Ⅰ
リーダー
リーダー
リーダー

音楽療法士は、歌詞を貼ったホワイトボードを指さしながら和音グループに指示を出します。

Ⅰ･Ⅳ･Ⅴの３つのグループには、それぞれリーダーがつきます。鳴らすタイミングと止めるタイミングを出してもらいます。先読みと同じように、一呼吸前のタイミングで対象者の注目を引きつけることが大事。

ベルは以下の図になるように配ると指揮しやすいです。

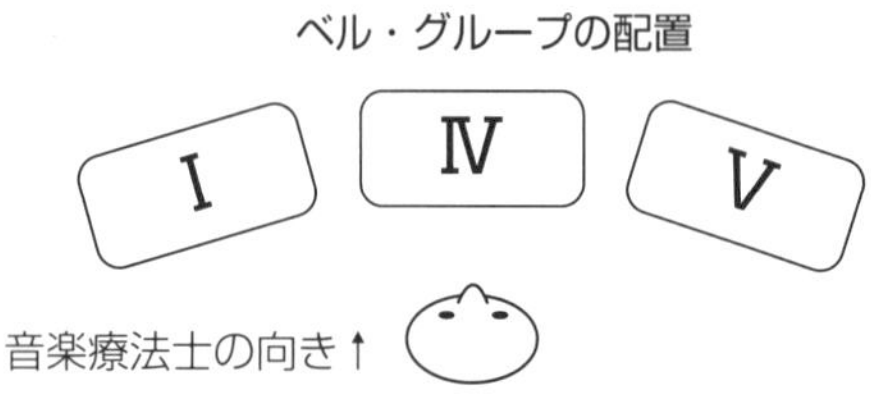
ベル・グループの配置
Ⅰ
Ⅳ
Ⅴ
音楽療法士の向き↑

音楽療法士から見てこのように。キーボードの鍵盤と同じく、低音域（Ⅰ）が左、高音域（Ⅴ）が右に並びます。

ベルを三和音に分けてグループで演奏してもらう活動は、指示を見ることや、周囲に合わせて演奏を始めたり止めたりしなければならないことから、音楽療法では「社会性」や「協調性」、「集中力」を高める目的で行われます。
和音奏は、中程度から大きなグループで行う活動に用いることができます。

2. ベルの単音奏について

ベルを単音で配り、セラピストの合図に従って鳴らす活動は、少人数のグループセッション向きです。さらに卓上ミュージックベルなどを使うと、個人セッションでも行うことができます。

卓上ミュージックベルを使った活動
ミュージックベルにボタンがついたような構造で、手の平でたたいて鳴らします
卓上ミュージックベルとはこんな形
Cl
音楽療法士が指さした音を、対象者にたたいて鳴らしてもらいます。
歌いながら鳴らしてみると、さらに複雑な活動になります。
この場合、音楽療法士は伴奏する必要はありません。
Th

机の上にベルを並べる場合も、グループで１人1音ずつ受け持つ場合でも、ベルの和音奏と同様、鍵盤の並びにしたがって左側が低い音、右側が高い音になるように配ります。

② ベルの単音奏の配置

低い
高い
ド
レ
ミ
ファ
ソ
ラ
シ
ド
音楽療法士の向き↑

１音ずつベルを演奏してもらう時にも下図のように、低いドが一番左にくるように。
キーボードの配列と同じように並べることで、とっさの対応ができます。

ベルを1音ずつ担当してもらい、指示に従って鳴らしてもらう単音奏も、和音奏と同様の目的で行うことができますが、自分と同じ音の人が他にはいないため、回りを見てなんとなく合わせるのではなく、指示のタイミングに合わせて鳴らすことになりますから、和音奏よりも少し難易度が高い活動となります。

単音奏は、2人から5～6人までの小さなグループに向いています。１人で片手に１本ずつ持てるならば、１人で2つの音を担当してもらうこともできます。

本書では、ベルの単音奏を、よくあるクリシェ（順番に音が下降していく）だけでなく、音がランダムに飛ぶアレンジも載せています。

順番に音が出る活動では次に誰が鳴らすか予測がついてしまいますが、次に誰が鳴らすかわからないと、次は自分の番かもしれないと思い、セラピストの指示に集中します。
どういった活動にしたいのか考えたうえで使う曲を選んでください。

手遊びについて

簡単な歌に合わせて手や指を動かすことは、単調な動きのくり返しでも歌に合わせることにより飽きずに続けることができたり、歌いながら動かすことで一度に複数の動作を行うことになり、脳機能の維持・改善に効果があると言われています。

この活動のコツは、歌詞カードを見なくても歌えるような簡単な歌に、お手本を目の前でやってみせるとすぐに真似られるくらいの簡単な動作をつけることです。

活動を行う前に、「歌いながら動かすことで効果があります」と声かけすると、参加者のやる気が高まります。「何のためにこうしたこと（動き、歌唱）をするのか」がわかれば、納得して参加できる方が高齢の参加者の中には多いので、必要に応じて活動の意味をわかりやすく説明できるように心がけておいてください。

筆者は、例えば「浦島太郎」で行っている指を一本ずつ折ったり開いたりする活動では、こんなふうに声をかけます。
「普段使わない小指や薬指を、意識して使いましょう。握る力が弱くなるのは、この小指と薬指に力が入らないからです。草取りで草がなかなか抜けないとか、なめたけのビンの蓋が開かないとか、握る力が弱いといろいろ困りますよね。ではやってみましょう。」

健常なお年寄りのグループでもこうした声かけをすると、熱心に取り組んでいただけます。

また、この曲は「うれしいひなまつり」「茶摘み」「たきび」など他の簡単な童謡や唱歌でも同様に使えます。

途中で休むタイミングを入れたりして、最後はパーで開いた状態で終われるように調整して使ってください。

もう一つの例に挙げた手遊び「みかんの花咲く丘」は、３拍子の曲なので、他にも「海」「うみ」「故郷」「こいのぼり」「背くらべ」など３拍子の曲ならばそのまま使うことができます。

大切なことは、「歌詞カードを見なくてもソラで歌えるくらいなじみのある曲」で行うことです。歌詞を追いながら動作のお手本を真似るのは難しすぎます。

もし４拍子でこの活動を行うには、最初の動作（「グー」や「チョキ」）を２拍にしてください。伸ばす分だけテンポがゆったりしますので、４拍子の方がやりやすくなります。

手あそび「浦島太郎」

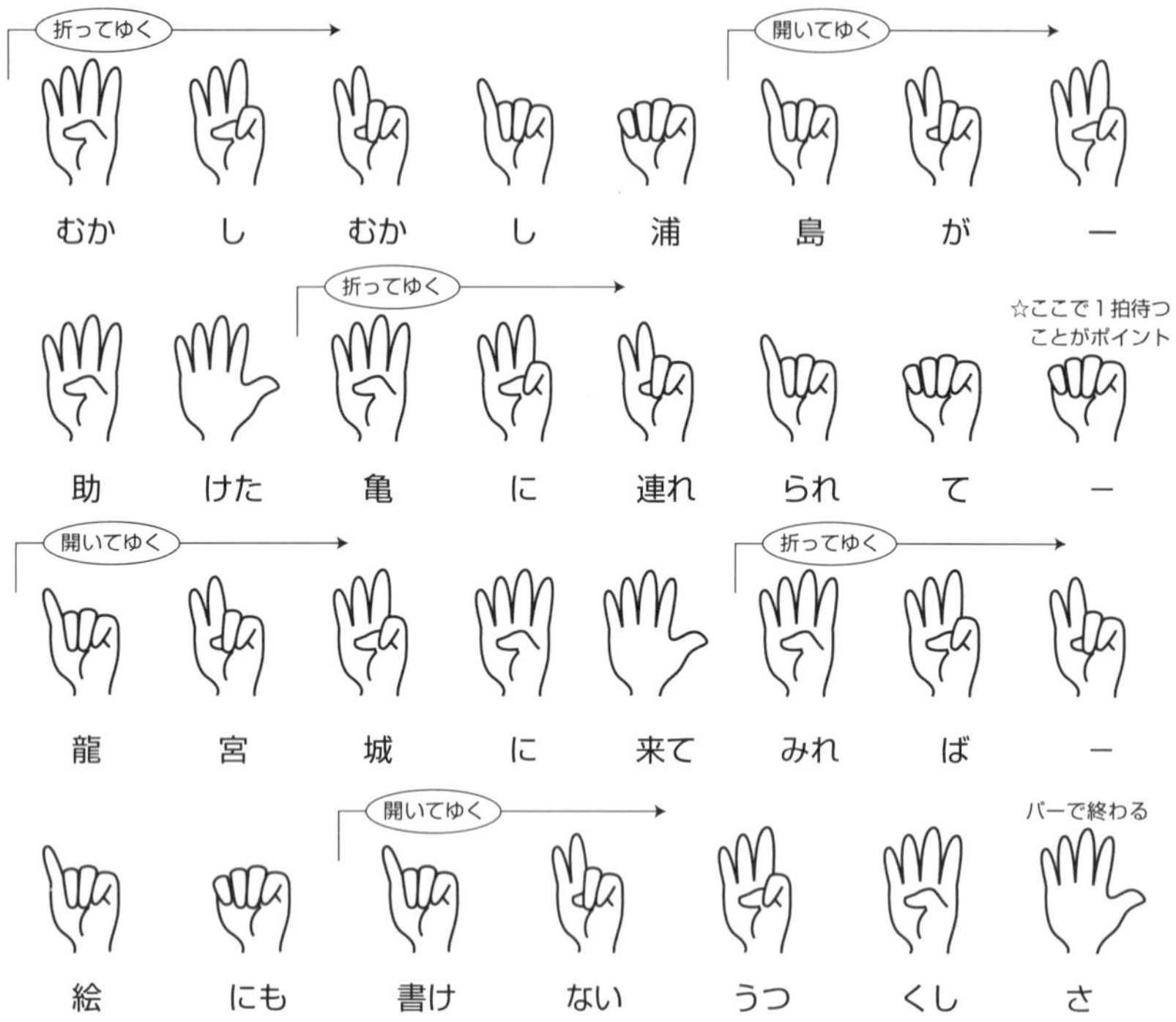

折ってゆく
開いてゆく
むかし むかし 浦 島 が ー
折ってゆく
☆ここで１拍待つ
ことがポイント
助 けた 亀 に 連れ られ て ー
開いてゆく
折ってゆく
龍 宮 城 に 来て みれ ば ー
開いてゆく
パーで終わる
絵 にも 書け ない うつ くし さ

手あそび「みかんの花の咲く丘」

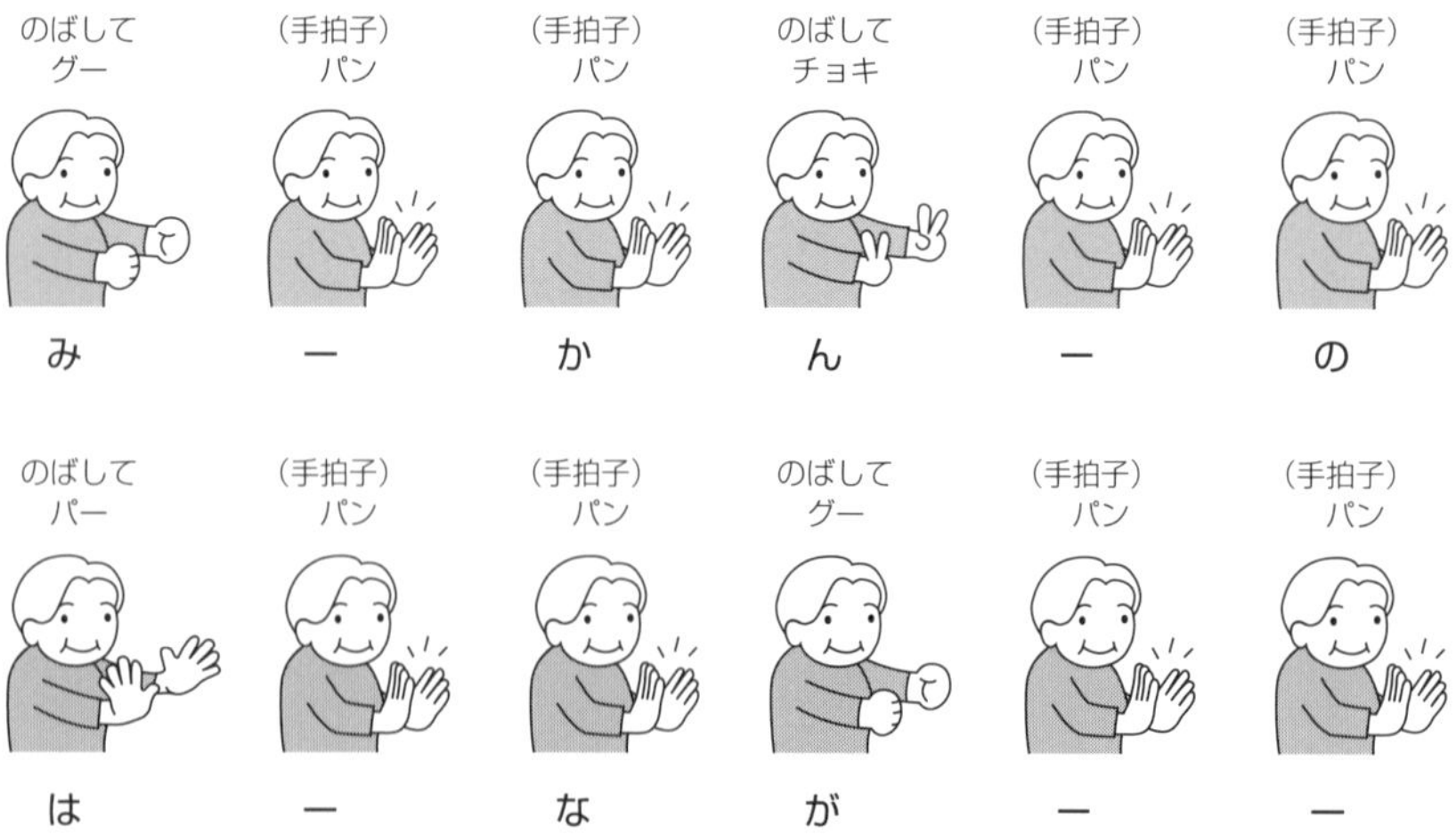

のばして グー
(手拍子) パン
(手拍子) パン
のばして チョキ
(手拍子) パン
(手拍子) パン
み ー か ん ー の
のばして パー
(手拍子) パン
(手拍子) パン
のばして グー
(手拍子) パン
(手拍子) パン
は ー な が ー ー

「チョキ」の手の形は高齢の方にはむずかしい場合もあります。
その場合は「グー」と「パー」の交互に替えて行うとよいでしょう。

春

Spring

18曲

春よこい

全体的にはシンプルでかわいらしい感じの和音を使いましたが、最後の一節だけm7♭5（マイナーセブンフラットファイブ）という、切ない響きの和音を使い、少し大人向けのアレンジとしました。

作詞　相馬御風
作曲　弘田竜太郎

愛らしく
F　Dm7　G　C7　F
（さん、　はい）
単音奏　F　F　D　C　F　D
F　Dm7　Gm　C7　Dm7　B♭
は る よ こい　は や く こい　あ る き は じ め た
単音奏　D　F　F　C　D　C
C7　F　Dm7　Am　B♭　C　F
み い ちゃ ん が　あ か い　は な お の　じょ じょ は い て

この曲が発表された
大正12（1923）年は

p.24　p.42　p.106　p.152　p.166も参照。　第一次世界大戦が終わり、トルコ共和国が成立。ドイツでは社会主義労働者インターナショナルが結成、イタリアではムッソリーニが力を強め、スペイン ↗

この曲はベルと合奏できます　**ベル単音奏…（F, D, C）**

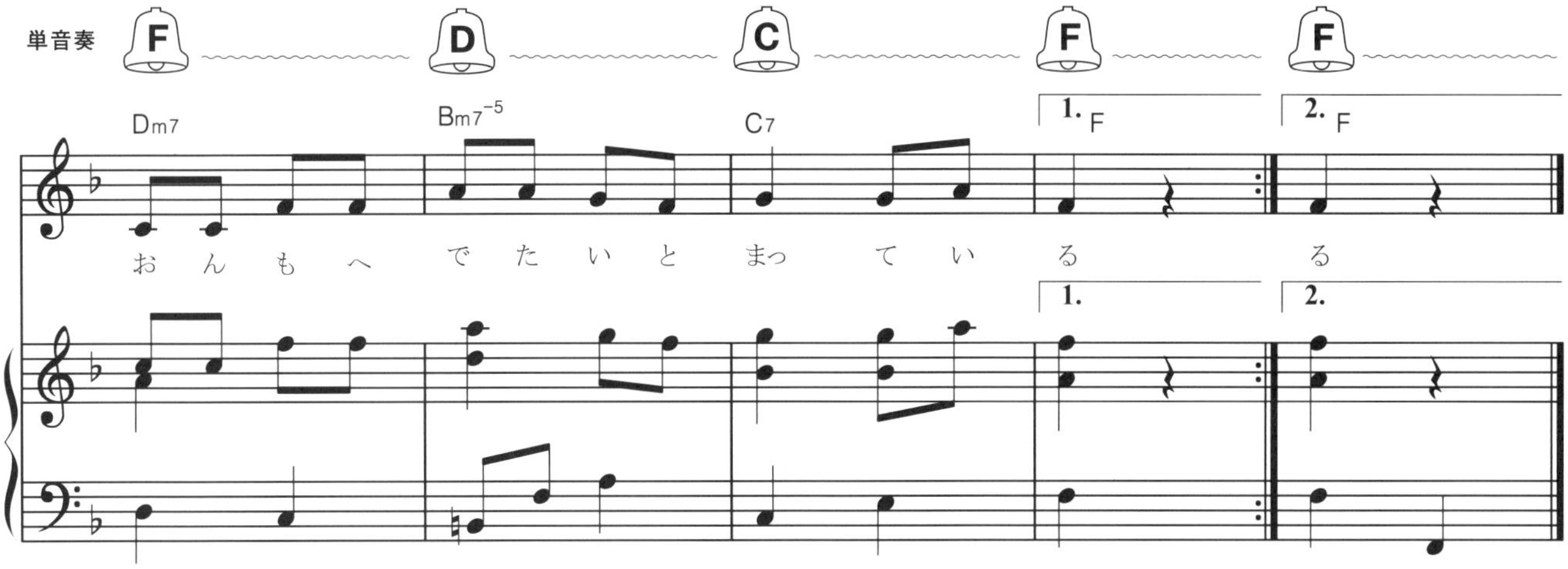

春よ来い

作詞　相馬御風
作曲　弘田竜太郎

1
春よ来い　早く来い
あるきはじめた　みいちゃんが
赤い鼻緒《はなお》の　じょじょはいて
おんもへ出たいと　待っている

2
春よ来い　早く来い
おうちのまえの　桃の木の
つぼみもみんな　ふくらんで
はよ咲きたいと　待っている

キーワード

じょじょ　桃の木

「じょじょ」とは草履のこと。
「おんもへ出たい」幼児と、「はよ（早く）咲きたい」桃の花を対照させながら、その先に春の柔かく明るい光を感じさせている。

トーク例

「どんな人でも春は待ち遠しいものですよね」
「季節がめぐる。それを待つあいだに、人はいろんなことを考えるものです」
「みなさんのこれまでの人生の中で、『は〜やく来い』と待ちわびたことに、どんなことがありますか？」

この曲は生まれた日付もわかっていて、1月20日だそうです。この時代の童謡にしては珍しく「じょじょ」や「おんも」などの幼児語が使われています。新潟県（作詞者の相馬御風は糸魚川市の出身）の寒い冬の中で、春を待ちわびる気持ちが表れている曲です。

では軍事独裁政権が生まれ、孫文が中華国民党宣言をおこなう。不況下の日本では、共産党が弾圧され、庶民の間に厭世気分が漂う。「船頭小唄」が大ヒット、演歌師の歌う「おれは河原の枯れすすき」が流行する。

早春賦

春の喜びが感じられるように軽やかに演奏してください。

作詞　吉丸一昌
作曲　中田　章

かろやかに

C F F♯dim C G C
(さん、はい)
は
単音奏 C B A A G G C B
C F C G C G
る は な の み の か ぜ の さ む さ や ー た
単音奏 C B A A G B C C
C F Dm7 C G C
に の う ぐ い す う た は お も え ど ー と

発表直後から、特に女学生に人気のあった曲だそうです。作詞者が一時期住んでいた信州、安曇野の穂高の雪どけ風景に着想を得たという説があります。この曲と冒頭のメロディーが似ている「知床旅情」(p.76の作曲者森繁久弥)は、この曲からヒントを得たと言われています。そして、この作曲者の中田章(中田喜直の父)もまた、モーツァルトの「春の歌」からインスピレーションを得たのではないかと伝えられています。

この曲が発表された
大正2(1913)年は

チベットが独立を宣言。アメリカやノルウェーで婦人参政権運動が活発になる。岩波書店が開業した(岩波茂雄が古本屋から出版業を開始)。　森永製菓ミルクキャラメル発売(6月10日当時は大人向↗

この曲は
ベルと合奏できます　**ベル単音奏…（C, B, A, G）**

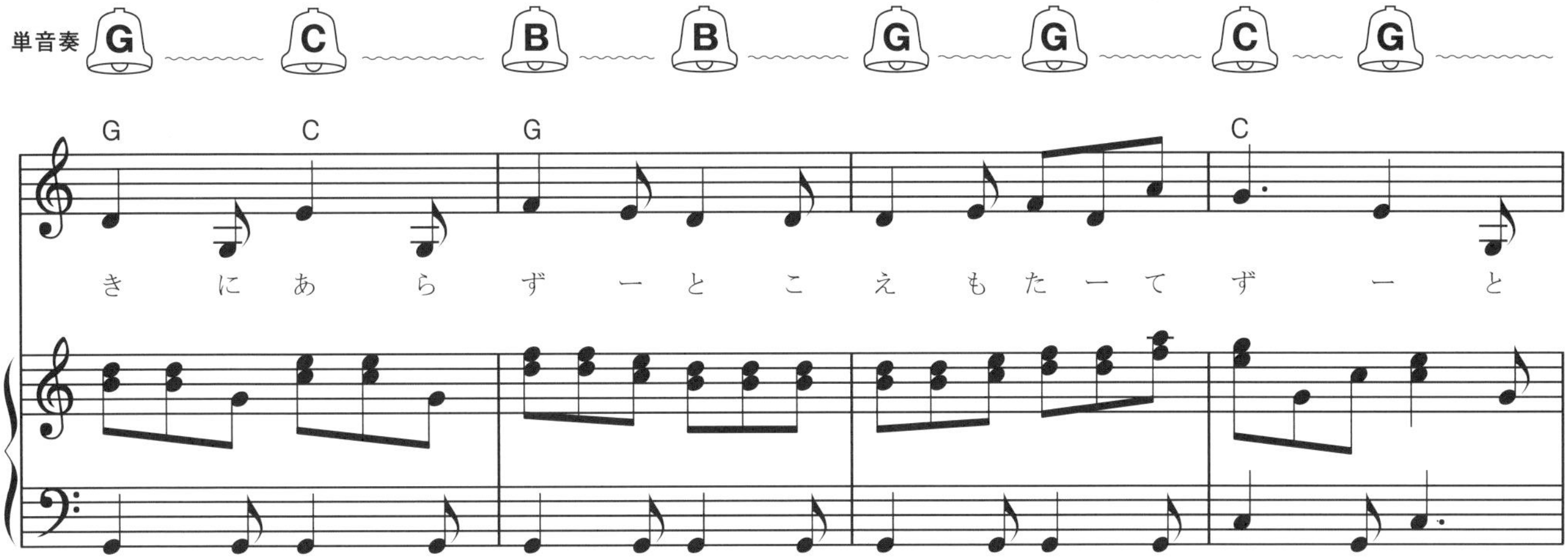
単音奏
G C B B G G C G
G C G C
き に あ ら ず ー と こ え も た ー て ず ー と

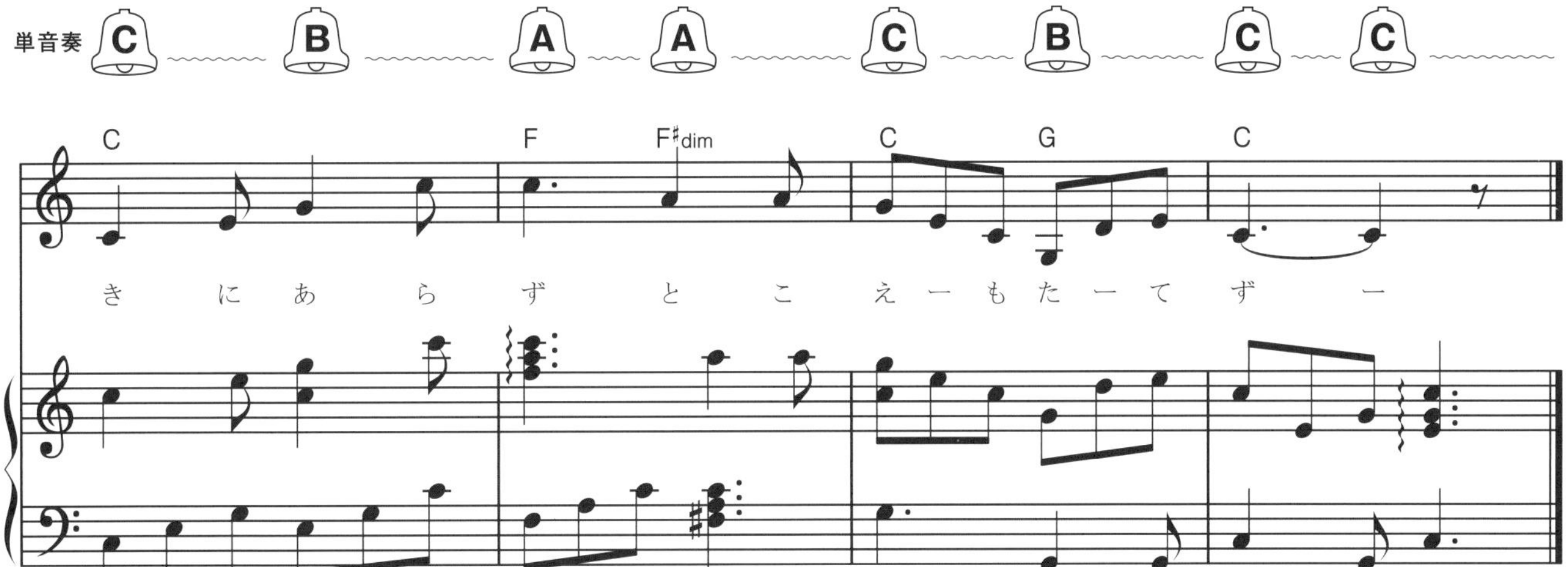
単音奏
C B A A C B C C
C F F♯dim C G C
き に あ ら ず と こ え ー も た ー て ず ー

早春賦

作詞　吉丸一昌
作曲　中田　章

1
春は名のみの　風の寒さや
谷の鶯《うぐいす》　歌は思えど
時にあらずと　声も立てず
時にあらずと　声も立てず

2
氷解け去り　葦《あし》は角《つの》ぐむ※
さては時ぞと　思うあやにく
今日もきのうも　雪の空
今日もきのうも　雪の空

※葦は池や沼に分布するイネ科の草本で、葦などが角のように芽を出すことを角ぐむと言う。

3
春と聞かねば　知らでありしを
聞けば急《せ》かるる　胸の思いを
いかにせよとの　この頃か
いかにせよとの　この頃か

キーワード

女学生愛唱歌

トーク例

「今はまだ寒い日々だが、春は必ずやってくるから希望を持って進もう、と温かく励まされるような歌ですね」

けでバラ売りしていました、1粒五厘だったそうです）。活動写真と蓄音機を結びつけた映画「キネトフォン」が初めて公開された。
川上貞奴が「トスカ」を上演。坪内逍遙翻訳の「ヂューリヤス・シーザー」初演。

荒城の月

しっとりと淋しい感じで演奏してください。

作詞　土井晩翠
作曲　滝廉太郎

この曲が発表された明治34（1901）年は　第1回ノーベル賞授与式（レントゲンが物理学賞を受賞）。ラントシュタイナーが血液型分類の4タイプを発見、それぞれA・B・AB・O型と命名した。日本では裕仁親王が誕生（4月29日）。石川倉 ↗

荒城の月

作詞　土井晩翠
作曲　滝廉太郎

1
春高楼《こうろう》の　花の宴《えん》
巡《めぐ》る杯《さかずき》　影《かげ》さして
※千代《ちよ》の松が枝《え》　分け出《い》でし
昔の光　今いずこ

2
秋陣営《じんえい》の　霜《しも》の色
鳴きゆく※雁《かり》の　数《かず》見せて
植《う》うる剣《つるぎ》に照り沿いし
昔の光　今いずこ

3
いま荒城の　夜半《よわ》の月
変わらぬ光　誰《た》がためぞ
垣《かき》に残るは　ただ※葛《かずら》
松に歌《うと》うは　ただ嵐《あらし》

4
天上影《てんじょうかげ》は　変わらねど
栄枯《えいこ》は移る　世の姿
映《うつ》さんとてか　今もなお
ああ荒城の夜半《よわ》の月

※千代とは、限りなく長い年月のこと。古い松の枝。
雁はカモ科の鳥で、編隊を組んで飛ぶ。
かずらは、植物のツルやツル草。

キーワード

滝《たき》 廉太郎《れんたろう》　土井《どい》 晩翠《ばんすい》

トーク例　「滅びゆくものへの身につまされるような悲しい気持ちを歌ったものですね。無常感というものをこんなに美しく品格持って表した滝廉太郎、この時弱冠22歳と聞いて驚きました。もっとおじいさんが作っていたのかと思いました」

曲は滝が幼少時代を過ごした大分県竹田（たけた）市の岡城址をイメージして作られたそうです。一方、作詞した土井晩翠は、故郷・仙台の青葉城に、会津若松の荒涼とした鶴ヶ城址のイメージを重ねながら作ったと言われています。その結果、現在では大分の竹田と仙台と会津若松の三箇所に記念碑が立っています。中学校唱歌として発表された作品で、原曲は無伴奏の歌曲でした。今広く歌われているメロディーは滝の没後に山田耕筰が改作、編曲したもので（本書のメロディーもそうです）原曲とは若干異なっています。

次が「日本点字（五十音式）」を完成。与謝野晶子『みだれ髪』発表。

うれしいひなまつり

リズミカルに、楽しげに演奏してください。

作詞　サトーハチロー
作曲　河村光陽

この曲が発表された **昭和11(1936)年** は　2・26事件（青年将校らによるクーデター未遂事件。参加兵は1400人以上。大臣や官僚を3名殺害して永田町周辺を占拠した）。ベルリン・オリンピック（51カ国が参加）で「前畑ガンバレ！」と連呼 ↗

うれしいひなまつり

作詞　サトーハチロー
作曲　河村光陽

1
あかりをつけましょ　ぼんぼりに
お花をあげましょ　桃の花
五人ばやしの　笛太鼓《ふえたいこ》
今日はたのしい　ひな祭り

2
お内裏様《だいりさま》と　おひな様
二人ならんで　すまし顔《がお》
お嫁にいらした　姉様《ねえさま》に
よく似た官女《かんじょ》の　白い顔

3
金のびょうぶに　うつる灯《ひ》を
かすかにゆする　春の風
すこし白酒《しろざけ》　めされたか
あかいお顔の　右大臣《うだいじん》

キーワード

ぼんぼり　官女

雛まつりは、桃の節句として雛人形を飾り、白酒、桃の花、菱餅などを供えて、女の子の成長と幸せを祈るもの。ぼんぼりは小さな行燈、官女は、宮中に仕える女性。もとは宮中や上流社会の風習であったものが、近世以降、民間に広まった。

トーク例

「子どもの頃、お供えの白酒をぐいぐい飲んで酔ってしまった思い出があります。
みなさんは、どんな雛祭りの思い出がありますか」

日本の旋律が使われているために古い曲だと思われることもありますが、昭和に入ってから作られた童謡です。作詞のサトウハチローには、結婚を目前にして19歳の若さで亡くなった姉がおり、そのことが歌詞の「お嫁にいらした姉様に」に歌われていると言われています。メキシコでも「哀れみなしご」という題名でレコード化されているそうです。

された水泳の前畑秀子が金メダル獲得。アメリカで『ライフ』誌が、日本では『装苑』誌が創刊。東海林太郎「椰子の実」、藤山一郎「東京ラプソディー」がヒット。マンガ「フクちゃん」人気。

朧《おぼろ》月夜

ゆったりとのびやかに演奏してください。

作詞　高野辰之
作曲　岡野貞一

うっとりと夢見るように

この曲が発表された
大正3（1914）年は

パナマ運河が開通。第一次世界大戦が勃発（8月23日日本も参戦）。桜島が噴火。東京駅舎完成。ニューヨークで無線電話（商業用）が初めて開通。ワトソン『行動』で「行動主義心理学」を打ち出す。↗

朧月夜

作詞 高野辰之
作曲 岡野貞一

1
菜の花畠に、入り日薄れ
見わたす山の端、霞ふかし
春風そよふく 空を見れば
夕月かかりて、におい淡し

2
里わの火影も、森の色も
田中の小路を たどる人も
蛙のなくねも、かねの音も
さながら霞める、朧月夜

キーワード

入日　霞

霞がかっているのを良しとする美学を、日本人は古くから大切にしてきて、陰翳礼讃もその一つですが、うすぼんやりとして、それがゆっくり移り変わっていくのを愛でる習慣がありました。

トーク例

「この歌で初めて、日本の春の夜の美しさに出会ったように思います」

朧月夜は春の夜に月がかすんで見える情景のことで黄砂の影響だといわれています。
2番の歌詞にある「里わ」とは、里のあたりという意味。また、「火影（ほかげ）」は家々の明かりを指しているそうです。
最近の歌手がカバーしていることもあり、今でもよく知られています。

山田耕筰ベルリンから帰朝、東京フィルハーモニー会管弦楽部を創立。夏目漱石『こころ』連載始まる。「新潮文庫」刊行、『少年倶楽部』創刊。蝶印ハーモニカ（日本楽器）の生産始まる。「花王粉石鹸」発売。

北国の春

リズムは演歌らしくない8ビートの曲です。
最後の「あの故郷へ帰ろかな」の手前のフレーズがキメるポイントです。

作詞　いではく
作曲　遠藤　実

からりとさわやかに

この曲が発表された昭和52（1977）年は　青酸コーラ無差別殺人事件起こる。巨人の王貞治一塁手が対ヤクルト戦でホームラン世界新記録の756号を達成。東京・青梅市で開かれた「第11回青梅マラソン大会」に参加者1万710人の世界最 ↗

（歌詞はp.24）

キーワード

おふくろの小包

白樺、こぶし、からまつはいずれも高地に多く育つ美しい木。花や芽吹きが北国の春を告げる。

トーク例

「みなさんのふるさとはどちらですか。北国の方いらっしゃいますか」
「ふるさとから小包が届いた思い出はありますか」

歌詞の中には、この曲でいう「北国」がどこのことなのか具体的には書いていませんが、作詞者のいではくは、自身の故郷である信州（長野県南牧村）を思い浮かべて書いたと言っています。発売から2年後の日本レコード大賞でロングセラー賞を獲得、中国語の歌詞もあり、日本以外に遠くシルクロードやヒマラヤでもヒットし、10億人の愛唱歌とまで言われるようになった曲です。

多人数。　映画「スター・ウォーズ」、アニメ映画「宇宙戦艦ヤマト」が大ヒット。ロックンロールの王様エルビス・プレスリーが42歳で突然死。喜劇王チャップリンが88歳で逝く。花見や行楽にカラオケを持ち込む習慣が定着。

北国の春

作詞 いではく
作曲 遠藤 実

1
白樺《しらかば》 青空 南風《みなみかぜ》
こぶし咲く あの丘 北国の
ああ北国の春
季節が都会では わからないだろと
届いたおふくろの 小さな包み
あの故郷《ふるさと》へ 帰ろかな 帰ろかな

2
雪どけ せせらぎ 丸木橋《まるきばし》
からまつの 芽がふく 北国の
ああ北国の春
好きだとお互いに言い出せないまま
別れてもう五年 あの娘《こ》はどうしてる
あの故郷へ 帰ろかな 帰ろかな

3
山吹《やまぶき》 朝霧《あさぎり》 水車小屋《すいしゃごや》
わらべ唄《うた》 聞こえる 北国の
ああ北国の春
あにきもおやじ似で 無口な二人が
たまには酒でも 飲んでるだろか
あの故郷へ 帰ろかな 帰ろかな

どこかで春が

作詞 百田宗治
作曲 草川 信

1
どこかで「春」が
生まれてる
どこかで水が
ながれ出す

2
どこかで雲雀《ひばり》が
啼《な》いている
どこかで芽の出る
音がする

3
山の三月
東風《こち》吹いて
どこかで「春」が
生まれてる

キーワード

雲雀《ひばり》 東風《こち》

東風は、春に東から吹く風。

トーク例

**「『どこかで芽の出る音がする』って、とっても繊細な感性ですね。よく聞こえますね。
春になるのではなく、春は生まれてくるものなんですね」**

作曲者の草川信《くさかわしん》は長野県出身で、雑誌『赤い鳥』の童謡運動に参加し、教職のかたわら作曲活動をしていました。3番の「東風《こち》」を現在は「そよ風」と歌われていますが、ここでは原曲どおりを掲載しています。

この曲が発表された大正12（1923）年は **関東大震災が発生（9月1日）。その混乱で朝鮮人が大勢虐殺される。ドイツでプラネタリウムが考案される。アメリカで『タイム』誌創刊。菊池寛『文芸春秋』を創刊。日本共産党が機関誌『赤旗』**↗

どこかで春が

柔らかく可愛らしい感じを出したいと思い音域を高めにしています。
3番はややダイナミックに演奏すると前後が引き立つと思います。

作詞　百田宗治
作曲　草川　信

を創刊するが３カ月で終刊。東京駅前に東洋一のオフィスビルと言われた丸ビルが建ち、アメリカ帰りの美容家山野千枝子が、その４階に美容院を開店、パーマネント普及の先駆けとなる。「船頭小唄」が流行る。

仰げば尊し

抑制の効いた静かなアルペジオで淡々と前半を演奏すると、後半の「今こそ別れめ　いざさらば」のメロディーが引き立ちます。

文部省唱歌

ひそやかに
B♭ E♭ Edim F7 B♭
(さー　ん、はい) あ
和音奏 I IV I V I
B♭ E♭ B♭ F B♭ F7
お げ ば と う と し わ が し の お ん ー お
和音奏 I IV I V I
B♭ E♭ B♭ F B♭
し え の に わ に も は や い く と せ ー お

この曲が発表された
明治17（1884）年は

ベトナム支配をめぐって、清とフランスが戦う（清仏戦争）。この時期までにヨーロッパ列強が、アフリカ大陸の約8割を植民地とする。ウォータマンが万年筆を発明。日本では、秩父事件（埼玉県の

この曲は ベルと合奏できます　ベル和音…Ⅰ（B♭, D, F）Ⅳ（E♭, G, B♭）Ⅴ（F, A, C）

仰げば尊し

文部省唱歌

1
仰げば尊し　我が師の恩
教《おしえ》の庭にも　はや幾年《いくとせ》
思えばいと疾《と》し　この年月《としつき》
今こそ　別れめ　いざさらば

2
互《たが》いに睦《むつ》みし　日ごろの恩
別るる後《のち》にも　やよ忘るな
身を立て　名をあげ　やよ励《はげ》めよ
今こそ　別れめ　いざさらば

3
朝夕《あさゆう》　馴《なれ》にし　学びの窓
蛍《ほたる》の灯火《ともしび》　積《つ》む白雪《しらゆき》
忘《わす》るる　間《ま》ぞなき　ゆく年月《としつき》
今こそ　別れめ　いざさらば

キーワード

蛍雪《けいせつ》の功 p.125参照

いと疾し　別れめ

「いと疾し」とは、「とても早い」の意味。別れむ（別れましょう）が、今「こそ」を受けての係り結びで「別れめ」となっている。「やよ忘るな」は、「決して忘れないで」の意。

トーク例

「この歌が使われている有名な映画がありますね。そうです、『二十四の瞳』です。素晴らしい映画ですけど、この歌が歌われるシーンは、本当に切なくて泣かせるんですよね」
「卒業式でこの歌を歌いましたか？ みなさんは凛々しいから、涙なんかこぼさなかったのではないでしょうか」

歌詞が文語体であるため、明治時代の子どもたちも意味がすんなりわかっていたわけではないと言います。原曲はスコットランド民謡であるという説があります。
2番の歌詞にある「蛍のともし火、積む白雪」とは、貧しい青年が蛍を集めて袋に入れた光や、雪明りのもとで勉強したという中国の故事に由来し、苦学して身を立てたという意味です。卒業式で歌われることの多かった曲ですが、今では歌わない学校も増えているそうです。

農民「秩父困民党」が武装蜂起、10月31日）。翌1885年、伊藤博文が初代内閣総理大臣に就任、初の文部大臣森有礼が学制改革に着手。5年後の1889年、大日本帝国憲法発令。パリでは万博、エッフェル塔が建設される

春が来た

学校唱歌らしさを心がけてシンプルなアレンジにしました。

作詞　高野辰之
作曲　岡野貞一

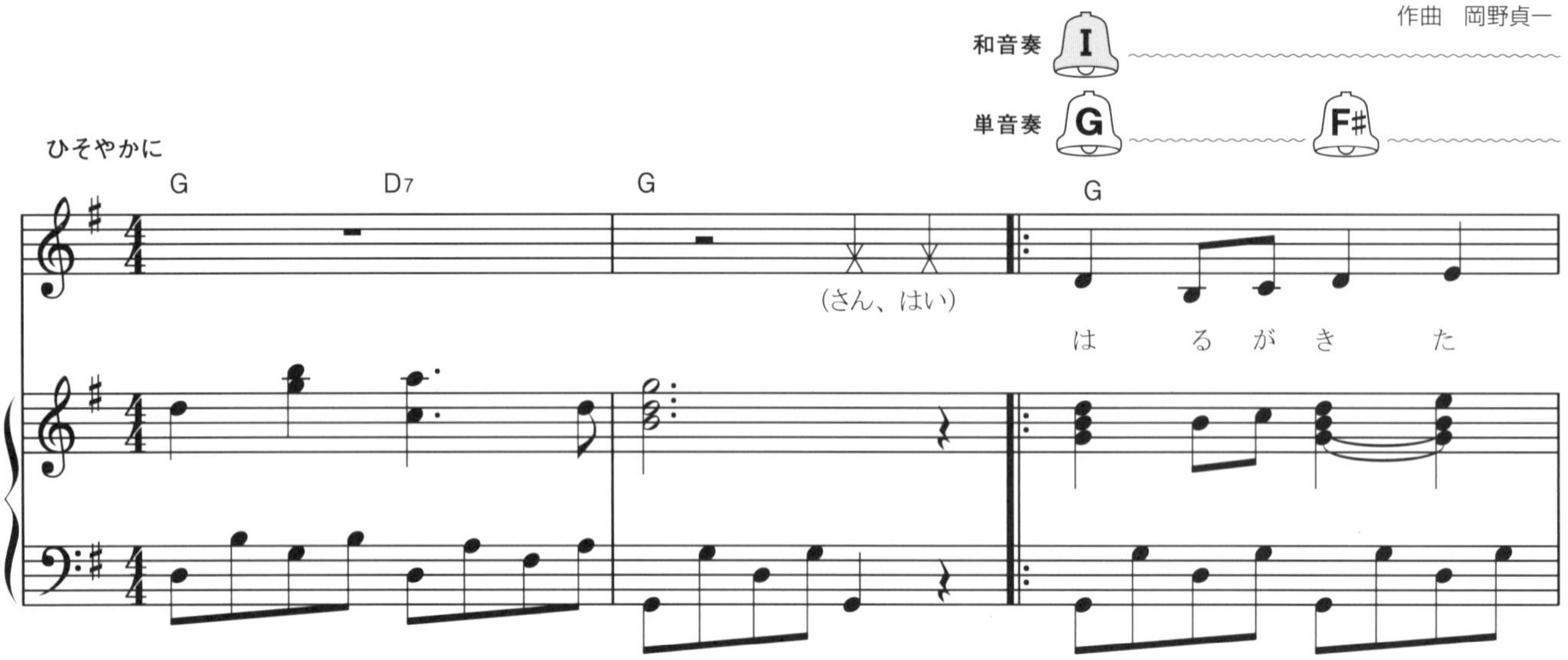
和音奏
I
単音奏
G
F♯
ひそやかに
G
D7
G
G
(さん、はい)
は る が き た

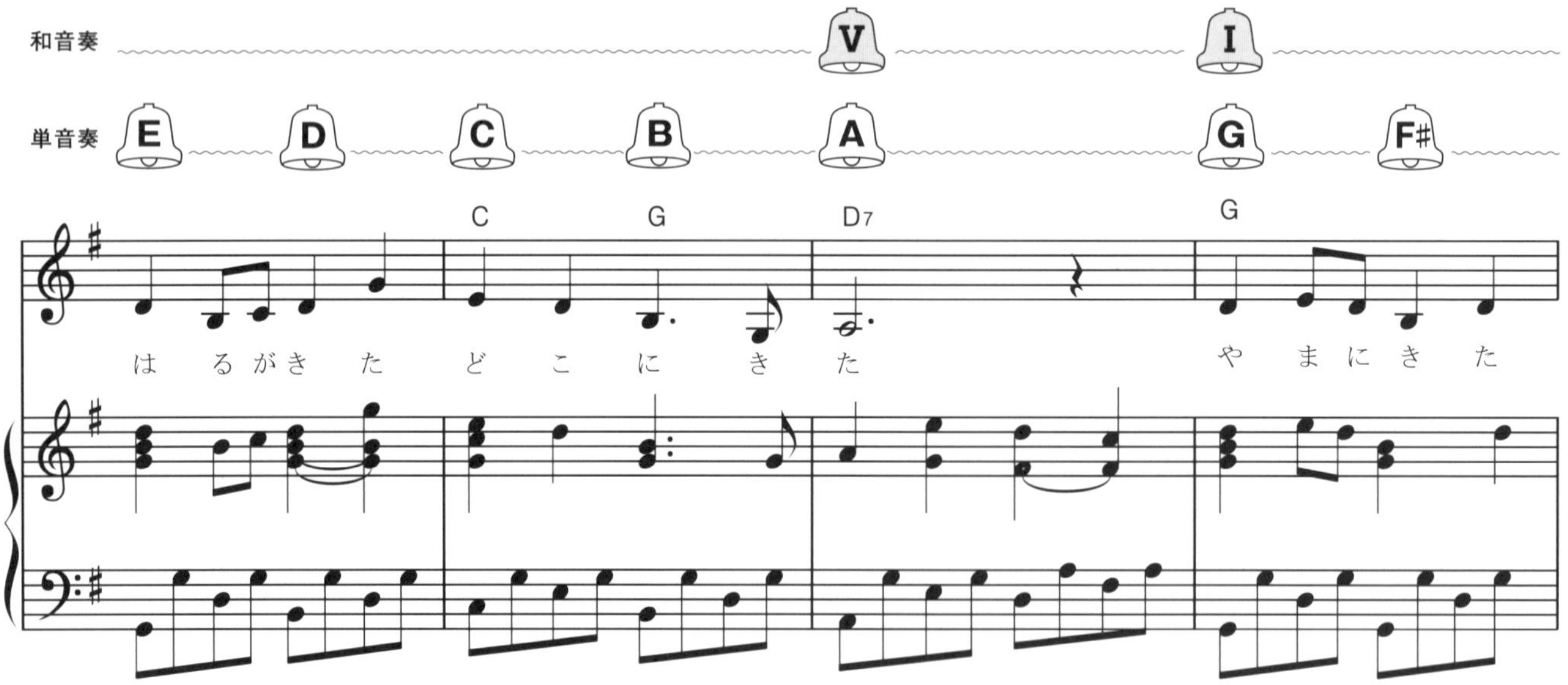
和音奏
V
I
単音奏
E
D
C
B
A
G
F♯
C
G
D7
G
は る が き た
ど こ に き た
や ま に き た

この曲が発表された
明治43（1910）年は

p.68 p.94 p.130も参照。韓国を「併合」、日本の植民地支配が始まる（8月22日）。「大逆事件」（5月25日）天皇暗殺を計画したとして逮捕者が相次ぎ、社会主義者らが弾圧された。鈴木梅太郎、↗

この曲はベルと合奏できます
①ベル和音奏…Ⅰ(G, B, D)　Ⅳ(C, E, G)　Ⅴ(D, F♯, A)
②ベル単音奏…(G, F♯, E, D, C, B, A)

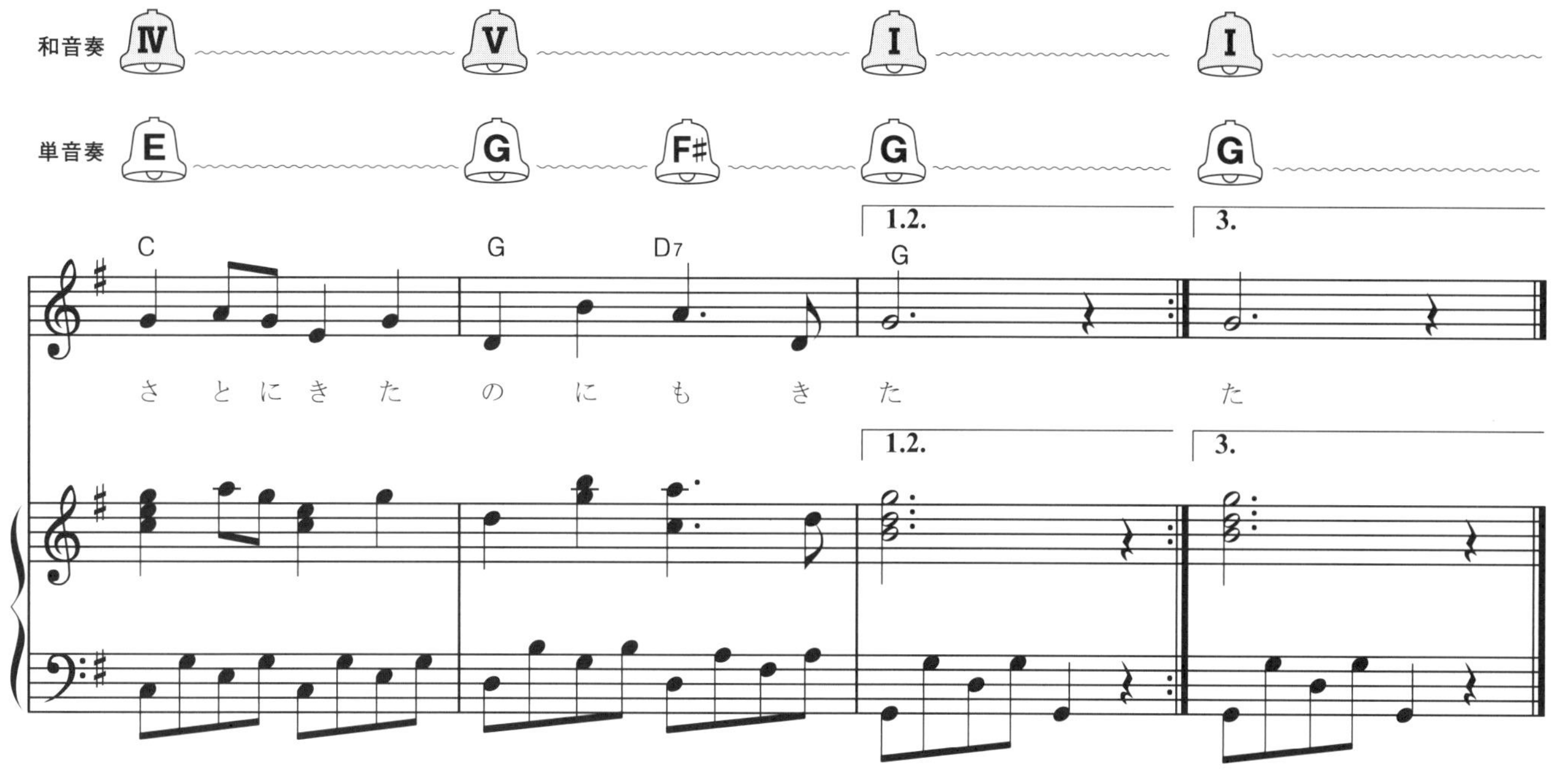

和音奏
Ⅳ
Ⅴ
Ⅰ
Ⅰ
単音奏
E
G
F♯
G
G
1.2.
3.
C
G
D7
G
さとにきた
のにもきた
た

春が来た

作詞　高野辰之
作曲　岡野貞一

1
春が来た　春が来た　どこに来た。
山に来た　里に来た、
野にも来た。

2
花がさく　花がさく　どこにさく。
山にさく　里にさく、
野にもさく。

3
鳥がなく　鳥がなく　どこでなく。
山で鳴く　里で鳴く、
野でも鳴く。

キーワード
山・里・野

トーク例
「春の訪れが、山にも、里にも、野にも、感じられるってすばらしいことですね。
最近は、春の訪れといえば、花粉症にかかったことが春の知らせのようで
鼻に来た、のどに来た、目にも来た〜という情けない状態ですけど(笑)。
みなさんは春の訪れをどこで感じますか?」

作曲の岡野貞一、作詞の高野辰之はコンビで数多くの唱歌を世に送り出していて、この「春が来た」の他にも「故郷(ふるさと)」、「春の小川」、「朧月夜(おぼろづきよ)」、「紅葉(もみじ)」などが有名です。この曲が収録されている「尋常小学読本唱歌」は、これまでの文部省唱歌に見られたように外国曲に日本語歌詞をつけたものではなく、初めての日本人作家のみによる曲集でした。

ビタミンB1を発見、創製する。ストラヴィンスキー「火の鳥」をパリ・オペラ座初演。柳田國男『遠野物語』、石川啄木『一握の砂』、武者小路実篤『白樺』創刊。川上音二郎が大阪帝国座劇場を開場。ミツワ石鹸売り出される。

花

可能な限り原曲の雰囲気を残すようにしました。流れるようになめらかに演奏してください。

作詞　武島羽衣
作曲　滝廉太郎

流れるように

この曲が発表された明治33（1900）年は　19世紀最後の年。パリで万国博覧会が開催され、「動く歩道」やトーキー映画が初登場。フロイトの『夢判断』が刊行。パブロフによる「条件反射」の研究進む。日本楽器製造（ヤマハ）がピア ↗

花

作詞　武島羽衣
作曲　滝廉太郎

1
春のうらゝの隅田川
のぼりくだりの船人《ふなびと》が
櫂《かい》のしづくも花と散る
ながめを何にたとふべき

2
見ずや　あけぼの露《つゆ》浴《あ》びて
われにもの言ふ櫻木《さくらぎ》を
見《み》ずや　夕ぐれ手をのべて
われさしまねく青柳《あおやぎ》を

3
錦《にしき》おりなす長堤《ちょうてい》に
くるればのぼるおぼろ月
げに一刻《いっこく》も千金《せんきん》の
ながめを何にたとふべき

キーワード

隅田川　舟人《ふなびと》　櫂《かい》

隅田川を上り下りする船を漕ぐ櫂（オール）からこぼれる水しずくもまた花びらのように散っている、という情景。

トーク例

「隅田川というと、どんなことを思い出しますか」
「明るくのどかな歌ですね。明治、大正や昭和の戦前よりも、戦後、平和な時代になってから、ママさんコーラスやPTAの集会で好んで歌われてきたという話も聞きます。女性の人気曲ですよね」

組曲「四季」の「春」の部として作られた曲です。滝廉太郎は「日本のシューベルト」とも言われている作曲家、この曲は「荒城の月」（p.16）とともに最もよく歌われています。また作詞者の武島羽衣は、東京音楽学校や東京高等師範、後に聖心女子大などで教鞭を執った国文学者・歌人で、「美しき天然」（p.110）の作詞者としても知られています。

ノの製造を開始する。幸徳秋水、堺利彦、片山潜らが「社会主義協会」設立。凸版印刷が設立される。泉鏡花『高野聖』、徳富露花『不如帰（ホトトギス）』を発表。与謝野鉄幹が『明星』創刊して短歌を革新。

さくら

琴らしさを意識してアレンジをしてみました。あまりペダルを踏まないようにして、硬質のアルペジオを心がけてください。

流れるように
日本古謡
B Am Bsus4 Em B Em B
(さん、はい) さ く ら さ く ら
Em Am Em Bsus4
や よ い の そ ら ー は み わ た す か ぎ ー り
Em Am Em Bsus4
か す み か く も ー か に お い ぞ い ず ー る

この「さくら」は、作曲年代を特定できない古謡であるが、初めて公に発表されたのが、明治21(1888)年に発行された音楽取調掛(文部省)の編纂した『箏曲集』に収録された時だった。このことがその後の普及に貢献し、現在までほとん ↗

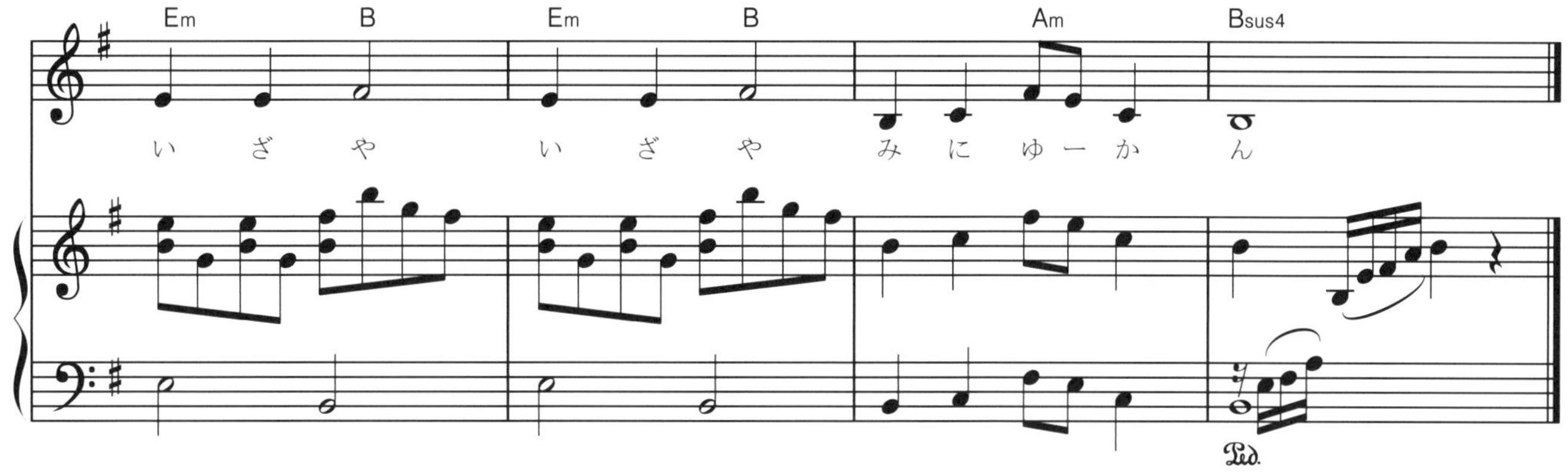

さくら

日本古謡

1
さくら　さくら
野山も里も
見わたすかぎり
かすみか雲か　朝日《あさひ》ににおう
さくら　さくら　花ざかり
（昭和十六年）

2
さくら　さくら
弥生の空は
見渡すかぎり
霞《かすみ》か雲《くも》か　匂《にお》いぞいずる
いざや　いざや　見にゆかん
（明治二十一年）

＊2通りの歌詞が別々の年代に発表されていますが、続けて歌われるときにはこのような順序が多いためにつなげて表記しました。

キーワード

箏《こと》 霞《かすみ》

現在、楽器といいばまずピアノやキーボードであるが、明治時代の女性にとって、楽器といえば箏をさし、箏を教える先生になって自立したいと夢見る女性も少なくなかった。

トーク例

「日本人は花と言えば、何と言っても桜です。もうお花見はすませましたか？」

もともとは箏の音に合わせて歌う箏歌《ことうた》だったと言われており、江戸時代後期に作られたという説があります。日本古来のメロディーが美しい曲で、日本を象徴する曲としてさまざまな場面で用いられています。有名なところではプッチーニのオペラ「蝶々夫人」の中に、この「さくら」のメロディーが用いられている場面があります。

どの音楽の検定教科書に「さくら」が採りあげられるようになった。

春の小川

8分音符が右手と左手交互に出てきます。途切れないように演奏してください。

作詞　高野辰之
作曲　岡野貞一

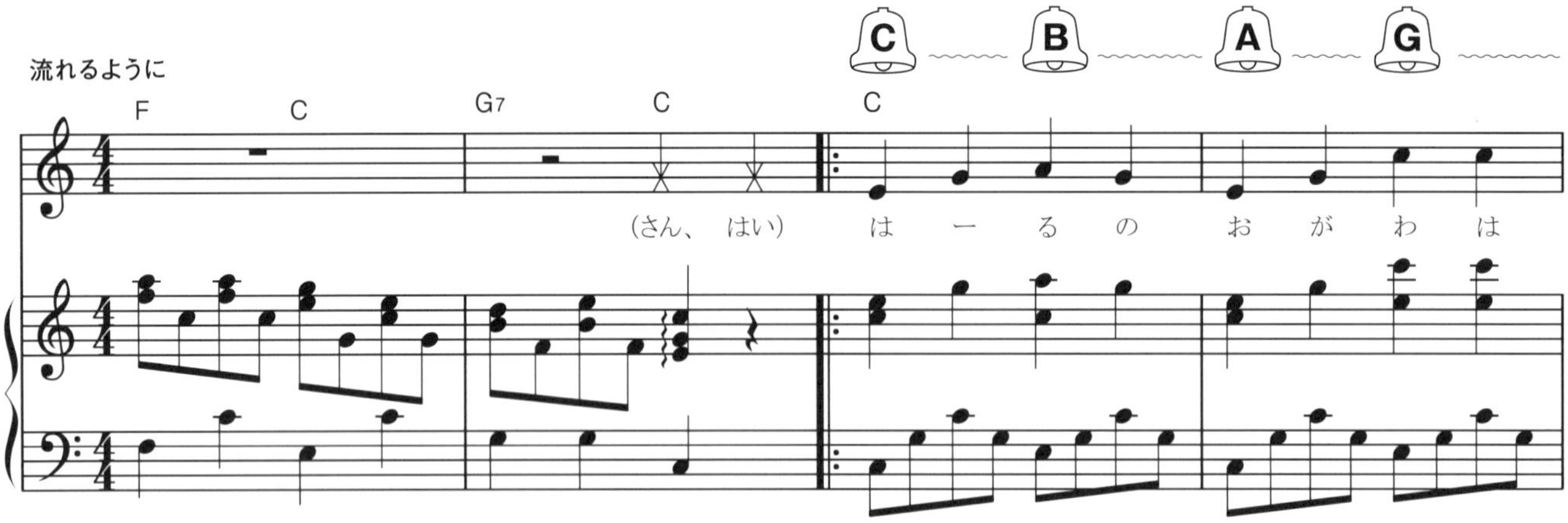
C B A G
流れるように
F C G7 C C
(さん、はい)
はーるのおがわは

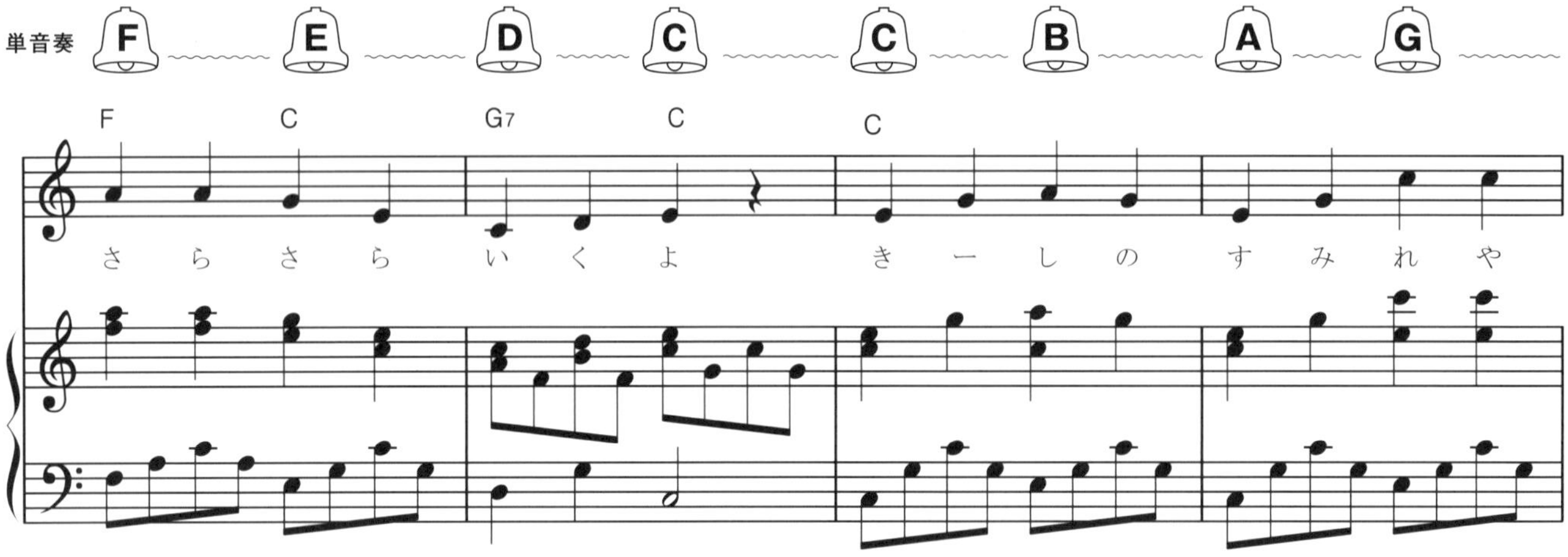
単音奏 F E D C C B A G
F C G7 C C
さらさらいくよ
きーしのすみれや

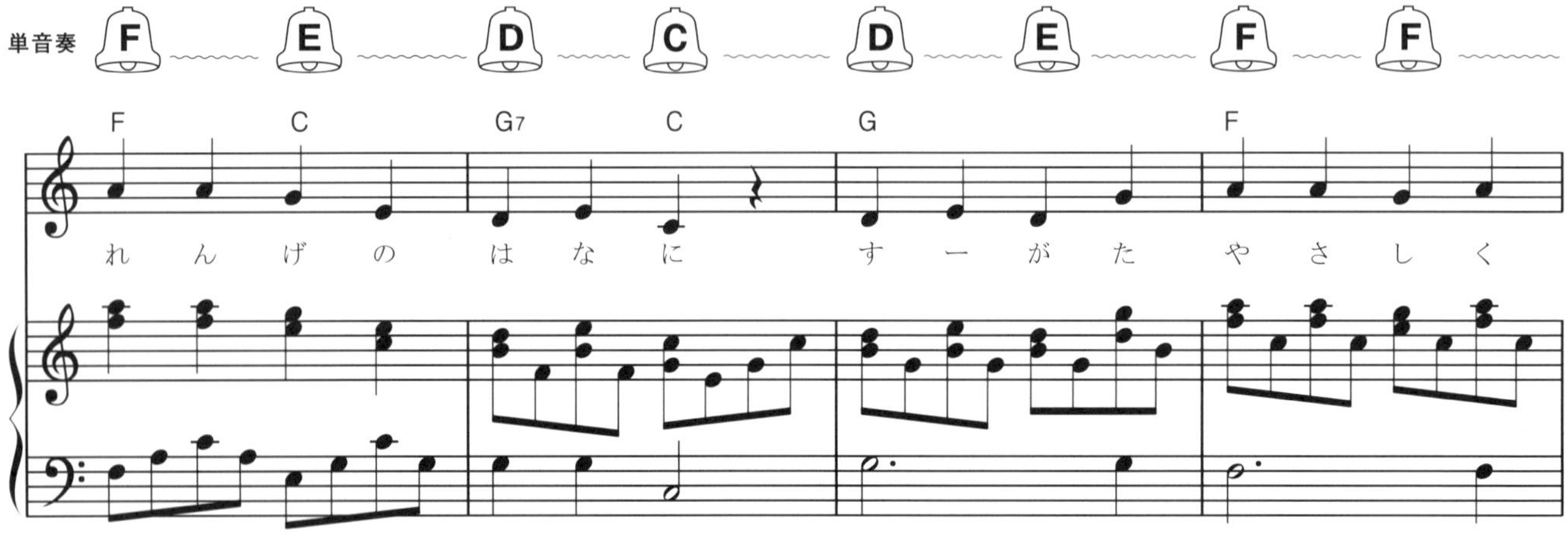
単音奏 F E D C D E F F
F C G7 C G F
れんげのはなに
すーがたやさしく

この曲が発表された明治45(1912)年は

タイタニック号が沈没(犠牲者1513人)。第5回夏季オリンピック(ストックホルム)に日本が初参加(5月)。7月に明治天皇崩御、大正天皇即位。乃木希典夫妻殉死。アメリカ『オール・ストーリー』↗

この曲はベルと合奏できます　**ベル単音奏…（C, B, A, G, F, E, D, C）**

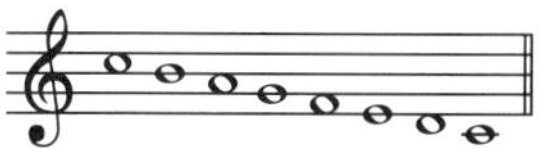

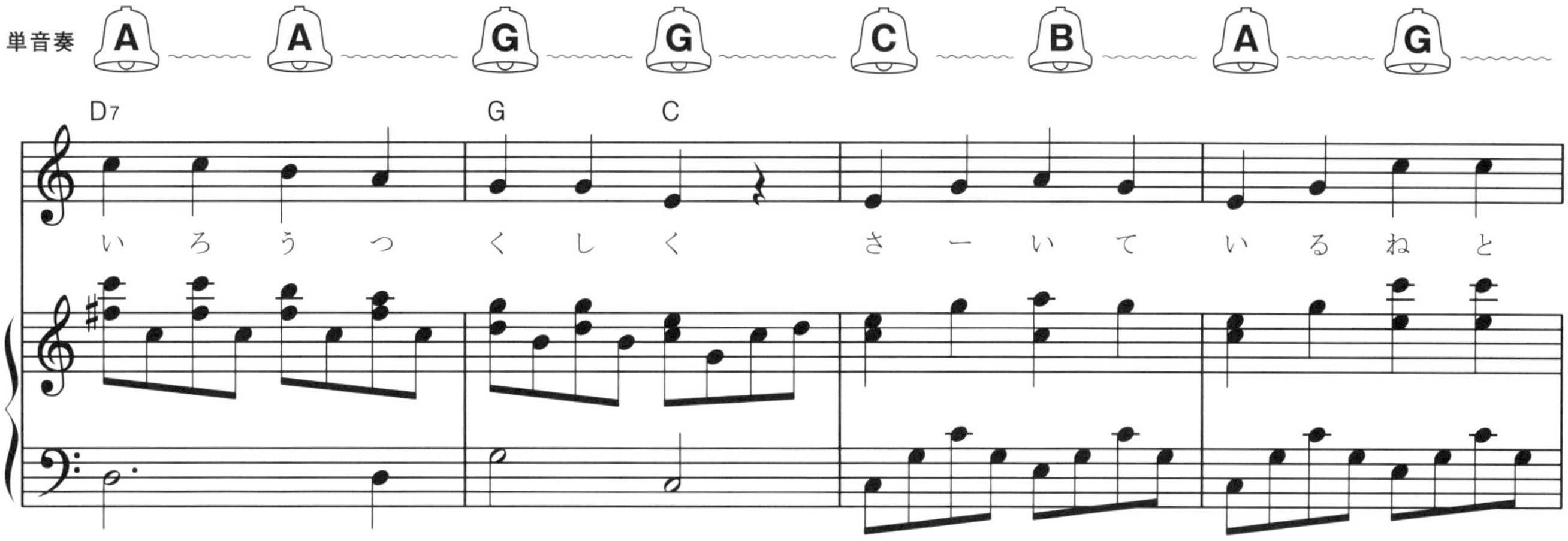
単音奏
A A G G C B A G
D7 G C
いろうつくしく　さーいているねと

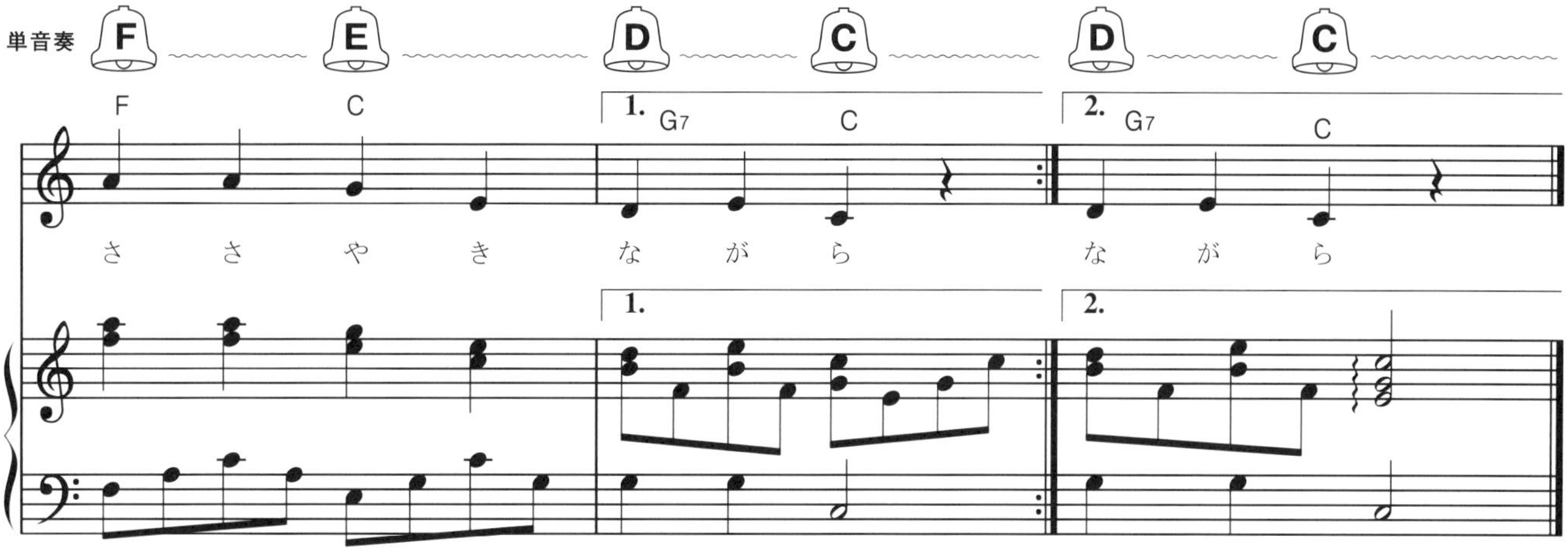
単音奏
F E D C D C
F C 1. G7 C 2. G7 C
ささやきながら　ながら

春の小川

作詞　高野辰之
作曲　岡野貞一

1
春の小川は、さらさら行くよ。
岸のすみれや、れんげの花に、
すがたやさしく、色うつくしく
咲いてゐるねと、ささやきながら。

2
春の小川は、さらさら行くよ。
えびやめだかや、小ぶなのむれに、
今日も一日ひなたでおよぎ、
遊べ遊べと、ささやきながら。

キーワード
れんげ　小川

トーク例
「子どもの頃、近くに小川はありましたか。里の中に小川が流れているのは、本当にいいものですね」

この曲の小川のモデルになったのは、作詞者の高野辰之がよく散策した東京・代々木5丁目にあった河骨川（こうほねがわ）だそうです。東京オリンピック（昭和39年）開催にあたり、選手村を作るために埋め立てられてしまいました。
曲の歌詞が2度改変されていて、今回掲載したものは1度目の、1942年に改変されたものです。

に「類猿人ターザン」が発表されヒット。以後50年にわたり40本の映画が作られ、14人の俳優が演じた。バルカン半島では第一次バルカン戦争が始まる。

春の唄

前半は3連音符を用いた伴奏、後半が八分音符になるという原曲の伴奏をできるだけ再現しようとしてみました。ゆったりとしたテンポで演奏してください。

作詞　野口雨情
作曲　草川　信

のどかに

この曲が発表された大正11（1922）年は　ソビエト社会主義共和国連邦が成立（12月30日）。日本共産党が結成される。相対性理論でアインシュタインがノーベル賞受賞、来日して各地で講演。オールバックの髪型、女性のアイシャドウが流行した。↗

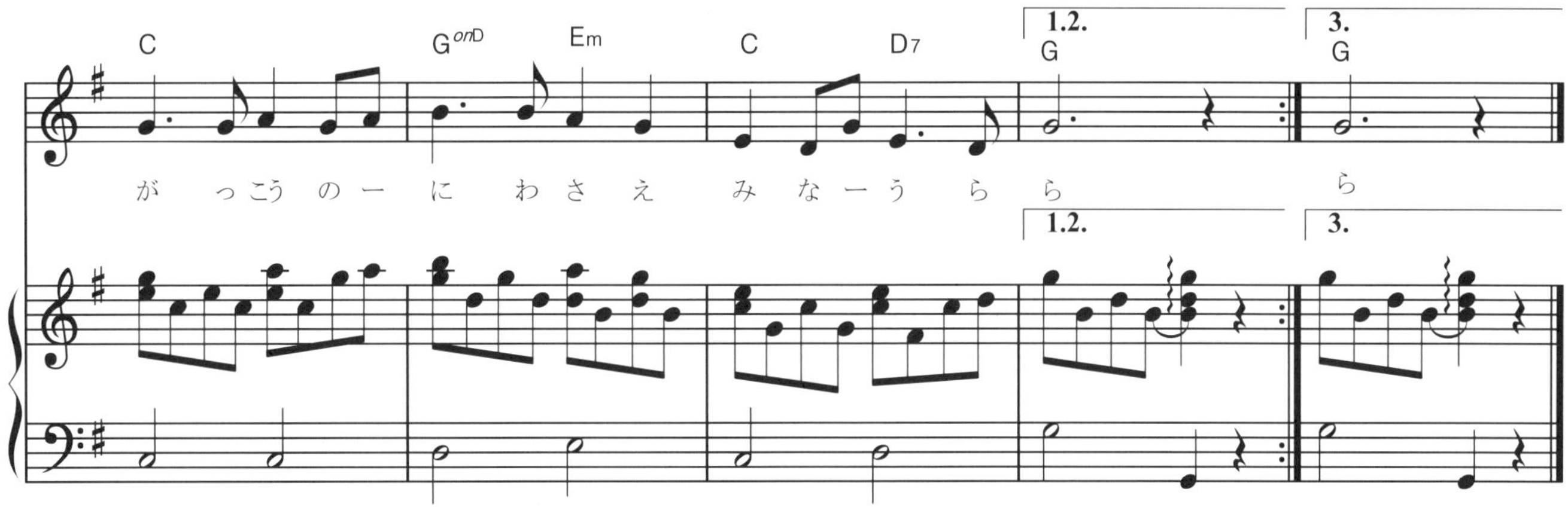

春の唄

作詞　野口雨情
作曲　草川　信

1
桜の花の咲く頃は
うらら うららと 日はうらら
ガラスの窓さえ みなうらら
学校の庭さえ みなうらら

2
河原《かわら》で雲雀《ひばり》の鳴く頃は
うらら うららと 日はうらら
ちちやの牛さえ みなうらら
とりやのとりさえ みなうらら

3
畑《はたけ》に菜種《なたね》の咲く頃は
うらら うららと 日はうらら
なぎさの砂さえ みなうらら
どなたの顔さえ みなうらら

キーワード

かげろう　うらら

トーク例

「かげろうを見たことありますか。最近はあまり見かけませんが、自然が豊かだった昔はよく見かけられたんでしょうか」

春の光にかげろうが立ちのぼる様子が「うらら、うらら」という言葉で表現されている童謡です。作曲者自らが、のどかな気持ちで歌ってほしいと述べています。

シェーンベルクが「12音技法」を推進。北原白秋、山田耕筰『詩と音楽』を発表。小学館が創立。『サンデー毎日』が創刊。

鯉《こい》のぼり

左手のリズムを力強く、でも重くならないように演奏してください。

元気よく
文部省唱歌
F G C G C G7 C
(さん、 はい)
2 4 4 5 4 1 5
和音奏 I V
C G C F G7
い ー ら ー か の な ー み ー と く ー も ー の な み
和音奏 I V
C G C F G7
か ー さ ー な る な ー み ー の な ー か ー ぞ ら を
2 1 5

鯉のぼりは江戸時代の武家の風習で、本来は黒の真鯉《まごい》のみでしたが、明治時代から緋鯉《ひごい》と対で飾るようになり、さらに昭和に入ってからは子鯉《こごい》（青や緑）を加えて飾るようになりました。

この曲が発表された 大正２(1913)年は

北里柴三郎博士が日本結核予防協会を設立。繊維産業に従事する女工に結核が蔓延していた。後の宝塚音楽歌劇学校となる宝塚唱歌隊が設立された。東北帝国大学に３人の女子が入学、初 ↗

この曲はベルと合奏できます　**ベル和音…Ⅰ（C, E, G）Ⅳ（F, A, C）Ⅴ（G, B, D）**

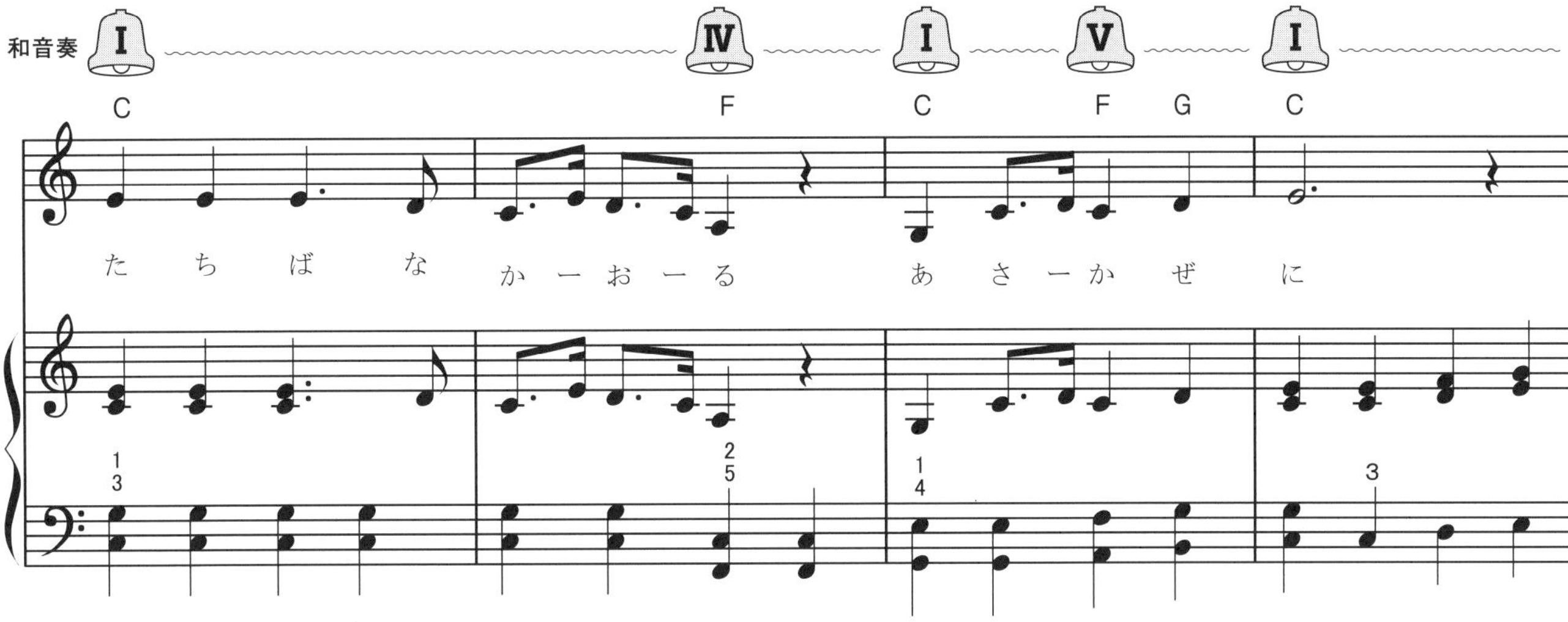

和音奏
Ⅰ Ⅳ Ⅰ Ⅴ Ⅰ
C F C F G C
たちばな かーおーる あさーかぜ に

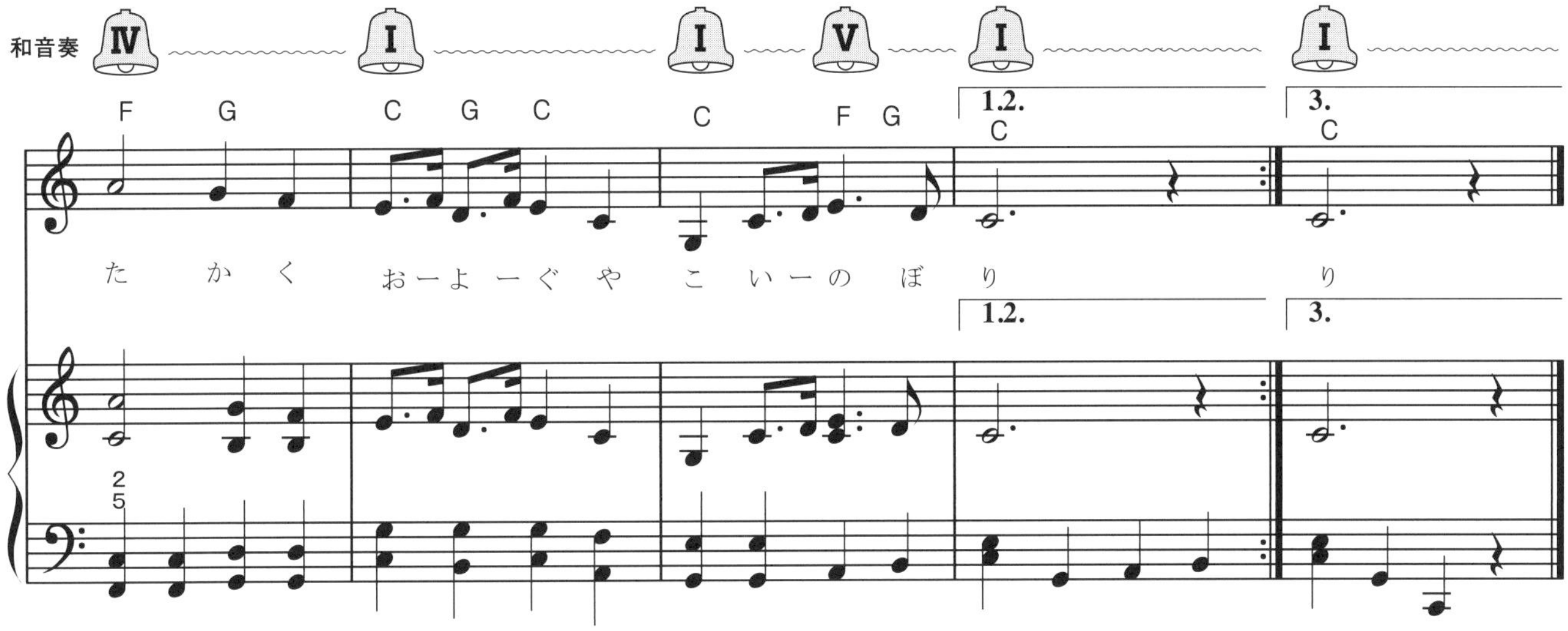

和音奏
Ⅳ Ⅰ Ⅰ Ⅴ Ⅰ Ⅰ
F G C G C C F G
1.2. C
3. C
たかく おーよーぐや こいーのぼ り
り
1.2.
3.

鯉《こい》のぼり

文部省唱歌

1
甍《いらか》の波《なみ》と　雲《くも》の波《なみ》
重《かさ》なる波《なみ》の　中空《なかぞら》を
橘《たちばな》かおる　朝風《あさかぜ》に
高く泳ぐや　鯉のぼり

2
開《ひら》ける広《ひろ》き　その口に
舟をも呑《の》まん　様見《さまみ》えて
ゆたかに振《ふる》う　尾びれには
物《もの》に動《どう》ぜぬ　姿《すがた》あり

3
百瀬《ももせ》の滝《たき》を　登《のぼ》りなば
たちまち竜《りゅう》に　なりぬべき
わが身《み》に似《に》よや　男子《おのこご》と
空に躍《おど》るや　鯉のぼり

キーワード

甍《いらか》　橘《たちばな》　鯉の滝登り

いらかは、瓦葺(かわらぶ)きの屋根のこと。たちばなは柑橘類。百瀬の滝は、百の早瀬の急流で、中国の伝説「鯉の滝登り」になぞらえたもの。黄河上流にある竜門の急流を登った鯉は、立派な竜に変身するという言い伝えから、人の立身出世をいう時に使う。

トーク例

「さわやかな五月の、“端午の節句”に歌われる歌ですね。五月五日は今は子どもの日となっていますが、昔は男の子の健康や出世をこの歌で祈った日だったのですね」

の帝大女子学生が誕生した。東京・神田に私塾の高等仏語（後にアテネ・フランセとなる）が開校した。ストラヴィンスキーの「春の祭典」初演が大不評。

こいのぼり

のどかに、のびのびと演奏してください。

作詞　近藤美那子
作曲　小出浩平

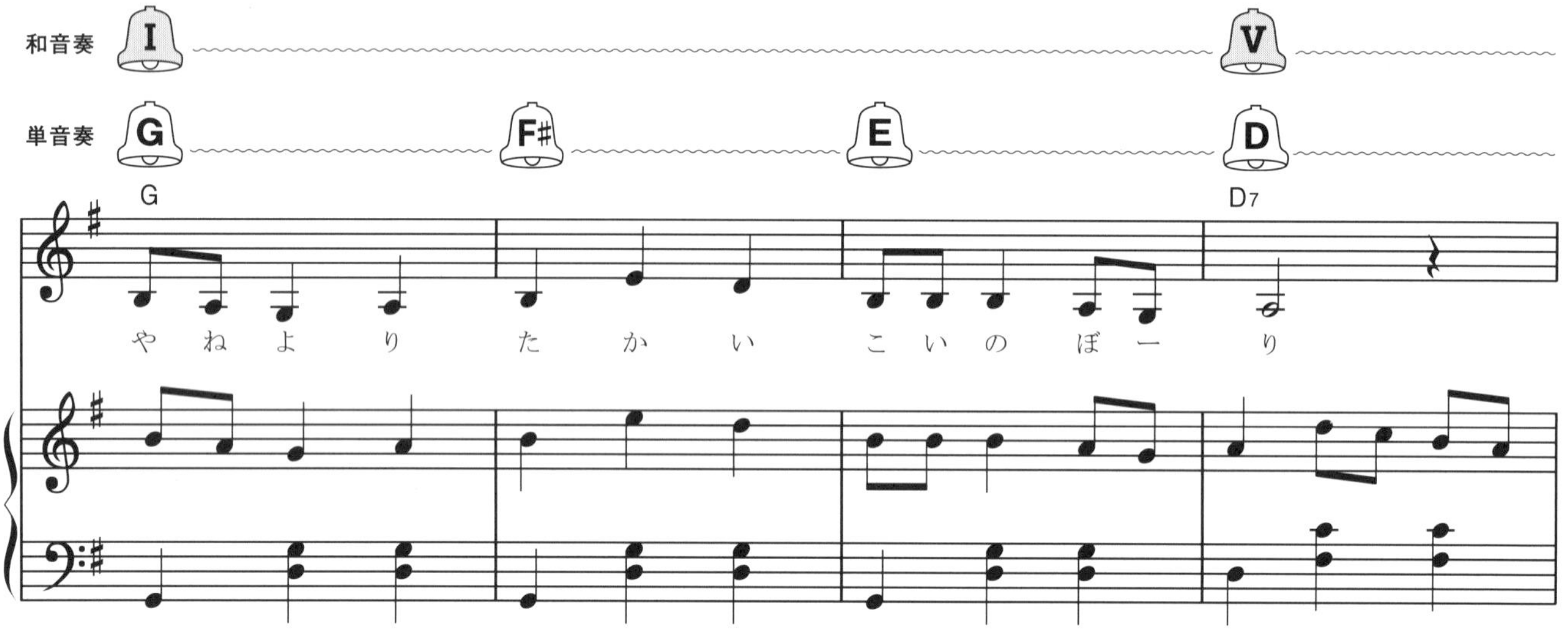

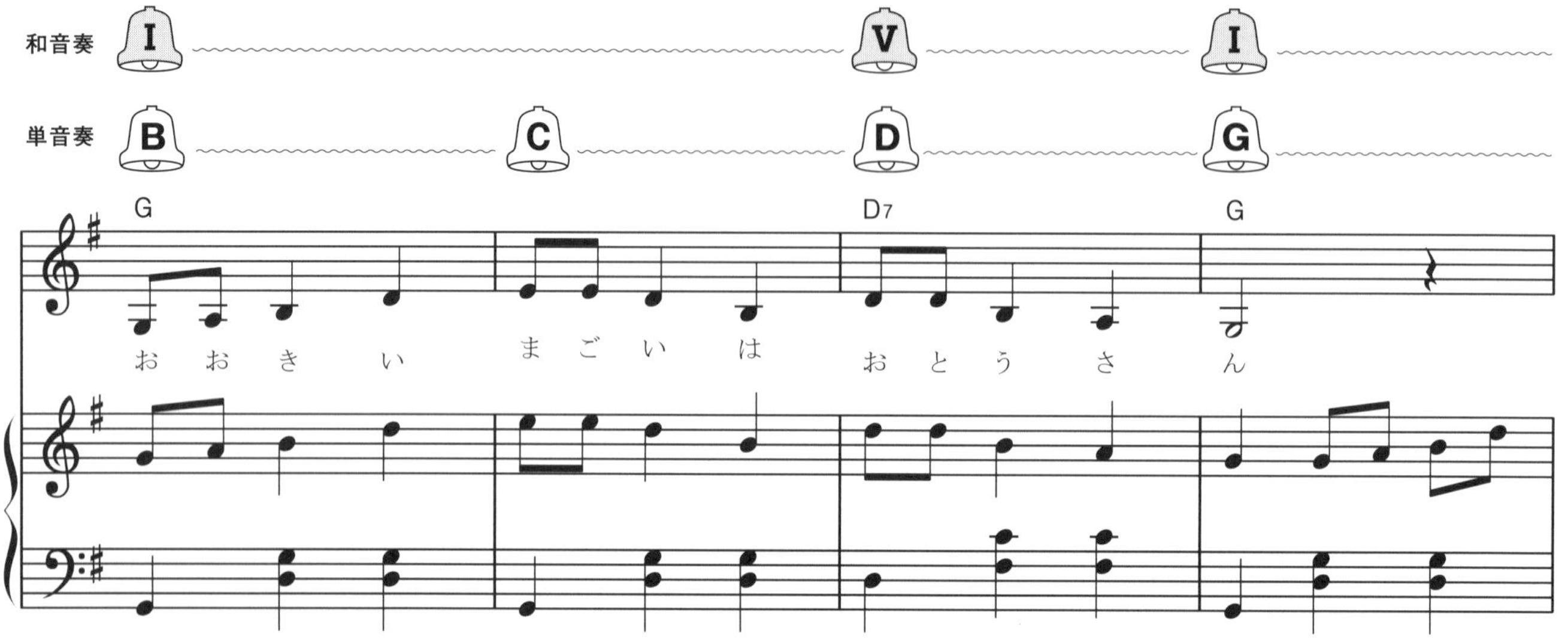

この曲が発表された
昭和6（1931）年は

満州事変（まんしゅうじへん、9月18日）が勃発。東北地方では大凶作のため農家の娘の身売りがあいついだ。3色の信号機が初めて銀座に登場する。漫画「のらくろ二等兵」が流行。アメ ↗

この曲はベルと合奏できます
①ベル和音奏…Ⅰ（G, B, D）　Ⅳ（C, E, G）　Ⅴ（D, F♯, A）
②ベル単音奏…（G, F♯, E, D, C, B, A）

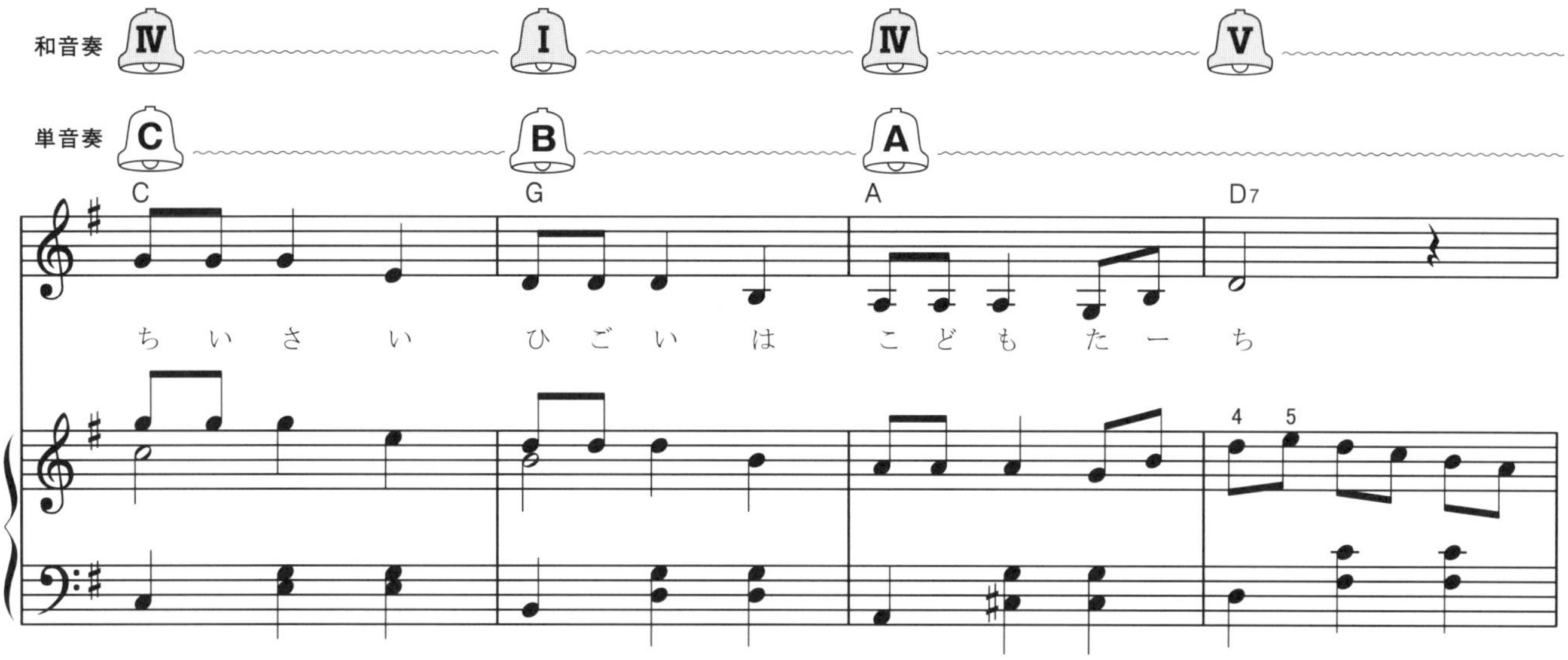

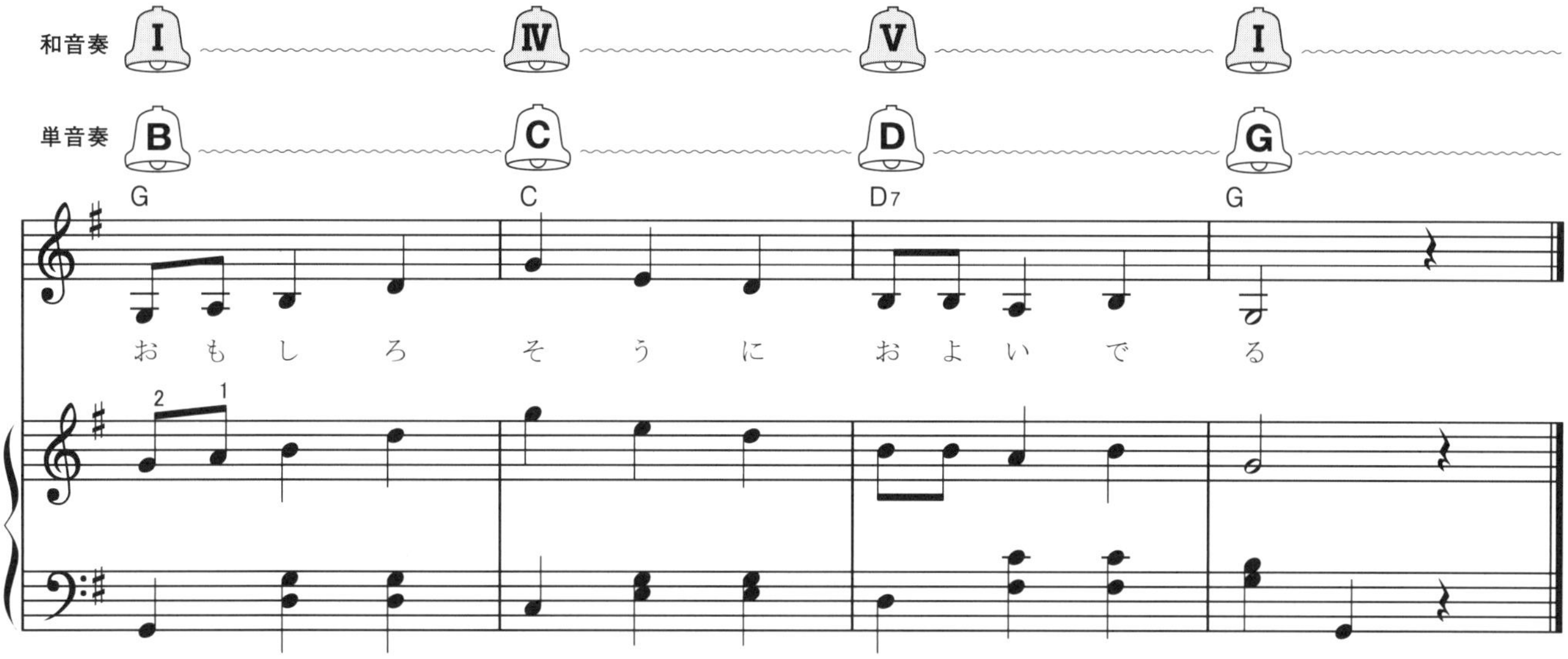

こいのぼり

作詞　近藤美那子
作曲　小出浩平

屋根《やね》より　たかい
こいのぼり
大きい　まごいは
おとうさん
小さい　ひごいは
子どもたち
おもしろそうに
泳《およ》いでる

キーワード

端午の節句　吹流し《ふきながし》　矢車《やぐるま》

端午の節句は、男児のいる家では立身出世を願い武者人形を飾って鯉のぼりを立て、ちまきや柏餅を食べて祝った。鯉とともに、細長い布で作る吹き流しや風車のような矢車も長い歴史がある。

トーク例
「みなさんは子どもの頃、紙で鯉のぼりや兜《かぶと》を作ったことありますか？」

普通は1番だけ歌われることが多い歌ですが、「大きいひごいは　おかあさん、小さいまごいは　こどもたち」とした2番もあるそうです。最近は鯉のぼりをたくさん集めて一斉に飾る鯉のぼり祭りが全国各地で行われています。鯉のぼりを飾るのは江戸時代からの風習で、当時は和紙で作っていたので、晴れた日にしか飾れなかったそうです。

リカではエンパイアステートビルが完成。エラリー・クイーンが『Yの悲劇』発表。野村胡堂の『銭形平次捕物控』、長谷川伸の『瞼の母』、古賀政男「酒は泪か溜息か」が流行る。

背くらべ

のんびりとした春の日を感じさせるように、ゆったりと演奏してください。

作詞　海野　厚
作曲　中山晋平

のびのびと

この曲が発表された大正12（1923）年は　関東大震災（9月1日）。「ヤンキー・スタジアム」（アメリカのプロ野球大リーグのヤンキースの新球場）がオープン。アメリカ映画「幌馬車」がヒット。江戸川乱歩が雑誌『新青年』で明智小↗

背くらべ

作詞　海野　厚
作曲　中山晋平

1
柱のきずは　おととしの
五月五日の　背くらべ
粽《ちまき》たべたべ　兄さんが
計《はか》つてくれた　背《せい》のたけ
きのふくらべりゃ　何《なん》のこと
やつと羽織《はおり》の　紐《ひも》のたけ

2
柱に凭《もた》れりゃ　すぐ見える
遠いお山も　背くらべ
雲の上まで　顔だして
てんでに背伸《せのび》　してゐても
雪の帽子を　ぬいでさへ
一《いち》はやつぱり　富士の山

キーワード

柱のキズ　ちまき

端午の節句はp.41参照

トーク例

「背が伸びることほど嬉しいことはありませんよね。みなさんが子どもの頃、測ってもらった柱のキズはまだ残っているでしょうか」

この曲は、作詞者の弟の視点で書かれていると言われています。なぜ柱のキズが去年のではなくて一昨年のものかというと、東京の大学生のお兄さんは、去年実家に帰ってこなかったからだそうです。
作詞者の出身が静岡県なので、２番の歌詞には富士山が出てきます。（→p.130参照）

五郎をデビューさせた。『或る女』で評価を高めた有島武郎が軽井沢で『婦人公論』の記者波多野秋子と心中。

みかんの花咲く丘

右手はレガートに、左手は歯切れよく軽快に演奏してください。

作詞　加藤省吾
作曲　海沼　実

軽快に
G
C
G^{onB}
Am7
D
G
(さん、はい)
G
F#
E
D
G
C
G
みかんのはながさーいているー
C
B
A
G
C
G^{onB}
Am7
D
G
おもいでのみちーおかのーみちー

キーワード

母さん　汽笛

トーク例
「みかんの花をご存じですか」
「みなさんが聞いた汽笛はどんな響きがしたでしょうか」

この曲が発表された
昭和21（1946）年は

天皇が「人間宣言」を行い、以降8年間に及ぶ全国訪問が始まる。会話の「あ、そう」の言い回しが有名になる。NHKラジオ「のど自慢素人音楽会」、司会は宮田輝アナウンサー。9歳で出場した ↗

この曲はベルと合奏できます　**ベル単音奏…（G, F♯, E, D, C, B, A, G）**

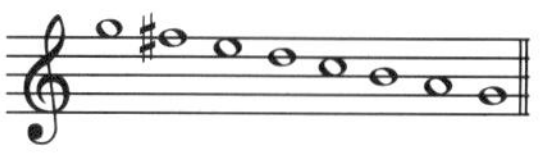

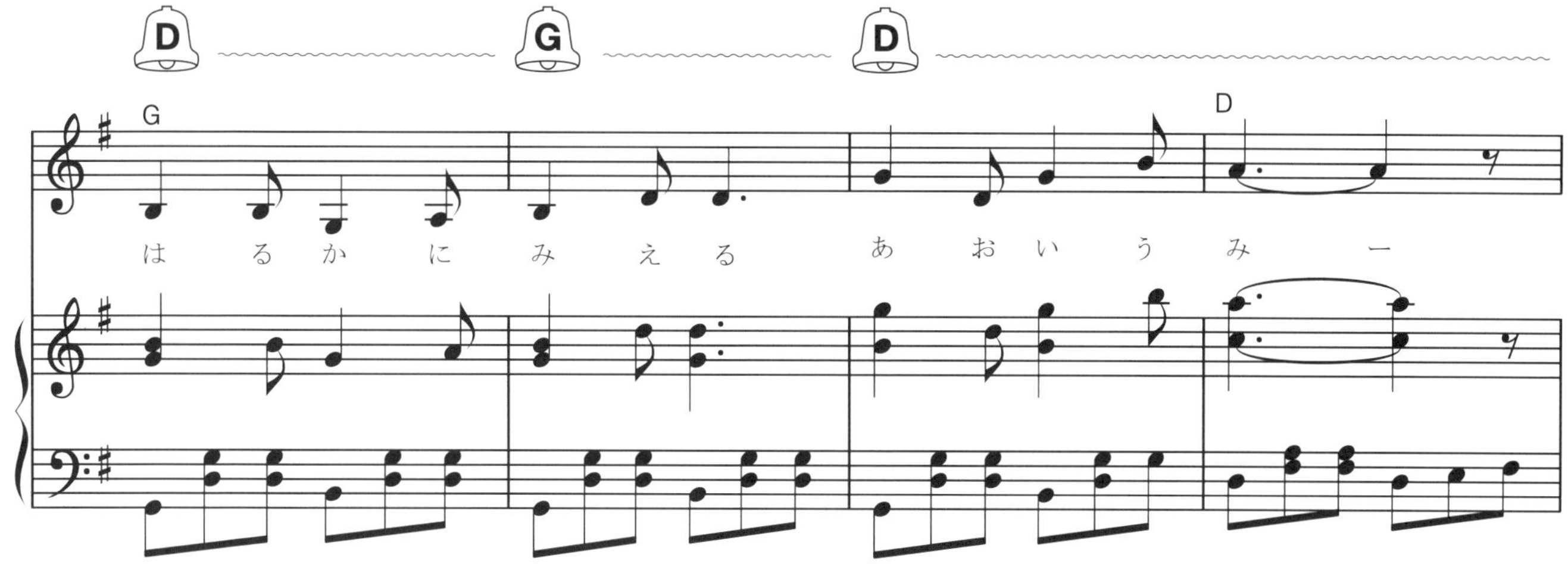

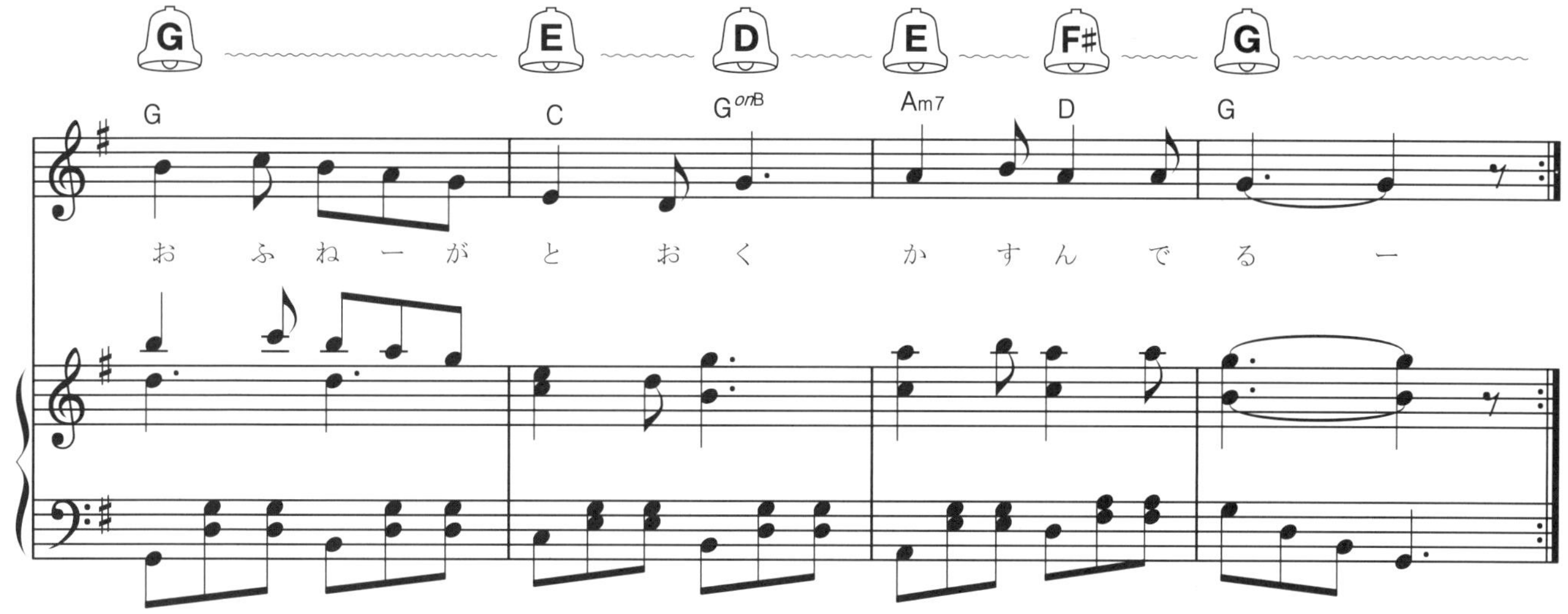

みかんの花咲く丘

作詞　加藤省吾
作曲　海沼　実

1
みかんの花が咲いている
思い出の道丘の道
はるかに見える青い海
お船がとおくかすんでる

2
黒い煙をはきながら
お船はどこへ行くのでしょう
波に揺られて島のかげ
汽笛《きてき》がボウと鳴りました

3
いつか来た丘母さんと
いっしょに眺《なが》めたあの島よ
今日もひとりで見ていると
やさしい母さん思われる

全国民の愛唱歌と言われる歌です。作詞者で静岡県出身の加藤省吾は、童謡歌手の川田正子が歌う、静岡県にふさわしい新童謡をと急きょ求められ、伊東市に向かう電車の中のわずか数時間で完成したというエピソードがあります。最初に発売されたレコードでは、当時母を亡くした戦災孤児が多かったことから、3番の「やさしい母さん」を「やさしい姉さん」に替えて録音されたそうです。

美空ひばりは不合格（上手すぎて子どもらしくないとして）。「サザエさん」朝日新聞に連載始まる。カストリ雑誌（性風俗誌）氾濫。映画イングリット・バーグマン主演「カサブランカ」、原節子主演「わが人生に悔いなし」。

青い山脈

この曲には、有名なイントロがついています。ただ、高齢者施設などで実践する際には、すぐに歌い出したい方が多いので、ここでは短くアレンジしたイントロの譜面を載せました。本来の17小節のイントロのメロディーは曲の末尾に掲載しておきます。長いイントロでも待てる方を対象とした場合や、イントロ当てクイズなどにはこちらを演奏してください。

作詞　西條八十
作曲　服部良一

はつらつと
E
Am
Am
(さん、はい)
わ　か　く
Dm
Am
E
あ　か　る　い　う　た ー ご　え　に　な　だ　れ　は　ー　き　え　る
Am
C
A
Dm
は　な　も　さ　く　あ　ー　お　い　さ　ん　みゃ　ー

この曲が発表された **昭和24（1949）年は** ドイツが東西に分割。中華人民共和国が成立、毛沢東が主席となる。東京都の人口は601万人（現在の半分以下）。交通方式「人は右、車は左」が初めて実施。　戦没学生の遺稿集『きけわだつみの声』↗

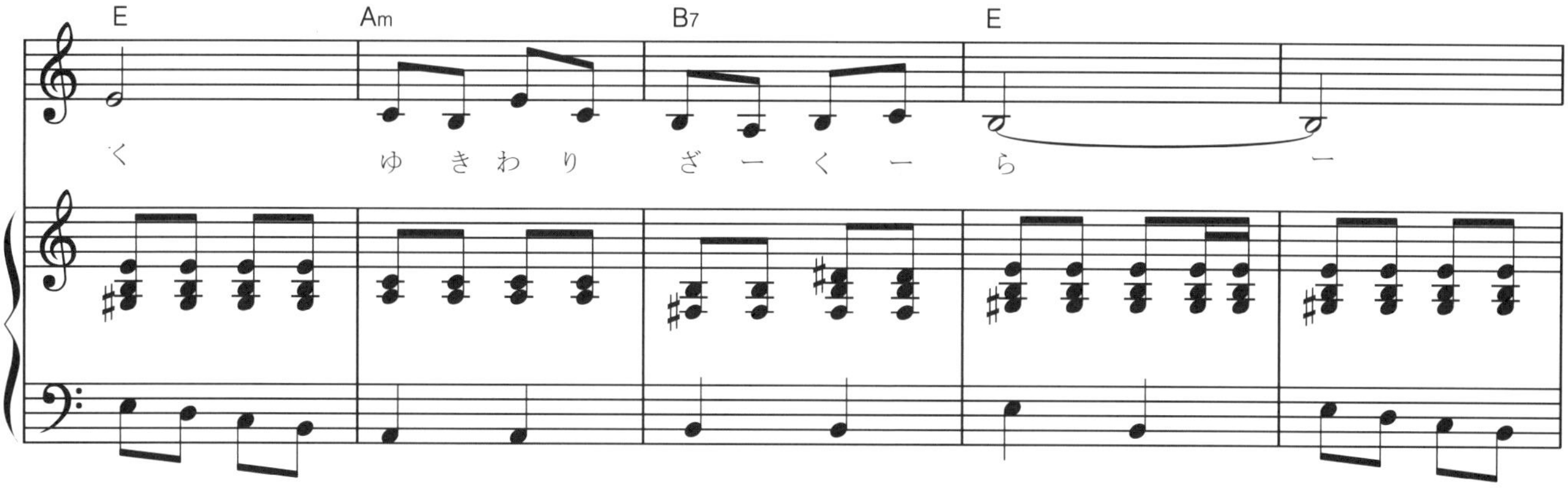

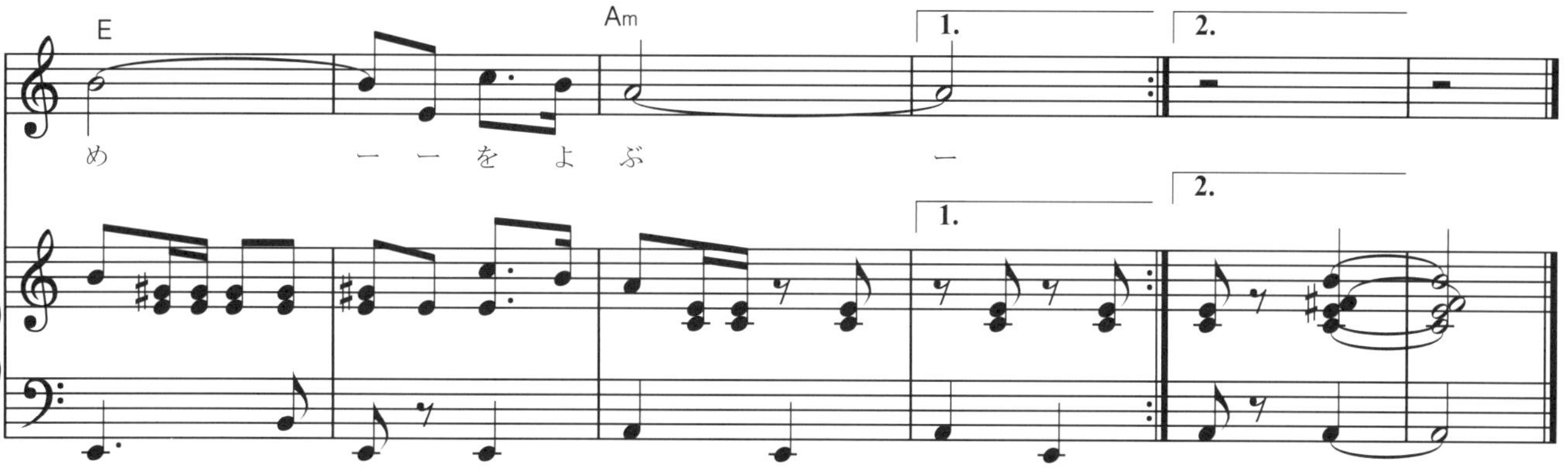

有名なオリジナルの前奏です。
曲当てクイズにはよく使われますね。
みんなで口三味線で歌うのも楽しいでしょう。

（p.48に続く）

が刊行、翌年映画化される。水泳選手フジヤマのトビウオ（古橋広之進）の快挙が明るさをもたらす。湯川秀樹が日本人で初めてノーベル賞を受賞。本田宗一郎、ホンダオートバイを売り出す。

青い山脈

作詞　西條八十
作曲　服部良一

1
若く明るい　歌声に
雪崩《なだれ》は消える　花も咲く
青い山脈　雪割桜《ゆきわりざくら》
空のはて
今日もわれらの　夢を呼ぶ

2
古い上衣《うわぎ》よ　さようなら
さみしい夢よ　さようなら
青い山脈　バラ色雲《いろぐも》へ
憧《あこが》れの
旅の乙女に　鳥も啼《な》く

3
雨にぬれてる　焼けあとの
名もない花も　ふり仰《あお》ぐ
青い山脈　輝《かがや》く峰《みね》の
懐《なつ》かしさ
見れば涙が　またにじむ

4
父も夢見た　母もみた
旅路《たびじ》のはての　そのはての
青い山脈　みどりの谷へ
旅をゆく
若いわれらに　鐘が鳴る

キーワード

原節子　戦後の開放感

トーク例

「戦後歌謡の不朽の名作といわれる青い山脈です」
「この映画に出たあの女優さん、何ていう方でしたっけ」
（女教師役の原節子）
「有名な笑わせる場面がありましたね、覚えていますか」
（「恋」を「変」と誤って「変しい 変しい」と手紙に書いた）

石坂洋次郎の小説を元に作られた映画「青い山脈」の主題歌です。これまでに5回も映画化されていますが、一番人気が高いのは一番最初の昭和24年に作られたものだと言われています。
作曲の服部良一（p.182「蘇州夜曲」の作曲者で、服部克久の父）は、大阪から京都に向かう電車の窓から見える山並みから曲想が浮かんだそうです。

夏

Summer

17曲

夏

茶つみ

手を打ち合わせる軽快な手あそび歌として有名です。しかし速くなりすぎないように演奏してください。

軽快に

文部省唱歌

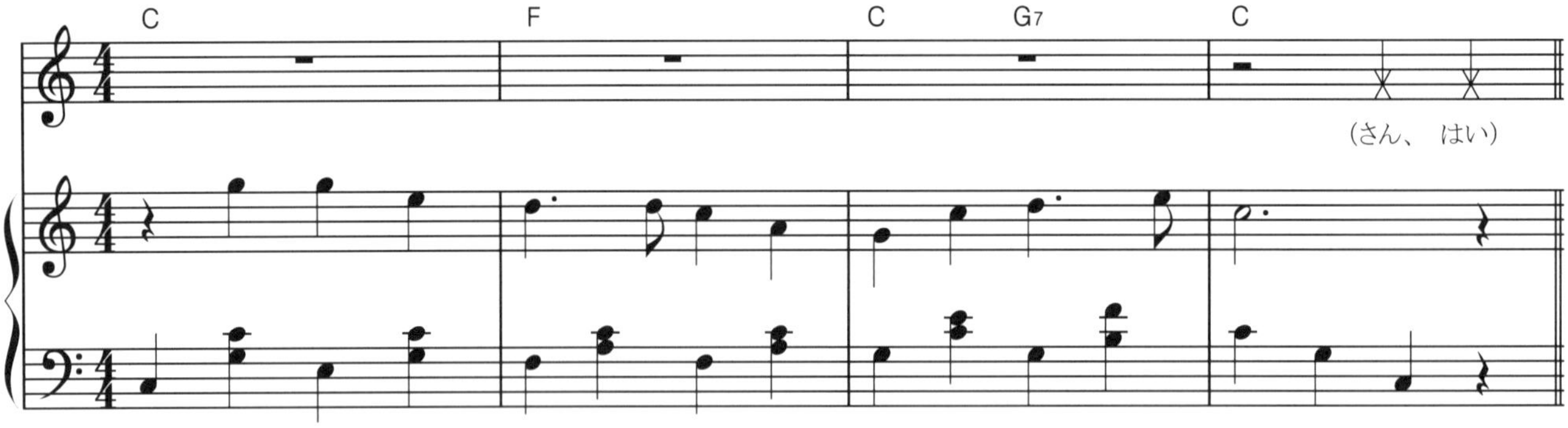
C F C G7 C
(さん、 はい)

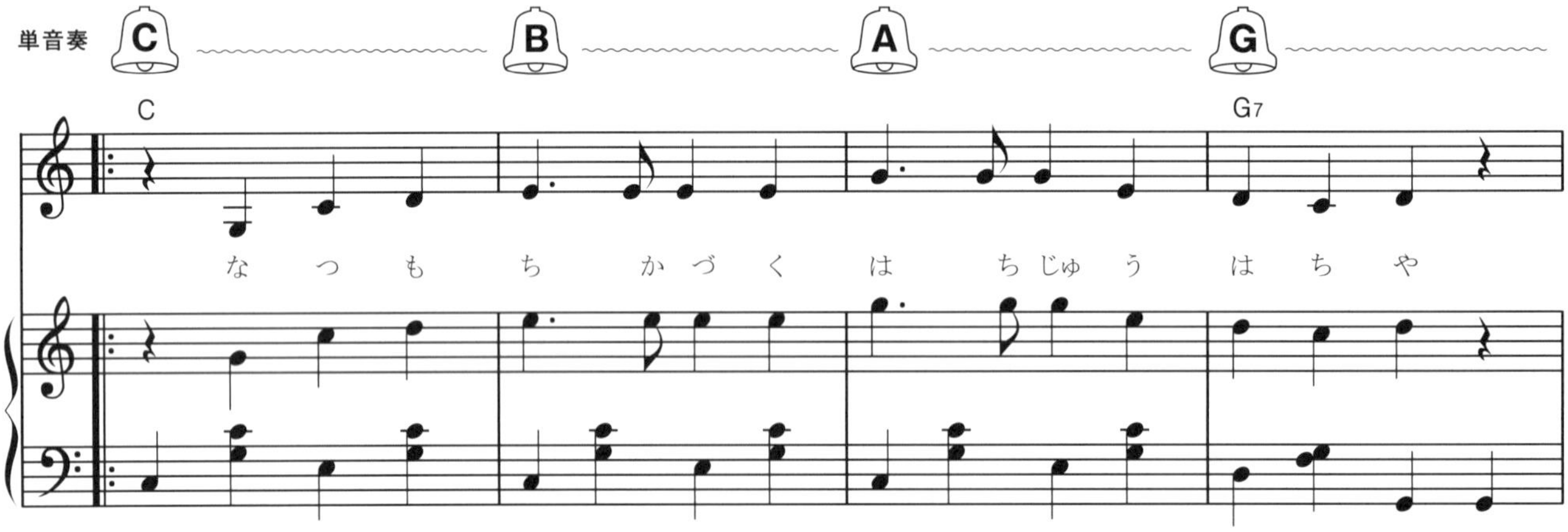
単音奏 C B A G
C G7
な つ も ち か づ く は ち じゅ う は ち や

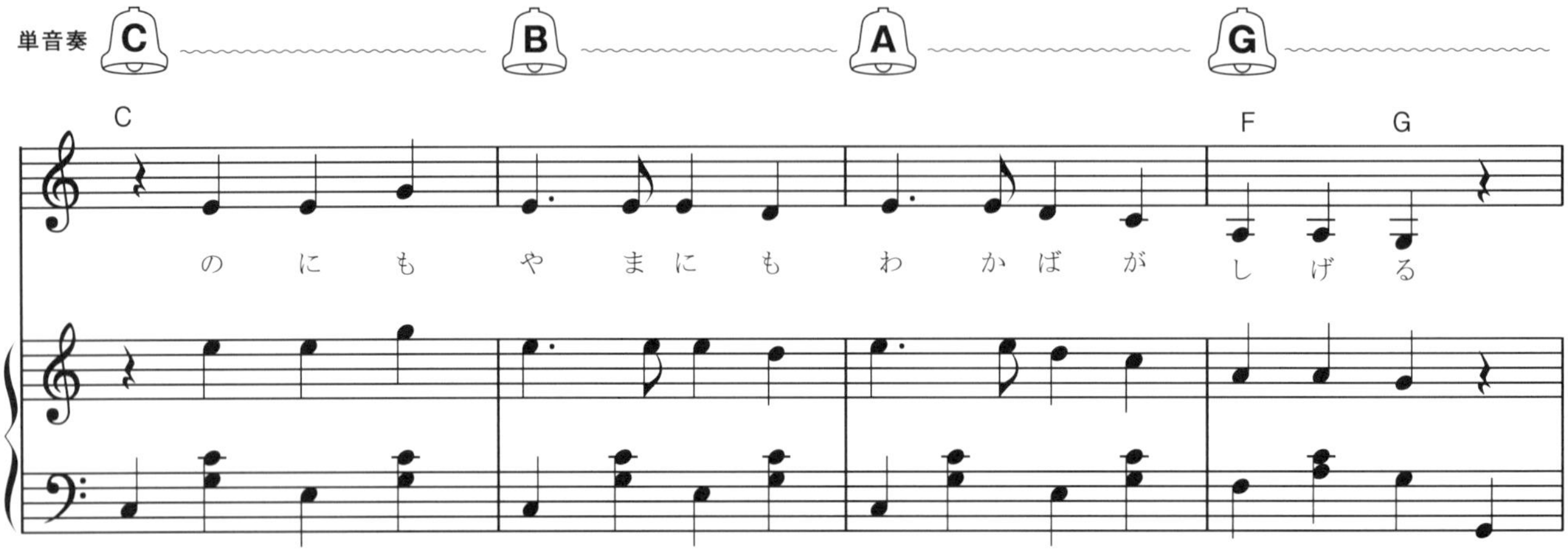
単音奏 C B A G
C F G
の に も や ま に も わ か ば が し げ る

この曲発表の明治45年
大正元（1912）年は p.34 p.86 p.154 p.172 を参照。

この曲はベルと合奏できます　**ベル単音奏…（C, B, A, G）**

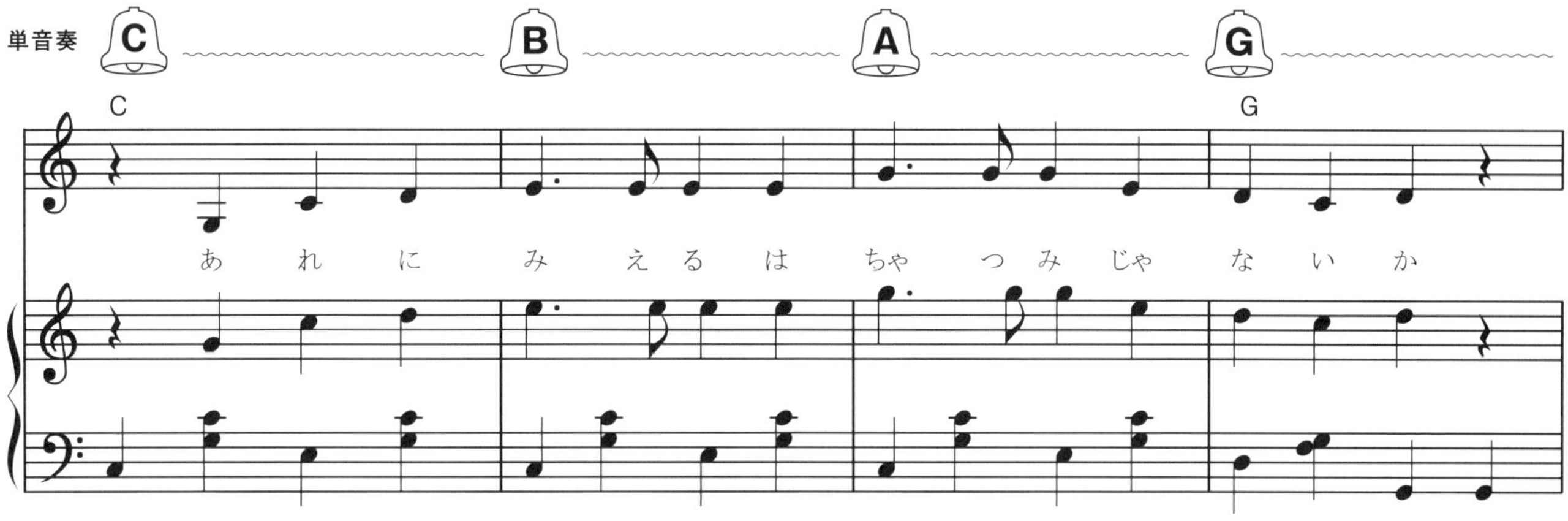

単音奏
C
B
A
G
C
G
あ れ に み え る は ちゃ つ み じゃ な い か

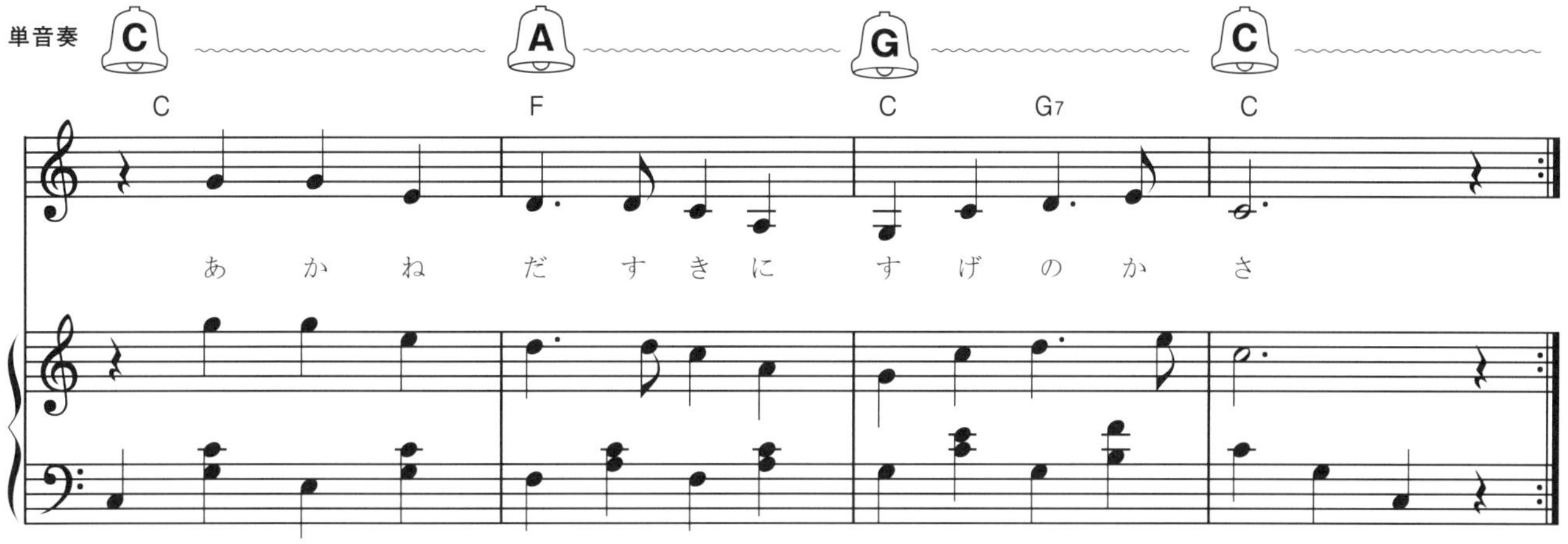

単音奏
C
A
G
C
C
F
C
G7
C
あ か ね だ す き に す げ の か さ

茶つみ

文部省唱歌（三）

1
夏も近づく　八十八夜《はちじゅうはちや》
野にも山にも　若葉が茂《しげ》る
あれに見えるは　茶摘《ちゃつみ》じゃないか
あかねだすきに　菅《すげ》の笠《かさ》

2
日和《ひより》つづきの　今日この頃《ごろ》を
心のどかに　摘《つ》みつつ歌う
摘めよ摘め摘め　摘まねばならぬ
摘まにゃ日本の　茶にならぬ

キーワード

立春　八十八夜　茜襷《あかねだすき》

嫁いだ女性がする黒襷に対して、茜の襷は嫁入り前の娘がするもの。

トーク例

「みなさんは今朝、お茶を飲まれましたか。どこのお茶でしょう？田原のお茶、駿河のお茶、狭山のお茶、八女のお茶…全国にはいろんなお茶がありますね。でも全部飲むのはムチャですね」

「八十八夜」とは、立春（りっしゅん。初めて春の気配が訪れる日）から数えて88日目にあたる5月2日頃のこと。五月晴れの続く中で新茶をつむ農家にとっては大事な農繁期です。この頃の日本では、お茶は生糸と並ぶ大切な輸出品でした。この歌は京都の宇治田原村の茶摘歌が元になっていて、2番の歌詞の「摘まにゃ日本の茶にならぬ」は、「田原の茶にならぬ」であったそうです。

夏は来ぬ

しみじみとした中にも左手の一定のリズムが途切れないように演奏してください。

作詞　佐々木信綱
作曲　小山作之助

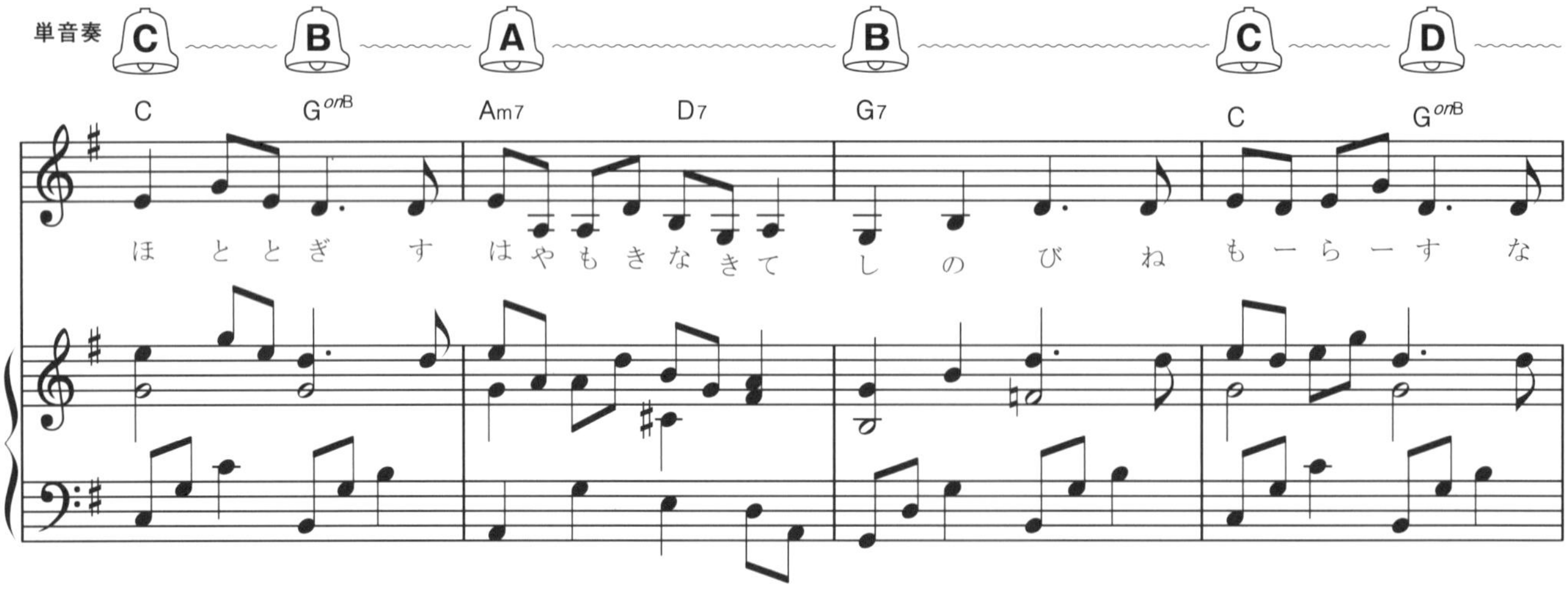

この曲が発表された明治29（1896）年は
第1回近代オリンピックがアテネで開催。参加は14カ国、日本は不参加。
この年、日本は「台湾総督府」を清から譲り受け、敗戦の昭和20（1945）年まで半世紀にわたって↗

この曲は
ベルと合奏できます　**ベル単音奏…（G♯, F, E, D, C, B, A）**

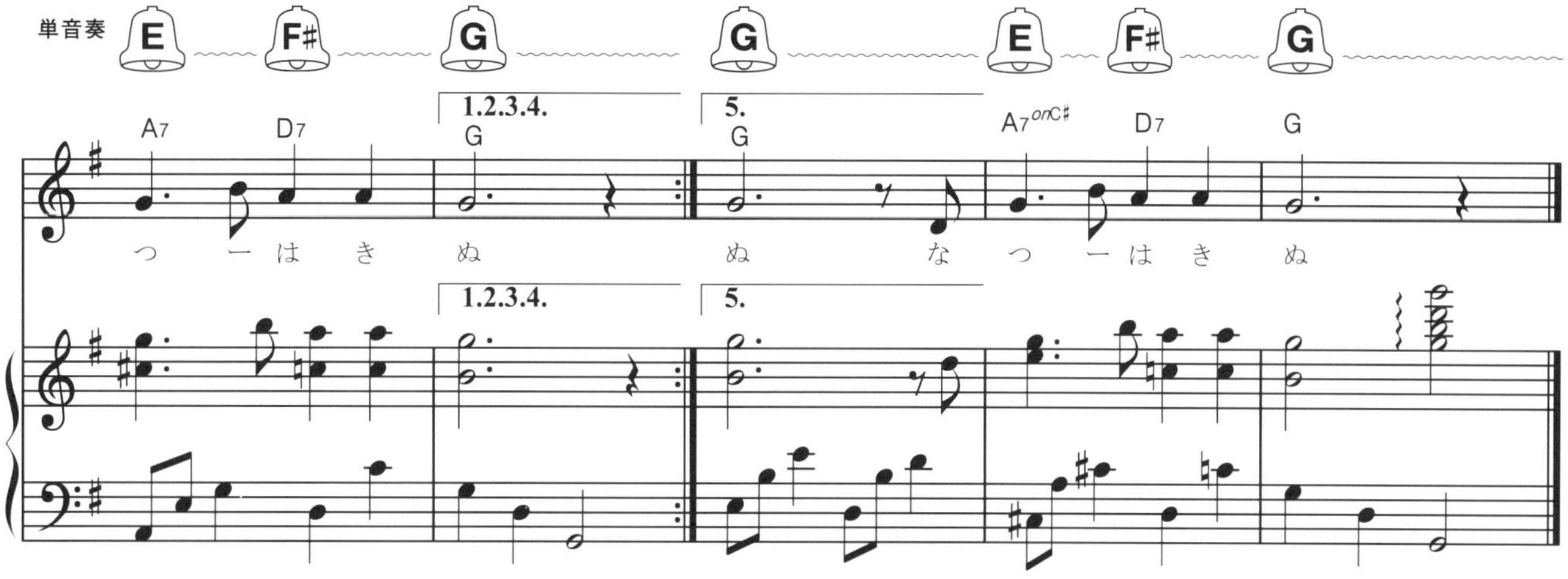

夏は来ぬ

作詞　佐々木信綱
作曲　小山作之助

1
卯の花の匂う　垣根《かきね》に
時鳥《ほととぎす》　早《はや》も来鳴《きな》きて
忍《しの》び音《ね》もらす　夏は来ぬ

2
五月雨《さみだれ》の　注《そそ》ぐ山田に
早乙女《さおとめ》が　裳裾《もすそ》濡らして
玉苗《たまなえ》植《う》うる　夏は来ぬ

3
橘《たちばな》の薫《かお》る　軒端《のきば》の
窓近く　蛍《ほたる》飛び交《か》い
おこたり諫《いさ》むる　夏は来ぬ

4
楝《おうち》散る　川辺《かわべ》の宿の
門《かど》遠く　水鶏《くいな》声して
夕月《ゆうづき》すずしき　夏は来ぬ

5
五月闇《さつきやみ》　蛍飛び交い
水鶏鳴き　卯の花咲きて
早苗《さなえ》植えわたす　夏は来ぬ

キーワード

卯の花、早苗

トーク例

「卯の花って大豆からできる“おから”のことかと思ってました（笑）。うつぎっていう木のことなんだそうですね。」
「卯の花が咲いている垣根といい、ホトトギスの鳴き声といい、それから五月雨が降りそそぐ田や山の緑、橘の香りといい、この歌は目にも、耳にも、鼻にも、皮膚にも、五感全部に染み込んでくるような歌ですね。みなさんは、夏の訪れをどんなところに発見しますか？」

ここで歌われている「卯の花」とは「卯木（うつぎ）」のことです。豆腐からできる「おから」も「うのはな」と言いますが、おからがこの「卯の花」の白さに似ているからです。このほかにも楝（おうち、センダンの古称）、早苗（さなえ）、橘（たちばな）など初夏の自然が歌われています。

台湾を統治した。川崎重工業が設立、鉄鋼、船舶、工業機器の生産始まり日本の産業を牽引する。
チェーホフ『かもめ』、坪内逍遙『桐一葉』。この翌年、尾崎紅葉が『金色夜叉』を発表。

夏

かもめの水兵さん

和声に3度を入れると暑苦しくなりがちですので、あえて1度と5度の和声で伴奏をつけました。

作詞　武内俊子
作曲　河村光陽

この曲が発表された
昭和12（1937）年は

日中戦争が勃発。戦時色が濃くなってゆき、駅名からローマ字が消える。出征兵士に千人針を送る。内地の国民は「銃後を守れ」。「すみだ川」（東海林太郎）、「別れのブルース」（淡谷のり子）がヒット。↗

この曲はベルと合奏できます　**ベル単音奏…（G, F♯, E, D, C, B, A）**

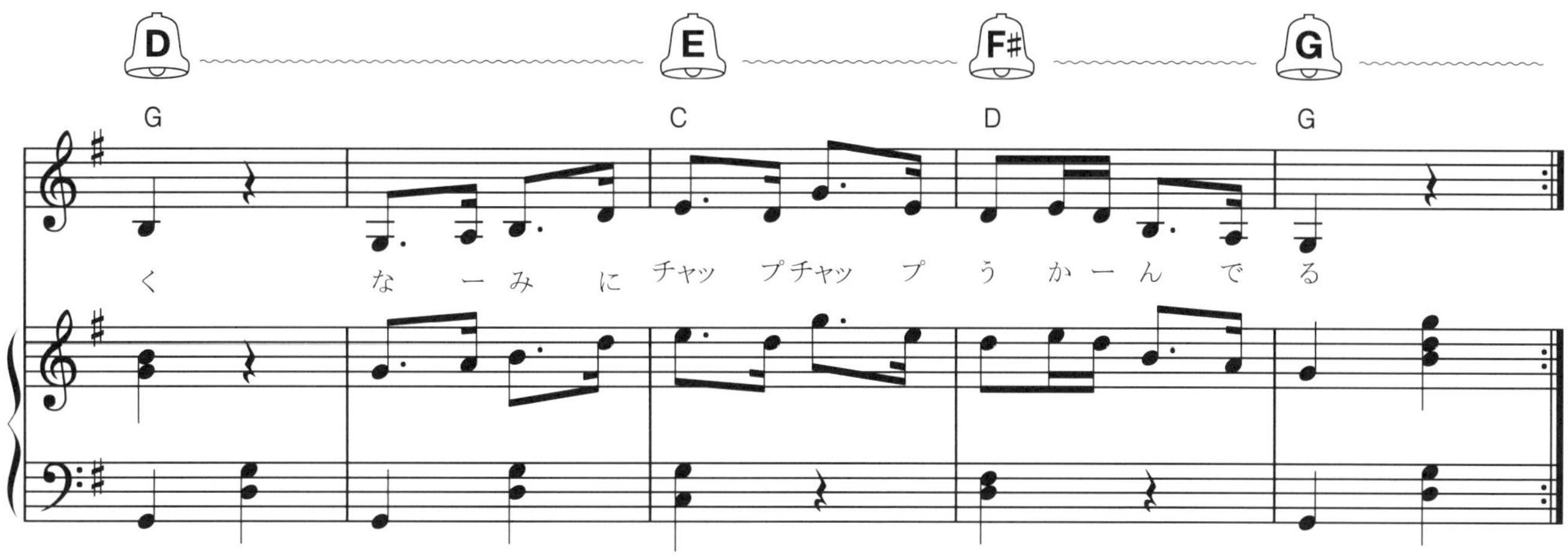

かもめの水兵さん

作詞　武内俊子
作曲　河村光陽

1
かもめの水兵さん
ならんだ水兵さん
白い帽子《ぼうし》　白いシャツ　白い服
波にチャップ　チャップ
うかんでる

2
かもめの水兵さん
かけあし水兵さん
白い帽子　白いシャツ　白い服
波をチャップ　チャップ
越《こ》えてゆく

3
かもめの水兵さん
ずぶぬれ水兵さん
白い帽子　白いシャツ　白い服
波でチャップ　チャップ
おせんたく

4
かもめの水兵さん
なかよし水兵さん
白い帽子　白いシャツ　白い服
波にチャップ　チャップ
揺《ゆ》れている

キーワード

海軍　セーラー服

トーク例

「水上を並んで飛ぶかもめの群れを、白いセーラー服に見立てるなんて、ハッとしますし、楽しいイメージですね」
「あの頃、海軍の将校さんといえば、カッコいいエリートで、まぶしい存在だったんですね。私たち世代になると、♪ポパイ・ザ・セーラーマ〜ン♪のポパイの水夫のセーラー服ぐらいしか知りません。ぐっと庶民的ですが…（笑）」

作詞者の武内俊子氏が、昭和8年に横浜のメリケン波止場からハワイに船出する叔父の見送りに行ったときに見たかもめが印象的だったことから、この曲が生まれたそうです。当時、海軍の白いセーラー服は子どもたちの憧れでした。
かもめは神奈川県の「県の鳥」になっています。

ヘレン・ケラー女史が来日した。　東京・後楽園球場が完成。この頃の物価は、郵便はがき1枚2銭、20グラムの封書4銭、卵1個20銭、うどん・そば10銭、映画入場料50銭、ガソリン1リットル15銭。

あめふり

スタッカート気味に演奏してください。ペダルは不要です。

作詞　北原白秋
作曲　中山晋平

はずむように

F　C　G7　C
(さん　はい)
和音奏　I　V
単音奏　C　B　A　G
C　G7
あ め あ め　ふ れ ふ れ　か あ さ ん　が
和音奏　I　V　I
単音奏　F　E　D　C
C　G7　C
じゃ の め で　お む か い　う れ し い　な

この曲が発表された
大正14（1925）年は

スターリン、ムッソリーニの独裁強まる。ヒトラー『わが闘争』を発表。
日本では普通選挙法成立、ただし25歳以上の男子のみ。「大日本相撲協会」が設立。

↗

この曲は
ベルと合奏できます
①ベル和音奏…Ⅰ（C, E, G） Ⅳ（F, A, C） Ⅴ（G, B, D）
②ベル単音奏…（C, B, A, G, F, E, D, C）

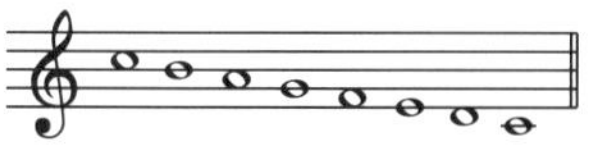

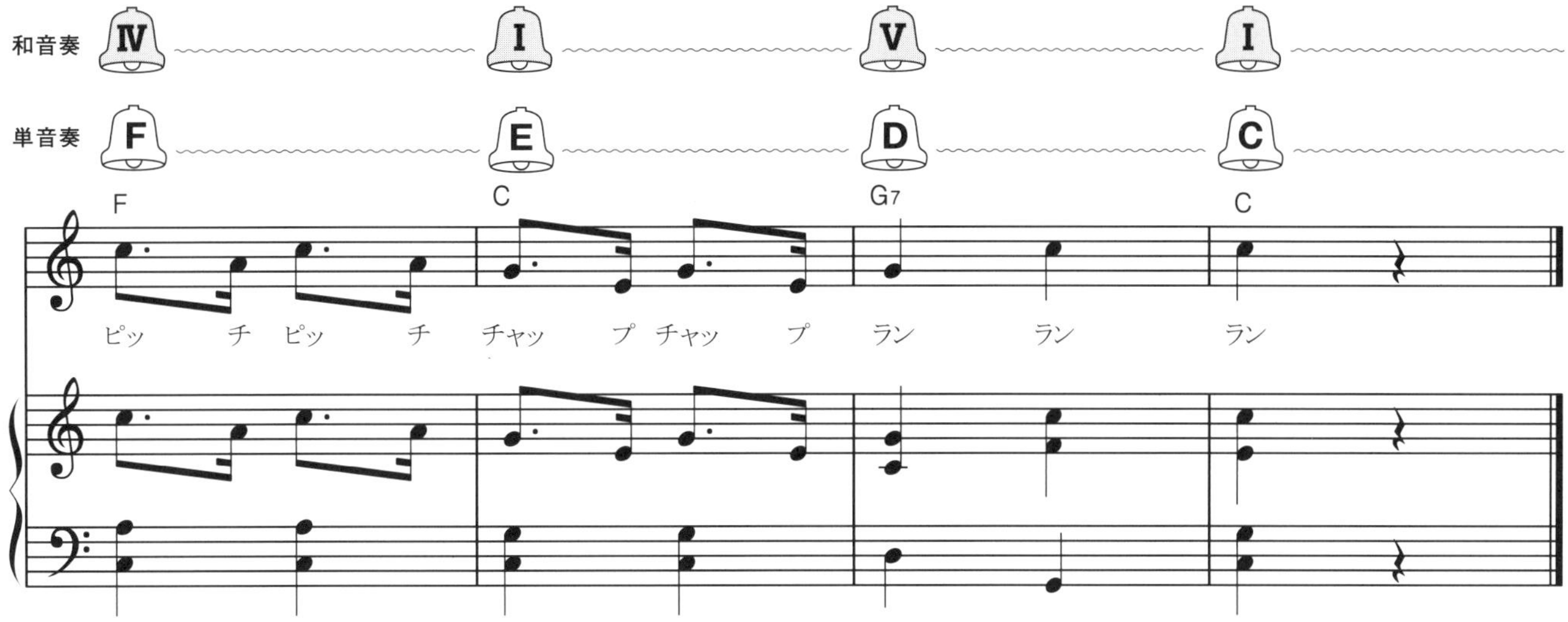

あめふり

作詞 北原白秋
作曲 中山晋平

1
あめあめ　ふれふれ　母さんが
じゃのめで　おむかい　うれしいな
＊ピッチピッチ　チャップチャップ
ランランラン

2
かけましょ　かばんを　母さんの
あとから　ゆこゆこ　かねがなる
＊くりかえし

3
あらあら　あのこは　ずぶぬれだ
やなぎの　ねかたで　ないている
＊くりかえし

4
母さん　ぼくのを　かしましょか
きみきみ　このかさ　さしたまえ
＊くりかえし

5
ぼくなら　いいんだ　母さんの
大きな　じゃのめに　はいってく
＊くりかえし

キーワード

蛇の目でお迎い

「お迎え」じゃなくて、「お迎い」とナマるところが、大正っぽくてキュンとさせます。

「柳の根かた」とは、柳の木の根もとのこと。

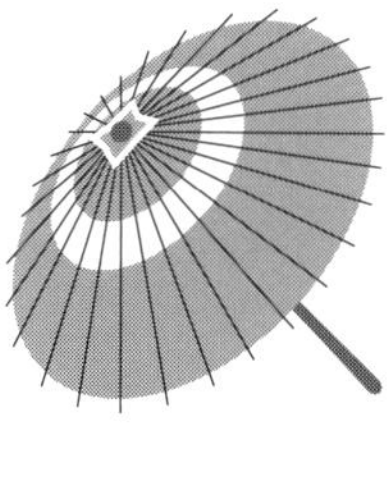

トーク例

「お母さんのお迎いを心待ちにしている子どもって、幸せですよね」

「蛇の目傘の絵をここに用意しました。大きくて、重たい傘ですね。蛇の目をさしたお母さんと並んで帰るのも楽しいけど、この蛇の目でいい人と相合傘するなら（笑）、風情がありますよね」


雑誌「コドモノクニ」に発表された童謡です。歌詞に出てくる「じゃのめ」とは江戸時代に用いられていた紙製の傘の模様で、蛇の目模様を表しています。


日本初のラジオ放送JOAK（東京放送）が開始。日本交響楽協会設立（山田耕筰と近衛秀麿）。

梶井基次郎『檸檬』を発表。講談社の『キング』創刊、後に100万部雑誌になる。

雨降りお月

左手をなめらかに音を切らないように演奏してください。

作詞　野口雨情
作曲　中山晋平

しっとりと
和音奏 I
G C G D G G C
(さん、はい)
あ め ふ り
和音奏 I
G D G C G G
お つ き さ ん　く も の ー か ー げ
お よ め に　ゆ く と きゃ
和音奏 V I V I
C D G C G D G
だ れ と ゆ ー く
ひ と り ー で　か ら か さ　さ し て ゆ く

この曲が発表された
大正14（1925）年は

p.56の「あめふり」と同年。出来事はそちらを参照。
阪東妻三郎が人気。野村証券、東京電力設立。大日本雄弁会が講談社と合併、大日本雄弁会講談社 ↗

この曲は
ベルと合奏できます　**ベル和音…Ⅰ（G, B, D）Ⅳ（C, E, G）Ⅴ（D, F♯, A）**

雨降りお月

作詞　野口雨情
作曲　中山晋平

1
雨降りお月さん　雲のかげ
お嫁に　ゆくときゃ　誰とゆく
一人でからかさ　さして行《ゆ》く
からかさ　ないときゃ　誰とゆく
シャラシャラ　シャンシャン　鈴つけた
お馬に　ゆられて　ぬれて行く

2
急がにゃお馬よ　夜《よ》が明《あ》けよう
手綱《たづな》の下から　ちょいと見たりゃ
おそでで　お顔を　かくしてる
おそでは　ぬれても　干《ほ》しゃ乾《かわ》く
雨降りお月さん　雲のかげ
お馬に　ゆられて　ぬれて行《ゆ》く
（2番の楽譜はp.60）

★注★
作曲者の中山晋平は、2番の歌詞は、1番の詞とアクセントが異なるため、アクセントに沿ったメロディーを付けました。p.60に2番の旋律を載せてあります。確かに微妙なところが変化しています。昭和2年、人気歌手の佐藤千夜子が歌ってレコード化され、ずいぶん広まったそうです。
高齢者の方々の中には、1番と2番の旋律の違いをちゃんと覚えていて歌える方も多いようです。お年寄り、恐るべし！（汗）。ですので、この際、音楽療法士も覚えましょう！

となった。国民娯楽雑誌『キング』は、434ページで50銭、創刊号は74万部売れた。

（「雨降りお月」の２番）

G
いそがーにゃー おうまよ よがあーけー よう たづなの
C D G D
したから ちょいとみたーりゃ おそでで一 おかおを一 かくして
G D G
る おそではー ぬれても一 ほしゃかーわー く あめふーりー
C G D G
おつきさん くものかーげ おうまに ゆられて一 ぬれてゆく

キーワード

馬に乗って嫁入り　唐傘《からかさ》

p.56の「あめふり」では「蛇の目傘」（和傘）ですが、こちらは「唐傘」（唐風の傘、竹製の骨に油紙が張られている）。「あめふり」もこの「雨降りお月」も、どちらも中山晋平の名曲ですね。

トーク例

「お馬に乗ってお嫁入りとは、のんびりしていて、でも、寂しそうですね。馬に揺られている間、どんなことを考えていたのでしょうね」

「みなさんのお嫁入りの時は、ハイヤーでしたか、汽車でしたか」


雑誌「コドモノクニ」に発表された童謡です。１番と２番はもともと別の曲だったそうです。

雨の日に、馬に乗って嫁入りをするという歌詞ですが、本当にそのようにしてお嫁に行くことがあったのでしょうか。

野口雨情の孫の野口不二子氏によれば、雨情の最初の花嫁のひろが、栃木から北茨城まで馬で２日かかって嫁いできたので、それをもとにして書いたとも伝えられています。

てるてる坊主

同じ短調ですが転調して展開してあり、メロディーの雰囲気も全く異なる2つの部分からなる曲です。最初の快活なリズムと、次のゆったりしたリズムの対比を持たせるように演奏してください。

作詞　浅原鏡村
作曲　中山晋平

てるてる坊主

作詞　浅原鏡村
作曲　中山晋平

1
てるてる坊主　てる坊主
明日　天気にしておくれ
いつかの夢の　空の様に
晴れたら　金の鈴　あげよ

2
てるてる坊主　てる坊主
明日　天気にしておくれ
私の願いを　聞いたなら
甘いお酒も　たんと飲ましょ

3
てるてる坊主　てる坊主
明日　天気にしておくれ
それでも曇《くも》って　泣いてたら
そなたの首を　チョンと切るぞ

キーワード

軒《のき》に吊す

トーク例

「みなさんは、どんな時てるてる坊主を作りましたか。遠足、運動会、花火大会、盆踊り…かな？」

童謡として発表されましたが、その後教科書にも載りました。本来、てるてる坊主は、吊すときには顔を描かずに吊るして、晴れたらそのお礼に、目鼻口を顔に描きいれ、お酒をかけて川に流してあげるのが作法だそうです。昭和45年度まで音楽の教科書に載っていたそうですが、3番の歌詞のてるてる坊主の首を切るという部分に教師たちから非難の声があがったため、教科書からは削られました。

この曲が発表された大正10（1921）年は

原敬首相が東京駅で19歳の青年に暗殺された。ノーベル賞を受賞したアインシュタインが来日し、各地で講演活動、大盛況。　国内では地方選挙で婦人選挙権が認められる。

かたつむり

のどかにほのぼのと演奏してください。

文部省唱歌

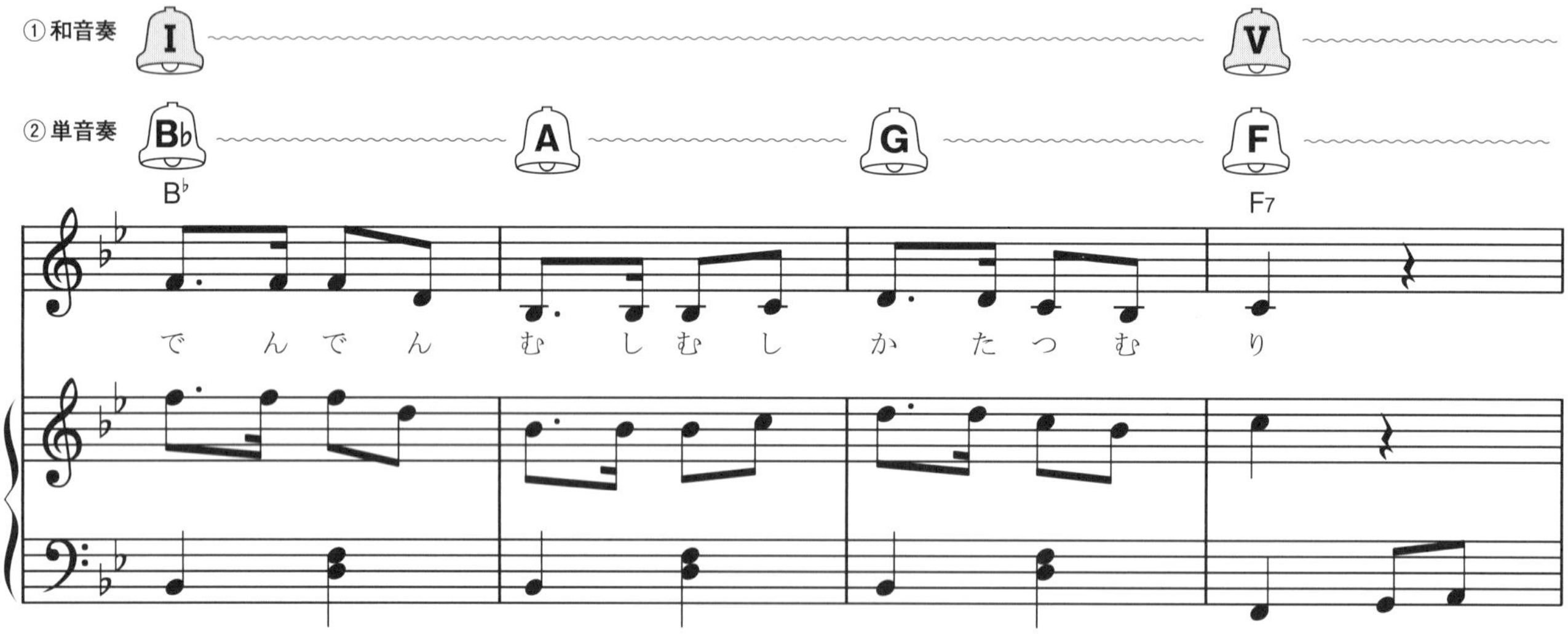

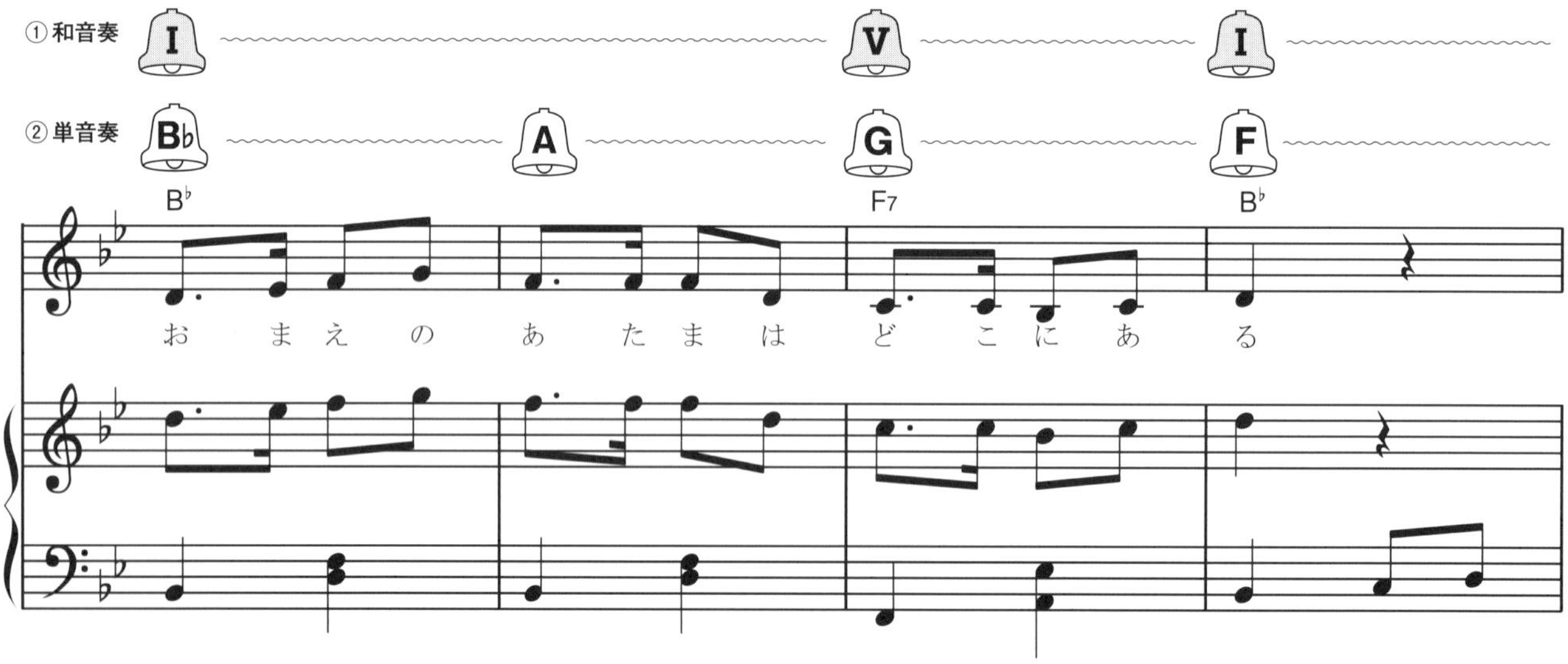

この曲が発表された
明治44（1911）年は

キュリー夫人で知られるマリー・キュリー女史が、単独で２度目のノーベル化学賞を受賞。
日本では、女性だけの文芸誌『青鞜（せいとう）』が創刊された。「原始、女性は太陽であった」↗

この曲はベルと合奏できます
①ベル和音奏…Ⅰ（B♭, D, F）Ⅳ（E♭, G, B♭）Ⅴ（F, A, C）
②ベル単音奏…（B♭, A, G, F）

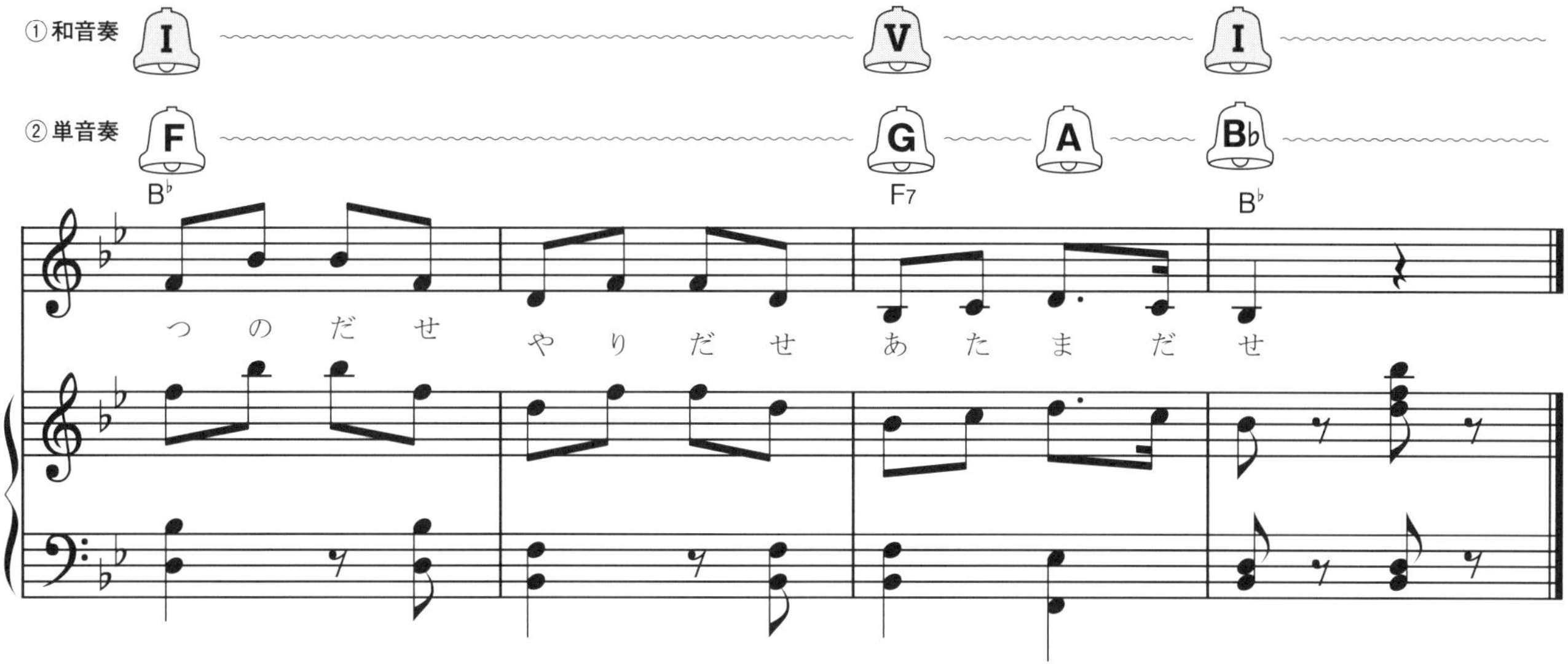

かたつむり

文部省唱歌

1
でんでん　むしむし　かたつむり
おまえのあたまは　どこにある
つの　だせ　やり　だせ
あたま　だせ

2
でんでん　むしむし　かたつむり
おまえのめだまは　どこにある
つの　だせ　やり　だせ
めだま　だせ

尋常小学唱歌（明治四十四年）

キーワード

目　つの　やり

※かたつむりが普段は殻の内側に隠している触角。殻から出した前方と後方の一対の触角がそれぞれ「つの」と「やり」に見える。後方に「目」がついている。

トーク例
「昔は焼いて、おやつに食べたんだそうですね。食べた方、いらっしゃいますか？」
「え、フランス旅行した時にエスカルゴを召しあがった！グルメですね～！」

「でんでんむし」の愛称で親しまれ、漢字では「蝸牛（かぎゅう）」と書きます。陸に住む巻貝です。

フランスの食用エスカルゴは、専用のブドウ畑で専用に養殖されるそうです。

日本でも昔、おやつに焼いて食べましたね。また民間薬として、殻ごと黒焼きにしたものは耳鳴りに効くとか。

しかし野生のかたつむりには寄生虫がいます。さわった後には手を洗ってくださいね。


と発刊の辞に書いた発行人・編集長の平塚らいてうは、当時26歳。しかし世の良妻賢母の思想と合わないという理由で、わずか２年後に発禁処分を受ける。

七夕さま

この曲はベルと合奏できます　ベル単音奏…（D, C♯, B, A）

幼い子どもをイメージしてアレンジしました。かわいらしく素朴に演奏してください。

作詞　権藤花代、 林 柳波
作曲　下総皖一

七夕さま

作詞　権藤花代、林 柳波
作曲　下総皖一

1
ささの葉　さらさら
のきばにゆれる
お星さま　きらきら
金銀砂子《きんぎんすなご》

2
五色《ごしき》の　たんざく
私が書いた
お星さま　きらきら
空から見てる

キーワード

織姫と彦星　ささの葉

年に一度晴れた日に、離れて暮す織姫と彦星が会う日が七夕です。「五色の短冊」は、緑・紅・黄・白・黒。中国の五行哲学（万物は木・火・土・金・水から成っているとする）に由来します。砂子とは、短冊に散らしてある小さく切った金箔や銀箔のこと。

上の２曲が発表された昭和16（1941）年は　ドイツで「リリー・マルレーン」、アメリカで「A列車で行こう」が流れる。日本では世界最大の戦艦「大和」が完成。防空ずきん、もんぺ、ゲートル姿が増え、お米は配給制が始まる。「生きて捕囚の辱めを受けず」↗

うみ

この曲はベルと合奏できます　ベル単音奏…（D, A）

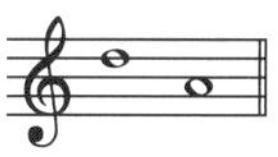

ゆったりと大きなノリの３拍子で演奏してください。

作詞　林　柳波
作曲　井上武士

のびのびと
D
GM7
Em7
A
D
（さん、　はい）
単音奏
D
A
D
G
F♯m
Bm7
A
うみはひろいなおおきいな
単音奏
A
D
D
A
D
GM7
Em7
A
D
つきはのぼるしひはしずむ

うみ

作詞　林　柳波
作曲　井上武士

1
海はひろいな　大きいな
月がのぼるし　日がしずむ

2
海は大なみ　青いなみ
ゆれてどこまで　つづくやら

3
海にお船を　うかばして
いってみたいな　よその国

キーワード

子どもから見た海

海の放大さ無限さが伝わります。

戦時中に発表されたこの曲の作詞者は林柳波（はやし・りゅうは）という童謡詩人で、「お馬の親子は　なかよしこよし」の歌詞の「オウマ」などの作詞もしました。もと薬剤師だった林は、日本舞踊家として社交界をにぎわす８歳年上の日向（ひなた）きむ子と結婚し、話題を呼びました。

の戦陣訓を守った兵士が各地で玉砕する。小学校は「国民学校」になり、初等科6年と高等科2年の義務教育8年制となったが、勉強どころではなかった。　12月8日、日本軍がハワイ真珠湾を奇襲、ついに太平洋戦争に突入。

海

左手の伴奏を1拍目に重みを置き、2、3拍目を軽めにすると、落ち着いた雰囲気になります。

のびやかに

文部省唱歌

G D A7 D
（さん、 はい）
和音奏 I V I V
D A D A
まつばら とおく きーゆる ところ
和音奏 I IV V I
D G A D
しらほの かーげは うーか ぶ
和音奏 I IV I V I
D G D A D
ほしあみ はーまに たかくし て かもめは

この曲が発表された
大正2（1913）年は

太陽黒点が1カ月の間見られなかった（6月）。100年に1度くらいの珍しいできごと。（2008年8月に

この曲はベルと合奏できます　**ベル和音…Ⅰ（D, F♯, A）Ⅳ（G, B, D）Ⅴ（A, C♯, E）**

海

文部省唱歌

1
松原《まつばら》とおく　消《き》ゆるところ
白帆《しらほ》の影《かげ》は　浮かぶ
干網《ほしあみ》浜に　高くして
鴎《かもめ》は低く　波に飛ぶ
見よ昼の海
見よ昼の海

2
島山闇《しまやまやみ》に　著《しる》きあたり
漁火《いさりび》　光《ひかり》　淡《あわ》し
寄る波　岸に　緩《ゆる》くして
浦風《うらかぜ》　軽く　沙《いさご》吹く
見よ夜の海
見よ夜の海

尋常小学唱歌（五）大正二年

キーワード
松原　白帆

トーク例
「みなさんの好きな海は、どこの海ですか？」
「この歌の替え歌をご存じでしょうか？　昭和の一時期よく歌われて、すご～く流行ったそうですね（※）」

昔から歌い継がれている、海がテーマの代表的な唱歌です。尋常小学校5年生用の教科書に掲載されました。
砂浜の美しい象徴的な風景がヴィジュアルに描かれています。松原、白帆、干網、鴎、島山、漁火、寄る波、沙など、日本人の海の原風景とはこのようなものだったかもしれません。
当時の文部省唱歌は作詞者、作曲者を伏せて発表していました。メロディーは美しく覚えやすいのに、歌詞が子どもにはちょっとむずかしいことから、替え歌が流行ったとも言われています。

（※）昭和30年代に子どもたちの間で次のように歌われた。
「松原父ちゃん　消ゆる母ちゃん　父ちゃんと母ちゃんが喧嘩して　父ちゃんは得意のハンマー投げ
母ちゃんの得意は空手チョップ　見よ　この喧嘩　見よ　この喧嘩」

も同様の現象が現れた）　岩波書店が開業した（岩波茂雄が古本屋から出版業を開始）。　森永ミルクキャラメルが発売。

夏

われは海の子

左手がかなり低い音を含むゆったりとしたアルペジオになっています。一定のリズムで演奏してください。

文部省唱歌

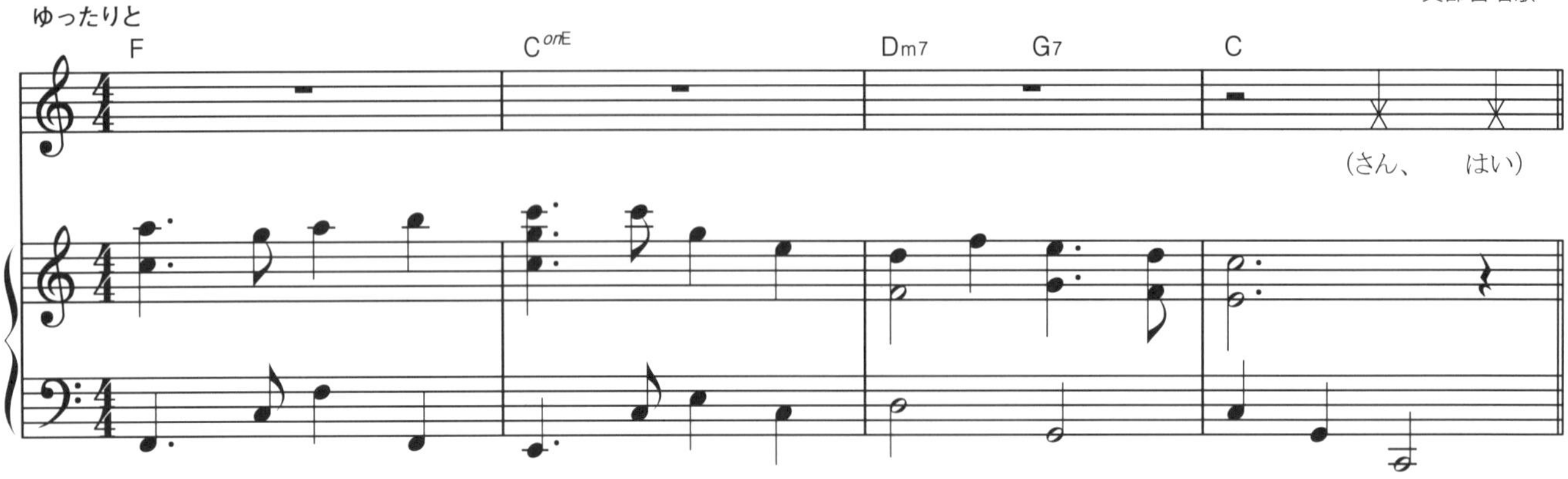

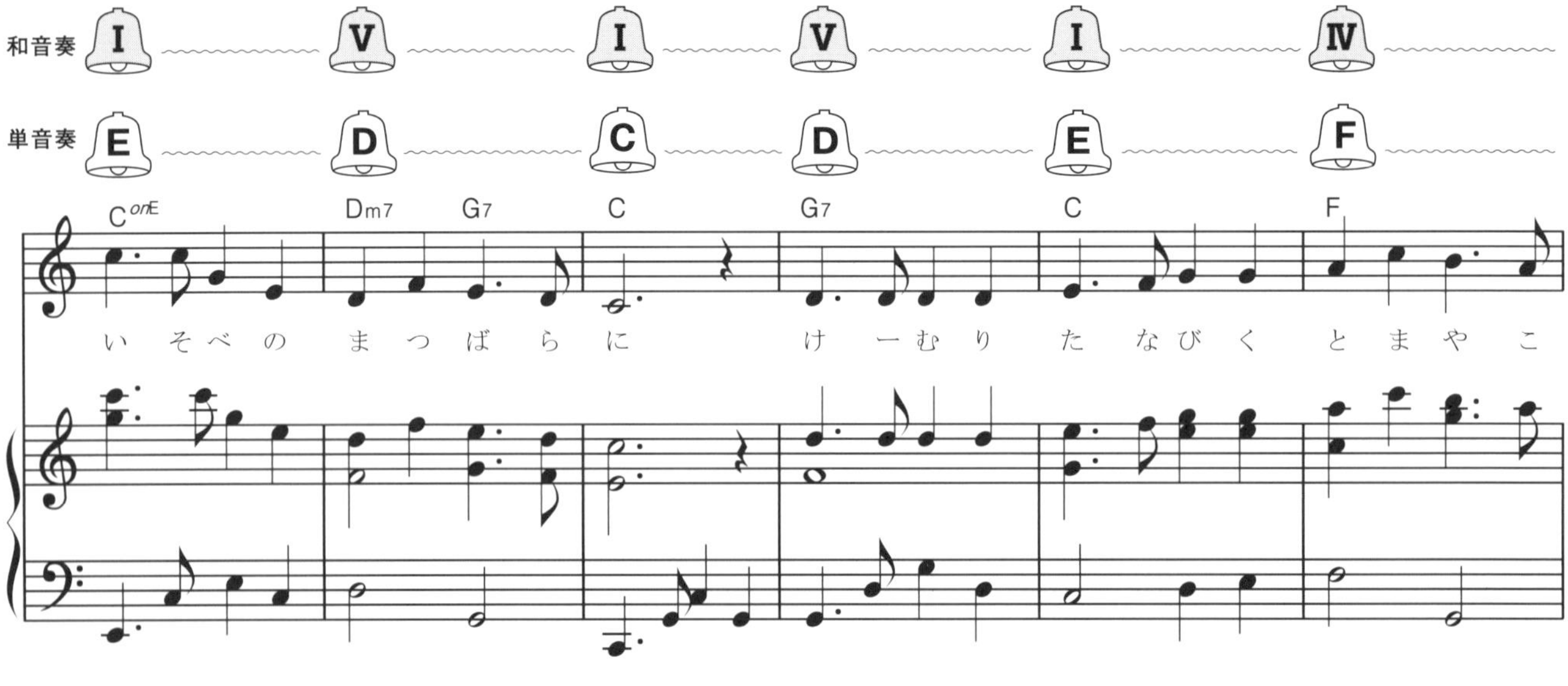

この曲が発表された
明治43（1910）年は

p.28 p.94 p.130も参照。レコード、蓄音機が次第に普及する。義務教育の就学率が98%になった。逗子の開成中学の学生がボートで遭難し、「真白き富士の嶺」が歌われるように。日韓併合、軍に ↗

この曲は
ベルと合奏できます
①ベル和音奏…Ⅰ（C, E, G）Ⅳ（F, A, C）Ⅴ（G, B, D）
②ベル単音奏…（C, B, A, G, F, E, D, C）

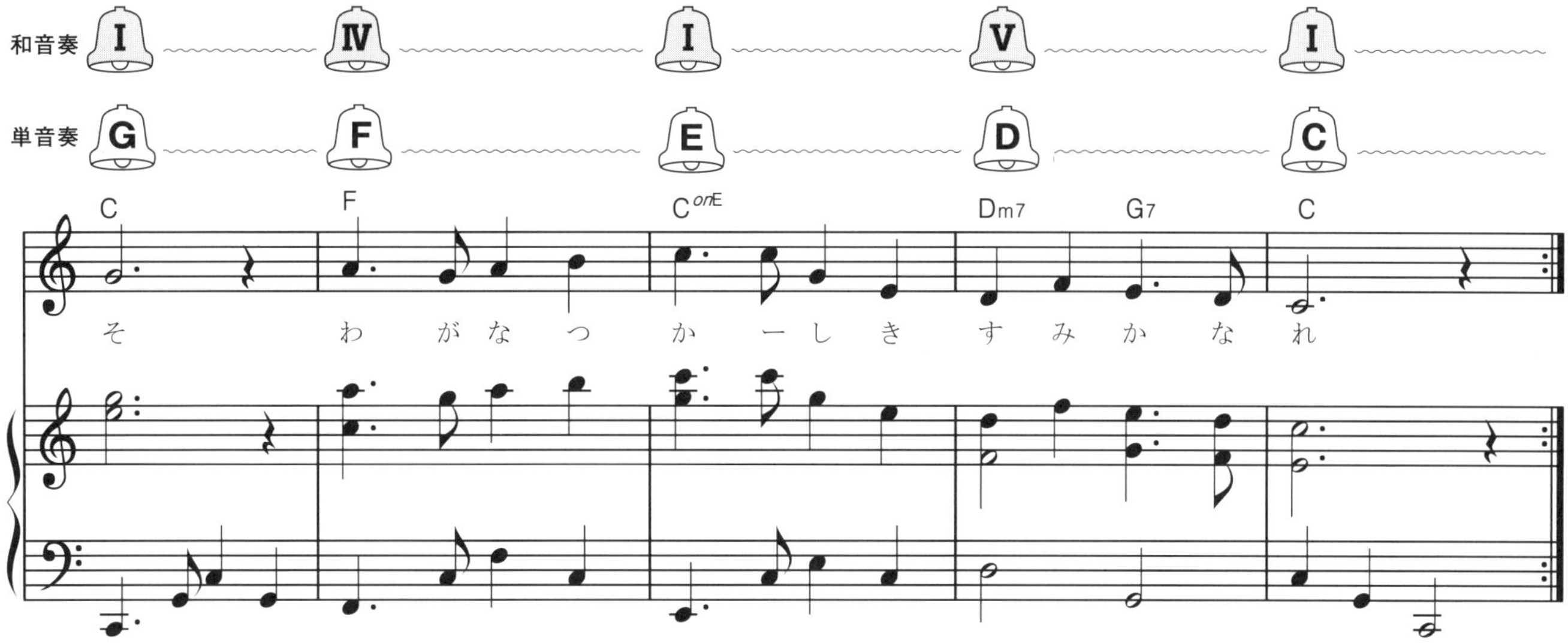

われは海の子

文部省唱歌

1
我は海の子白浪《しらなみ》の
さわぐいそべの松原に、
煙《けむり》たなびくとまや（※）こそ
我がなつかしき住家《すみか》なれ。
（※苫屋はそまつな茅葺きの家のこと）

2
生れてしおに浴《ゆあみ》して
浪《なみ》を子守の歌と聞き、
千里《せんり》寄せくる海の気《き》を
吸《す》いてわらべとなりにけり。

3
高く鼻つくいその香《か》に
不断《ふだん》の花のかおりあり。
なぎさの松に吹く風を
いみじき楽《がく》と我は聞く。

4
丈余《じょうよ》のろかい操《あやつ》りて
行手《ゆくて》定めぬ浪まくら、
百尋千尋《ももひろちひろ》の海の底
遊びなれたる庭広し。

5
幾年《いくとせ》ここにきたえたる
鉄より堅《かた》きかいなあり。
吹く塩風《しおかぜ》に黒みたる
はだは赤銅《しゃくどう》さながらに。

6
浪にただよう氷山《ひょうざん》も
来《きた》らば来《きた》れ恐れんや。
海まき上《あ》ぐるたつまきも
起《おこ》らば起れ驚《おどろ》かじ。

7
いで大船《おおふね》に乗出して
我は拾わん海の富。
いで軍艦《ぐんかん》に乗組みて
我は護《まも》らん海の国。

キーワード

磯辺で育つ

トーク例

「煙たなびくとまや（苫屋）って、なんだかホっとしますよね」
「潮を浴びながら、波を子守唄として聞き、海の気を吸って育つ。松に吹く風を音楽として聞く。
歌詞を読めば読むほど、昔の人は考えることが大きいですね」
「みなさんが子どもの頃、海は近くにありましたか？」

最初「尋常小学読本唱歌」に掲載されたときには歌詞が7番までありましたが、戦後4番以下を教えることはなくなりました。長い間作詞者は不詳でしたが、鹿児島県出身の宮原晃一郎（みやはら　こういちろう）の作であることが1989年に判明しました。

よる35年間の支配が始まった。

ソーラン節

力強い低音の伴奏を一定のテンポで演奏してください。

北海道民謡

ソーラン節

北海道民謡

1
＊ヤーレン ソーラン ソーラン ソーラン
ソーラン ソーラン
にしん来たかと 鴎《かもめ》に問《と》えば
わたしゃ立つ鳥 波に聞け
#チョイヤサ エ エンヤンサーノ ドッコイショ
ア ドッコイショ ドッコイショ

2
＊くり返し
沖の鴎に 潮《しお》どき 問えば
わたしゃ立つ鳥 波に聞け
#くり返し

3
＊くり返し
男度胸《おとこどきょ》なら 五尺《ごしゃく》のからだ
どんと乗り出せ 波の上
#くり返し

4
＊くり返し
躍《おど》る銀鱗《ぎんりん》 鴎の唄《うた》に
お浜大漁《はまたいりょ》の 陽《ひ》がのぼる
#くり返し

5
＊くり返し
嫁《よめ》ことるなら にしん場《ば》の娘《むすめ》
色は黒いが 気だてよい
#くり返し

6
＊くり返し
沖の鴎が 物言《ものい》うならば
たより聞いたり 聞かせたり
#くり返し

7
＊くり返し
沖の鴎の 啼《な》く声聞けば
船乗り稼業《かぎょう》は やめられぬ
#くり返し

キーワード
にしん　沖揚げ

北海道の民謡で、日本海沿岸で行われていたにしん漁の作業歌（沖揚げ歌）でした。捕った魚を運搬用の舟に引き上げる作業が一番きついと言われます。力を合わせ、呼吸を合わせ、大量の獲物を引き上げる、その労働歌として歌われたそうです。

近年、新たに活気ある「よさこいソーラン」踊りでも知られますが、その原型はこちらです。

炭鉱節

便宜的にコードネームをつけていますが、もともと西洋音階による和声づけはそぐわない曲です。こうした民謡は4度か5度の和声を中心に、調性をあまり感じさせないほうが雰囲気が出ます。

はずむように

福岡県民謡

炭鉱節

福岡県民謡

1
月が出た出た　月が出た（ヨイヨイ）
三池炭坑《みいけたんこう》の　上に出た
あまり煙突《えんとつ》が　高いので
さぞやお月さん　けむたかろ（サノヨイヨイ）

2
あなたがその気で　云うのなら（ヨイヨイ）
思い切ります　別れます
もとの娘《むすめ》の　十八《じゅうはち》に
返してくれたら　別れます（サノヨイヨイ）

3
一山《ひとやま》　二山《ふたやま》　三山《みやま》　越《こ》え（ヨイヨイ）
奥に咲いたる　八重《やえ》つばき
なんぼ色よく　咲いたとて
サマちゃんが通《かよ》わにゃ　仇《あだ》の花（サノヨイヨイ）

4
晴《は》れて添《そ》う日が　来るまでは（ヨイヨイ）
心一つ《こころひと》　身《み》は二《ふた》つ
離《はな》れ離《ばな》れの　切《せつ》なさに
夢でサマちゃんと　語《かた》りたい（サノヨイヨイ）

全国的な知名度を持つ民謡です。福岡県田川市が発祥の地だと言われており、女性労働者が石炭を選別するときに歌っていた節が原型となっているそうです。

歌詞に出てくる「サマちゃん」とは、女性が男性の恋人を呼ぶ名だそうです。

東京音頭

弾むようなリズムで、左手の1拍目にアクセントを置き、テンポを保って演奏してください。

作詞　西條八十
作曲　中山晋平

はずむように
Em B Em B Em B
(さーん、 はい) ハ ア ー
Em Am
おどり おーどる なーーら (チョイト) とうきょう おーん
B Em Am Em
ど (ヨイ ヨイ) はなの みーや こーーの
Am B Em
はなの みやこの まんなかで (サテ) (ヤーット ナ ソ レ

この曲が発表された
昭和8(1933)年は

ナチスが政権を獲得、ヒトラーがドイツ国家の元首となる。満州国が認められず日本が国際連盟を脱退。『蟹工船』の小林多喜二、特高警察に虐殺される。皇太子明仁が誕生、東京中にサイレン鳴り渡る。ブルー ↗

東京音頭

作詞　西條八十
作曲　中山晋平

1
ハァ〜踊り踊るなら
チョイト東京音頭　ヨイヨイ
花の都の　花の都の真中でサテ
＊ヤットナソレ　ヨイヨイヨイ
ヤットナソレ　ヨイヨイヨイ

2
ハァ〜東京よいとこ
チョイト日本《ひのもと》照す　ヨイヨイ
君《きみ》が御稜威《みいつ》は　君が御稜威は天照《あまてら》すサテ
＊繰り返し（稜威とは、尊くおごそかな光、神聖なもののこと。）

3
ハァ〜花は上野よ
チョイト柳は銀座　ヨイヨイ
月は隅田《すみだ》の　月は隅田の屋形船《やかたぶね》サテ
＊繰り返し

4
ハァ〜おらが丸の内《まるのうち》
チョイト東京の波止場《はとば》　ヨイヨイ
雁《かり》と燕《つばめ》の　雁と燕の上《のぼ》り下《お》りサテ
＊繰り返し

5
ハァ〜君《きみ》と民《たみ》との
チョイト千歳《ちとせ》の契《ちぎ》り　ヨイヨイ
結《むす》ぶ都《みやこ》の　結ぶ都の二重橋《にじゅうばし》サテ
＊繰り返し

キーワード

ハァ〜小唄の勝太郎

小唄勝太郎は芸者出身の美声の歌手。この曲で有名に。はやし言葉の「ハァ〜」が粋で、こう呼ばれた。

トーク例

「では、勝太郎姐さんをマネてやってみましょう。おはやしは、恥ずかしがらずできるだけカン高い声でいきます。それがコツです。では…ハァ〜！」

最初は「丸の内音頭」という題名で1年前に発表された曲ですが、「東京」に広げて改題されてから爆発的な人気となり、多くの歌手が吹き込みしています。前奏は「鹿児島おはら節」という別の民謡から取られているそうです。
ここに掲載してある2番と5番は戦後に削除されて今歌われることはあまりありません。

ノ・タウトが来日し、桂離宮に感銘する。小学校の国語の教科書に「サイタ　サイタ　サクラガ　サイタ」。有楽町に日劇オープン。ヨーヨーが流行（1カ月に500万個売れた）。宮沢賢治37歳で病死。

知床旅情

のびのびとした３拍子で演奏してください。

作詞・作曲　森繁久弥

この曲が発表された 昭和40（1965）年は

東京にスモッグ警報注意報が初めて発令される。名神高速道路が開通。国鉄に「みどりの窓口」が登場。海外旅行ブームにより、日航が海外向け団体旅行「JALパック」を発売。当時の物価はビールが120円、↗

知床旅情

作詞・作曲　森繁久弥

1
知床の岬に　はまなすの咲くころ
思い出しておくれ　俺たちのことを
飲んで騒いで　丘にのぼれば
遥《はる》か国後《くなしり》に　白夜《びゃくや》は明ける

2
旅の情《なさけ》か　酔うほどに　さまよい
浜に出てみれば　月は照る波の上《え》
※君を今宵《こよい》こそ　抱きしめんと
岩かげに寄れば　ピリカが笑う

※この森繁久弥氏の原詞に対して、加藤登紀子氏が歌った「今宵こそ君を　抱きしめんと」が、広く歌われています。

3
別れの日は来た　ラウスの村にも
君は出て行く　峠を越えて
忘れちゃいやだよ　気まぐれカラスさん
私を泣かすな　白いかもめよ

キーワード

森繁久彌　加藤登紀子《かとうときこ》

トーク例
「出だしが、あの『早春賦』(p.14) に似てますね。森繁さんも、あの曲からヒントを得たと述懐しているそうです。いい歌は、どれもいいものですね」

俳優の森繁久彌（もりしげ・ひさや）が映画のロケで知床を訪れた際に作詞作曲した曲です。
知床はシルエトク（アイヌ語で「地の果て」）から来ていると言われます。
ピリカは「美しい」という意味で、アイヌの言葉で美しい女性のことを「ピリカメノコ」といいますので、美しい女性のことであるといわれています。一方で、海鳥の「エトピリカ」であるという説もあります。

牛乳が20円。ちょうど今の5分の1くらい。朝永振一郎博士がノーベル物理学賞を受賞。藤子不二雄の漫画「オバQ」が大人気。メンズ・ファッション盛んに。

浜辺の歌

ペダルを使うとテンポからいっても音がにごってしまうので、使わなくてもよいように左手のベース音を伸ばす譜面としています。レガートに演奏することで音が途切れないように気をつけてください。

作詞　林　古溪
作曲　成田為三

おだやかに
D onA　A7　D　D　D7
(さん、はい)
あ　し　た　ー　は　ま　ー
G　D onA　Bm7　E7　A7
べ　ー　を　さ　ー　ま　ー　よ　え　ー　ば　ー　む
D　D7　G　D onA　A7
か　し　ー　の　こ　ー　と　ー　ぞ　し　ー　の　ー　ば　る

この曲には出版社が勝手に改作した3番がありますが、作曲者の林がそれを好まなかったためにあまり歌われていません。本書も2番まで掲載しています。2番の「もとおる」とは、歩き回るという意味です。

この曲が発表された大正2（1913）年は
パナマ運河を汽船が初通過する。日本の全人口が5291万人と発表。
英国のベンジャミン・ブリテン生まれる。徳川慶喜（徳川15代将軍）が逝去。インドの詩人タゴールが↗

浜辺の歌

作詞　林　古溪
作曲　成田為三

1. あした浜辺をさまよえば、
昔のことぞ忍ばるる。
風の音よ、雲のさまよ、
寄する波も貝の色も。

2. ゆうべ浜辺をもとおれば、
昔の人ぞ忍ばるる。
寄する波よ、返す波よ、
月の色も、星の影も。

キーワード
寄せては返す波

トーク例
「揺れる波を感じるような優しいリズムですね」
「心が穏やかになり、静かな波のリズムといつのまにか同調してくるかのような気持ちよい歌ですね」

アジア人で初のノーベル賞（文学賞）。島村抱月訳のワイルドの「サロメ」が帝劇で初演。主演は松井須磨子、沢田正二郎。
京都法政大学が、立命館大学となる。

夏の思い出

ゆったりと、全体の響きを味わいながら演奏してください。

作詞　江間章子
作曲　中田喜直

ふんわりと

C A9 Dm G C C A7 Dm7 G7
(さん、はい)
なつがくれば　おもいだす
C A7 Dm7 G7 C C A7 Dm7 G7
はるかなおぜ　とおいそら　きりのなかに　うかびくる
C A7 Dm7 G7 C F Dm7 Em7 Dm7
やさしいかげ　ののこみち　みずばしょうのはな　がさいている

この曲が発表された昭和24（1949）年は　p.46も参照。GHQの指示で1ドル＝360円となった。東京駅に第一号の赤い公衆電話が設置された。映画「青い山脈」、黒澤明監督・三船敏郎主演「野良犬」が注目を浴びる。高峰秀子の歌う「銀座カン↗

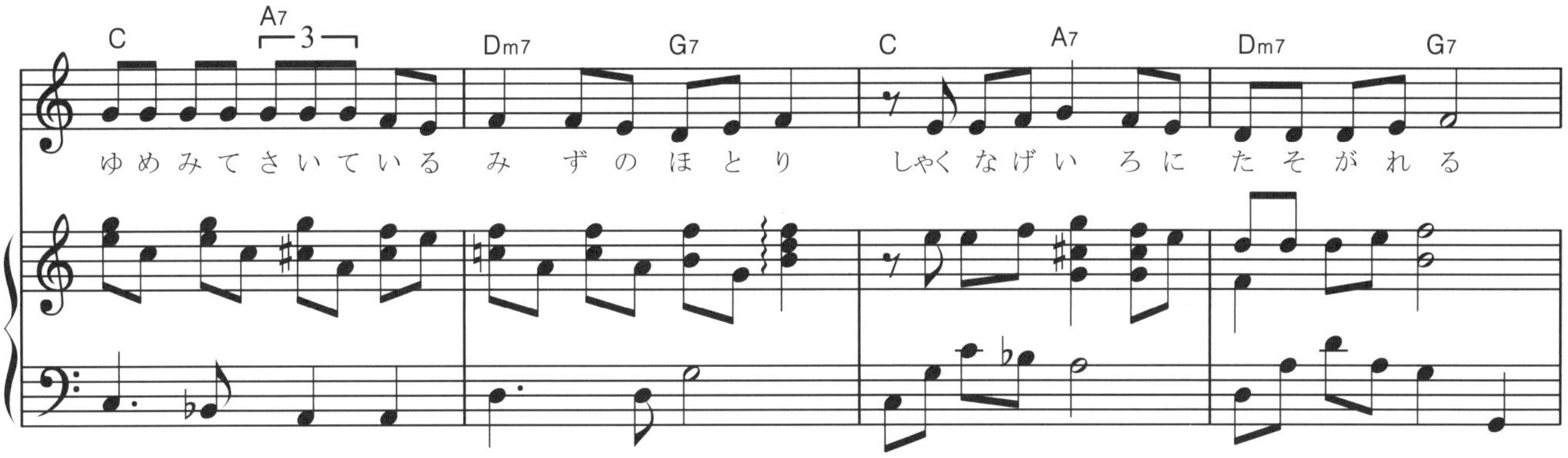

夏の思い出

作詞　江間章子
作曲　中田喜直

1
夏が来れば　思い出す
遥かな尾瀬　遠い空
霧の中に　浮かび来る
優しい影　野の小道
水芭蕉《みずばしょう》の花が　咲いている
夢見て咲いている　水のほとり
石楠花《しゃくなげ》色に　黄昏《たそがれ》る
遥かな尾瀬　遠い空

2
夏が来れば　思い出す
遥かな尾瀬　野の旅よ
花の中に　そよそよと
ゆれゆれる　浮き島よ
水芭蕉の花が　匂っている
夢見て匂っている　水のほとり
まなこつぶれば　なつかしい
遥かな尾瀬　遠い空

キーワード

尾瀬　水芭蕉

トーク例

「美しい歌詞と懐かしいメロディー。すべてが夢の中の情景に感じられます。目をつぶって歌ってみましょう。」

疎開から帰ってきたばかりの作詞者はNHKの依頼でこの曲を作りました。
尾瀬（おぜ）は、福島、群馬、新潟が接する県境にある湿原です。この曲のヒットで有名な観光地になりました。

カン娘」の「カンカン」とは何かが話題になった。木下順二が戯曲「夕鶴」を発表。イギリスで初のジェット旅客機が飛ぶ。

コラム 1

唱歌と童謡──その区別と特徴

●尋常小学校唱歌とは

今の高齢者が子どもの頃に学校で習った歌です。特に文部省が尋常小学校（明治19年から昭和16年までの小学校のこと）の教科書として作った「尋常小学唱歌」に収録されている曲を指すことが多いと言ってよいでしょう。

発表当時に見られた天皇の御代を讃える内容や好戦的な内容の歌詞などで、戦後に歌詞が変更されている曲もありますが、100年たった今でもそのまま歌い継がれているものがほとんどです。発表当時の作詞、作曲者が明らかにされていない（後の研究により判明してきている曲もあります）ことから、本書でも唱歌には作詞・作曲者名を明記していません。尋常小学校唱歌（該当学年）として表します。

本書での伴奏アレンジは、あえて学校で歌うような伴奏を念頭に置いて行いました。

筆者の例ですが、認知症の進んだ方のグループで一緒に唱歌を歌っていたとき、うつむいて眠っているように見えた方を一緒に居室に戻ろうと促したスタッフに、「まだ帰らん、学校におる！」とその方がはっきり口に出されたのが印象的でした。自分が小学生だったときのことを思い出されていたのでしょうか。

●童謡とは

「童謡・唱歌（文部省唱歌）」というように、童謡を唱歌とひとくくりにまとめて表現することも多いようですが、もともと童謡は唱歌とは異なる成り立ちを持ちます。

忠孝や報国といった、当時の文部省が好ましいとした教育的内容を多分に含む唱歌と違って、子どものための文学を提供したいと考えた文学者らによる童謡運動（「赤い鳥」など）から作られた歌詞と、それに合わせて作られた曲が童謡です。

当時は唱歌と相容れず、童謡を学校で歌うと先生に怒られる、ということもあったと言われています。戦後は童謡も教科書に掲載されるようになり、童謡・唱歌とひとくくりにしてもおかしくはないのですが、高齢者の方と一緒に歌うときには、「学校で習った歌は唱歌」、「そうでない子ども向けの歌は童謡」と念頭に置いておくと「この歌は学校で歌いましたか」という質問もしやすいでしょう。

童謡はもともと子どもが歌うことを前提にしていたためか、戦後の童謡歌手と呼ばれた少女歌手の声域のせいか、全般に音域が高く、腹筋の力の衰えた高齢者が原曲のキーで歌うことは難しいため、本書では音域を下げてあります。

秋

Autumn

17曲

里の秋

しみじみとゆったり演奏してください。ただ「ああ母さんと　ただ二人」の箇所はドラマティックに表現したらなおよいと思います。

作詞　斉藤信夫
作曲　海沼　実

(さん、　はい)
し　ず　か　ー　な　ー　し　ず　か　な　さ　と　の　あ　ー　き
お　せ　ど　ー　に　ー　き　の　み　の　お　ち　る　ー　よ　は
あ　あ　か　あ　さ　ん　ー　と　た　だ　ふ　た　ー　り

この曲が発表された
昭和20（1945）年は　3月、東京大空襲により下町が壊滅、死者10万人。6月、沖縄本島に米軍上陸、島民死者15万人、沖縄ひめゆり部隊全滅。広島と長崎に原子爆弾（ピカドン）投下、8月15日正午、天皇の「玉音」放送↗

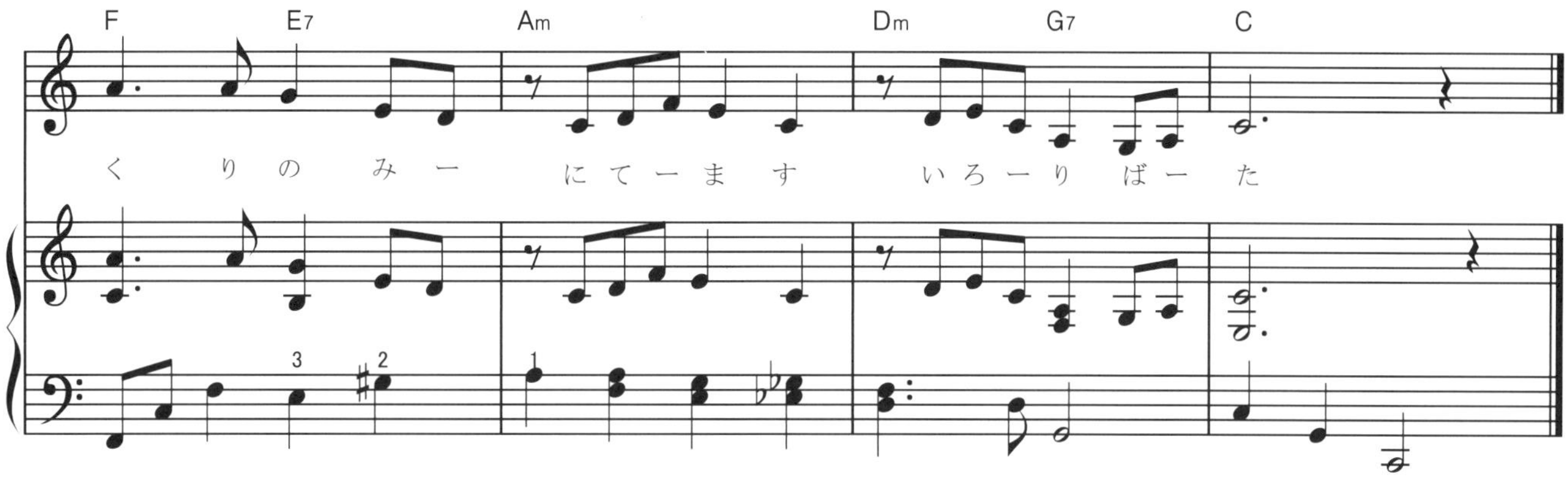

里の秋

作詞　斉藤信夫
作曲　海沼　実

1
静かな静かな　里の秋
お背戸《せど》に木《き》の実《み》の　落ちる夜《よ》は
ああ母さんと　ただ二人
栗の実　煮《に》てます　いろりばた

2
明るい明るい　星の空
鳴《な》き鳴き夜鴨《よがも》の　渡る夜《よ》は
ああ父さんの　あの笑顔
栗の実　食べては　思い出す

3
さよならさよなら　椰子《やし》の島《しま》
お舟《ふね》にゆられて　帰《かえ》られる
ああ父さんよ　ご無事でと
今夜も　母さんと　祈ります

キーワード

外地《がいち》の父さん　お背戸

外地とは、敗戦まで日本が領有していた満州、朝鮮、台湾、樺太、南洋群島のこと。復員とは、召集軍人を帰郷させること。敗戦から１週間後に陸・海軍兵の帰還が始まった。外地からだけでも375万人もいた。日本の敗戦を知らず昭和47年までグァム島ジャングルに潜伏した横井庄一さんや、昭和49年に救出されるまでルバング島で戦い続けた小野田寛郎さんもいた。背戸は、家の裏口。

トーク例

「この歌は、栗の実を煮て食べる歌とばかり覚えてました。実は、外地にいるお父さんを思って歌ったものとは…。そんな切ない思いから生まれた本当に美しい歌ですね」
「この歌を、童謡歌手の川田正子さんの明るい歌声で聞いた人も多かったそうですね」

敗戦の年に発表されたこの歌は、息子が戦地にいる父親に手紙を書くという形で作詞されたと言われます。NHKラジオで、外地で戦っていた復員兵の帰郷を迎える歌として放送されたところ大変な反響がありました。

で戦争終結（堪えがたきを堪え…）。戦争犠牲者は日本で310万人、アジア～太平洋地域全体では1900万人以上とされる。敗戦から5日目に「ヤミ市」が登場。昭和27年まで、GHQ（連合国軍総司令部）が日本を占領。

村祭

速くなりすぎないように、スタッカートで演奏してください。

作詞　葛原しげる
作曲　南　能衛

はずむように

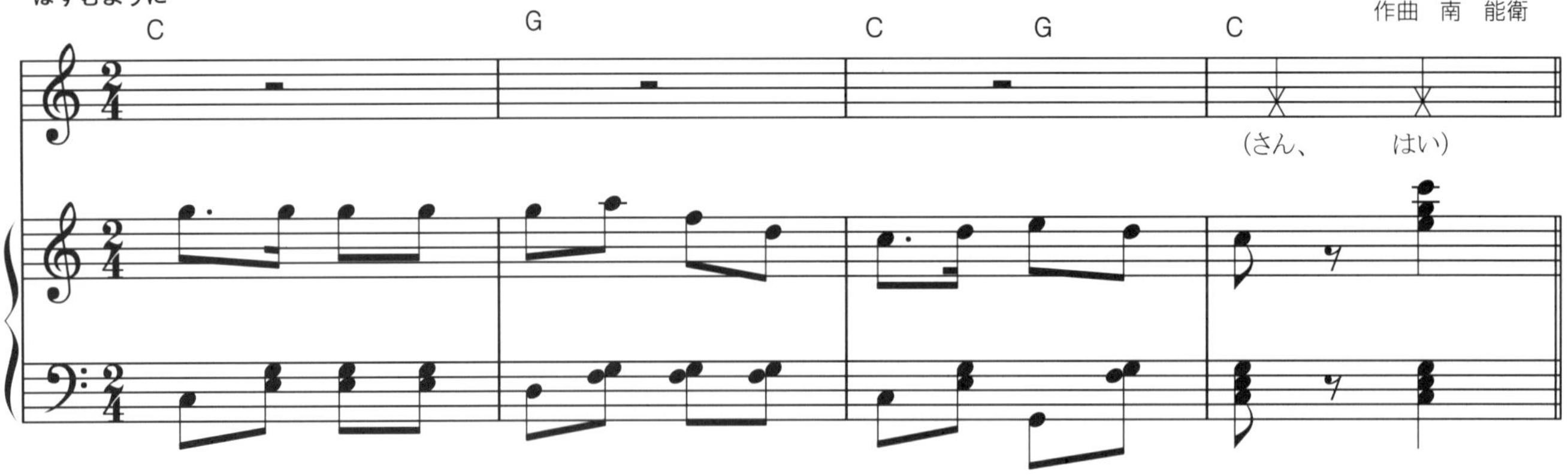
C
G
C
G
C
(さん、　はい)

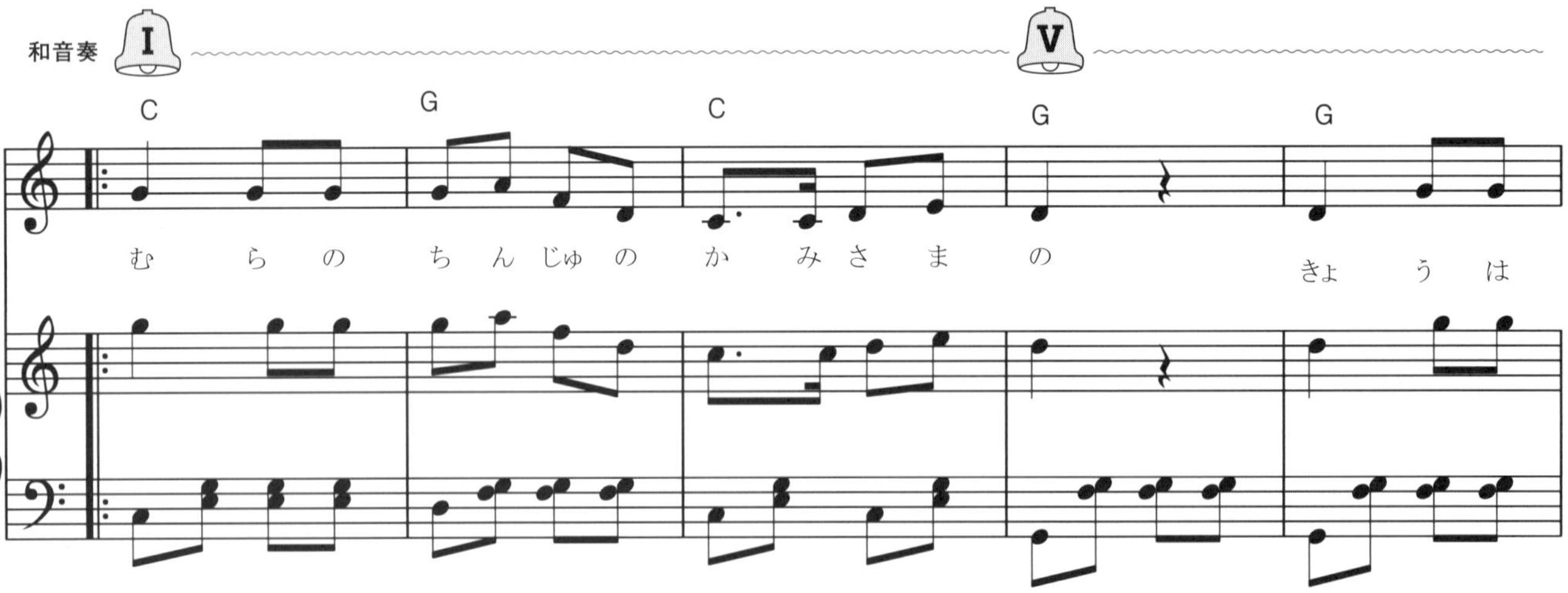
和音奏
I
V
C
G
C
G
G
むらのちんじゅのかみさまの
きょうは

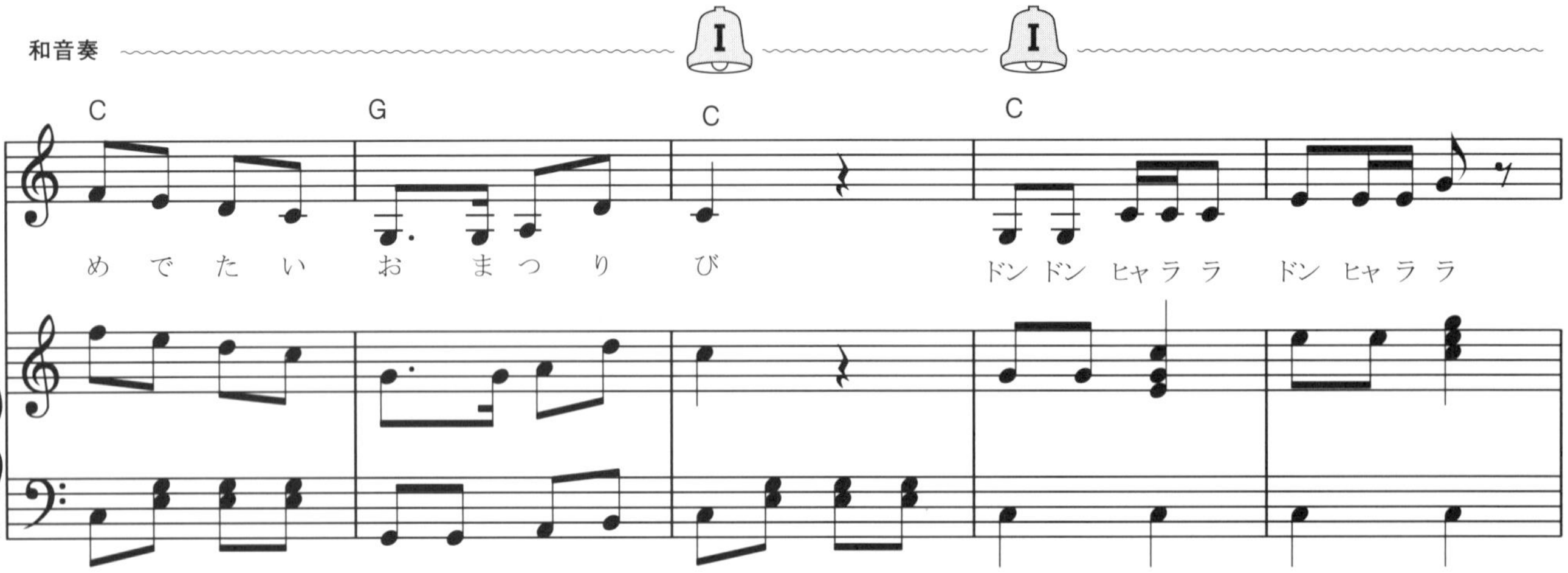
和音奏
I
I
C
G
C
C
めでたいおまつりび
ドンドンヒャララ
ドンヒャララ

村の氏神様の祭りは春・夏・秋の三回催されます。「春祭り」はその年の収穫の豊凶を占う行事でした。

「夏祭り」は干害・風水害・病虫害除けや、貴重な労働力を損う疫病退散の祈願祭です。

収穫が無事に終わると、その感謝の「秋祭り」が賑々しく繰り広げられます。最もうれしく一番賑わう祭りです。

この曲は秋祭りのことを歌っています。

この曲発表の明治45年
大正元（1912）年は

清朝が滅亡、中華民国が生まれる。タイタニック号が沈没(犠牲者1513人)。第5回夏季オリンピック(ストックホルム）に日本が初参加（5月5日）。7月30日、明治天皇が崩御、59歳。「大正」と改元。↗

この曲はベルと合奏できます　**ベル和音…Ⅰ（C, E, G）　Ⅴ（G, B, D）**

村祭

作詞　葛原しげる
作曲　南　能衛

1
村の鎮守《ちんじゅ》の神様の
今日はめでたい御祭日《おまつりび》
ドンドンヒャララ　ドンヒャララ
ドンドンヒャララ　ドンヒャララ
朝から聞こえる笛太鼓《ふえたいこ》

2
年も豊年満作《ほうねんまんさく》で
村は総出《そうで》の大祭《おおまつり》
ドンドンヒャララ　ドンヒャララ
ドンドンヒャララ　ドンヒャララ
夜まで賑《にぎ》わう宮の森

3
治《おさ》まる御代《みよ》に神様の
めぐみ仰ぐや村祭
ドンドンヒャララ　ドンヒャララ
ドンドンヒャララ　ドンヒャララ
聞いても心が勇《いさ》み立つ

尋常小学校唱歌（三）

キーワード

鎮守《ちんじゅ》　秋祭り　治まる御代《みよ》

御代が治まるかどうかは、豊年万作の恵みがみんなにもたらされるかどうかにかかっている。だから農業では長らく自然祖霊を尊崇してきて、村の鎮守の神様をみんなで大事にすることが、共同体生活を保つ要だった。

トーク例
「笛や太鼓の音を聞くと、血がさわぎますね～」
「みなさんの好きなお祭りには、どんなお祭りがありますか？」

陸軍大将の乃木希典と妻の静子が大葬に合わせて殉死。大阪の歓楽街の新世界に「通天閣」が建てられ、展望台からは淡路島、六甲、生駒の山が一望できた

秋

しょうじょう寺のたぬきばやし
（証城寺の狸囃子）

はずむようなリズムで勢いよく演奏してください。

作詞　野口雨情
作曲　中山晋平

元気よく

G
（さん、はい）

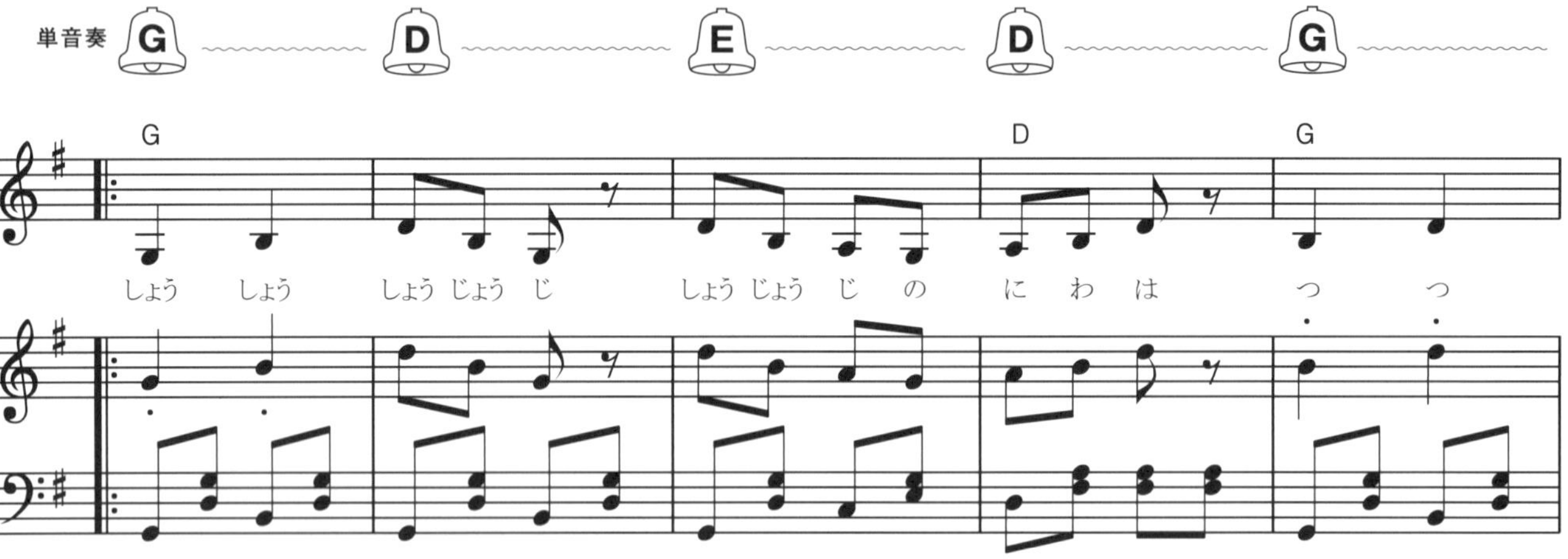
単音奏 G D E D G
G D G
しょう しょう しょう じょう じ しょう じょう じ の に わ は つ つ

単音奏 E D G B D
C D G
つ き よ だ みん な で て こい こい こい お い ら の と も だ ちゃ

この曲が発表された
大正13（1924）年は

フランスでシュールレアリスム宣言。香水「シャネルの５番」が発売。銀座でモボ、モガが闊歩する。だぶだぶの女性服「アッパッパ」が流行する。デパート松坂屋が開店。大佛次郎 ↗

この曲はベルと合奏できます　**ベル単音奏…（G, E, D, B）**

しょうじょう寺のたぬきばやし
（証城寺の狸囃子）

作詞　野口雨情
作曲　中山晋平

1
証　証　証城寺
証城寺の庭は
つ　つ　月夜だ
みんな出て　来い来い来い
おいらの友だちゃ
ぽんぽこ　ぽんの　ぽん
負けるな　負けるな
和尚《おしょう》さんに　負けるな
来い　来い　来い
来い　来い　来い
みんな出て　来い来い来い

2
証　証　証城寺
証城寺の萩《はぎ》は
つ　つ　月夜に　花盛り
おいらは浮かれて
ぽんぽこ　ぽんの　ぽん

和尚さんの三味線と狸の腹鼓《はらつづみ》で競い合ったという千葉県にある証城寺に伝わる狸囃子伝説を元に作られました。

（p.90 に続く）

の『鞍馬天狗』、宮沢賢治の『注文の多い料理店』が発表される。小山内薫の築地小劇場が開場する。

（p.89より）
この曲には英語の歌詞がついています。1946年（昭和21年）に放送されたNHKラジオ英語会話教室のテーマソングとして、替え歌『Come Come Everybody』に使われたものです。その歌詞をご紹介します。うまく歌えるでしょうか。

Come come, everybody.
How do you do, and how are you?
Won't you have some candy,
One and two and three, four, five?
Let's all sing a happy song,
Sing tra-la la la la.

キーワード
三味線と腹鼓《はらつづみ》

トーク例
「三味線と狸の腹鼓の競演って、相性が良さそうですよね、月夜のもとでどんな音がしたんでしょう。
ビートの効いた楽しいロック調のかけ合いだったかもしれませんね（笑）」

月

文部省唱歌

1 でたでた月が
まるいまるい まんまるい
ぼんのような月が

2 かくれた雲に
くろいくろい まっくろい
すみのような雲に

3 またでた月が
まるいまるい まんまるい
ぼんのような月が

キーワード
小学校１年生

よく知られている唱歌です。小学1年生の唱歌教科書に載りました。子どもが月の手真似をしながら歌ったそうです。

トーク例
「みなさんが小学校１年の時の国語の教科書は「ハナ・ハト・マメ・マス」でしたか、
「サイタ　サイタ　サクラガ　サイタ」でしたか？」

月

この曲は
ベルと合奏できます　**ベル単音奏…（C, B, A, G）**

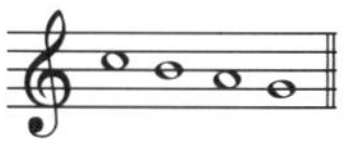

もともと小学校低学年が歌っていた曲ということで、音域も高めとしてかわいらしい雰囲気を心がけました。

文部省唱歌

単音奏 C B
C G7 C
(さん、はい)
で た で た

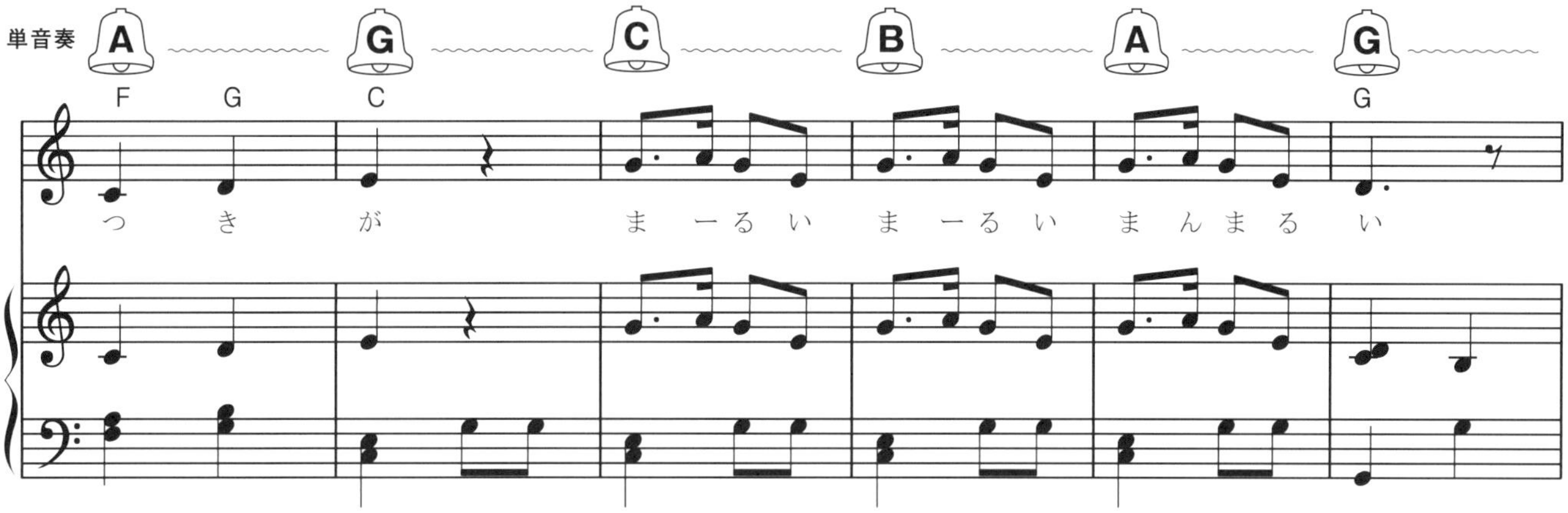

単音奏 A G C B A G
F G C G
つ き が
ま ー る い ま ー る い ま ん ま る い

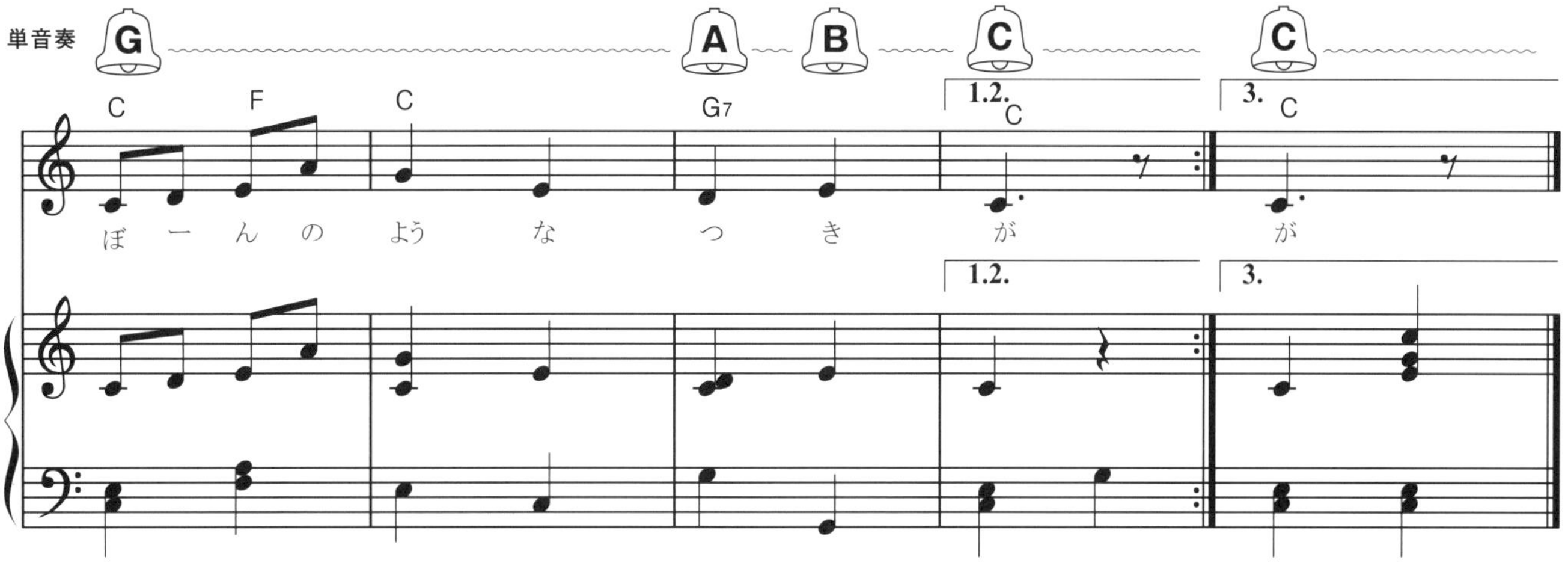

単音奏 G A B C C
C F C G7 C C
1.2. 3.
ぼ ー ん の よう な つ き が が

この曲が発表された
明治43（1910）年は

p.28 p.68 p.94 p.130も参照。日韓併合、軍による35年間の支配が始まった。柳田國男『遠野物語』、石川啄木『一握の砂』、武者小路実篤『白樺』創刊。

秋

うさぎ

和風のメロディーと和音を感じながらシンプルに演奏してください。

ゆったりと
文部省唱歌
Am
Fsus4
Esus4
E
(さん、 はい)
Dm
Esus4
Dm
Esus4
う さ ぎ う さ ぎ な に み て は ね る
Am
Dm
Esus4
Dm
Esus4
じゅ う ご や お つ き さ ま み て は ー ー ね る

うさぎ

文部省唱歌

うさぎ　うさぎ
なに見て　はねる
十五夜《じゅうごや》　お月さま
見て　はねる

キーワード

十五夜　月夜

トーク例

「お月様の中にうさぎがいるからでしょうか。昔の人が見る空は澄んでいて月の模様がよく見えたのでしょうね。」

この歌の元は江戸時代から歌い継がれてきたわらべ歌です。わらべ歌を音楽の中でも一段低いものとみなしていた当時の文部省が認めて教科書に載せた珍しい例です。

この曲が発表された明治25（1892）年は

第２次伊藤（博文）内閣発足（8月8日）。　森鷗外がアンデルセンの『即興詩人』を翻訳。
正岡子規の近代俳句への革新運動進む。　娘義太夫が流行。

十五夜お月さん

歌詞のとおり悲しい曲なので雰囲気を壊さないように音量に気をつけて演奏してください。

しっとりと

作詞　野口 雨情
作曲　本居 長世

キーワード

婆や　十五夜

トーク例
「さびしくて悲しいときはお月様に話しかけお願いするんですね。みなさんもお月様に話しかけたことありますか。」

昔は裕福だった家が没落して一家が離ればなれになった状況が歌われているそうです。童謡が生まれたころには、この曲や「赤い靴」など、悲しい内容の曲が数多く作られています。

十五夜お月さん

作詞　野口雨情
作曲　本居長世

1
十五夜お月さん　御機嫌《ごきげん》さん
婆《ばあ》やは　お暇《いとま》　とりました

2
十五夜お月さん　妹《いもうと》は
田舎へ　貰《も》られてゆきました

3
十五夜お月さん　母《かか》さんに
も一度　わたしは逢いたいな

この曲が発表された大正9（1920）年は
戦後恐慌が起こり、株式、米、綿糸、生糸などが大暴落した。
第一回大学駅伝が行われ4校が参加した。

秋

虫の声

楽器演奏などで応用が利く曲です。虫の声の箇所で楽器を鳴らしたり止めたりする活動がよく行われます。

にぎやかに

文部省唱歌

E♭ B♭onD Cm7 F7 B♭
（さん、 はい）
B♭ E♭ B♭ E♭ B♭
あ れ ま つ む し が な い て い る チン チロ チン チロ
B♭ E♭ B♭
チン チロ リン あ れ す ず む し も な き だ し た

この曲が発表された明治43（1910）年は p.28 p.68 p.130も参照。新潟鉄工、ライオン石鹸、日本コロムビアが設立。不二家洋菓子舗が横浜に開店。

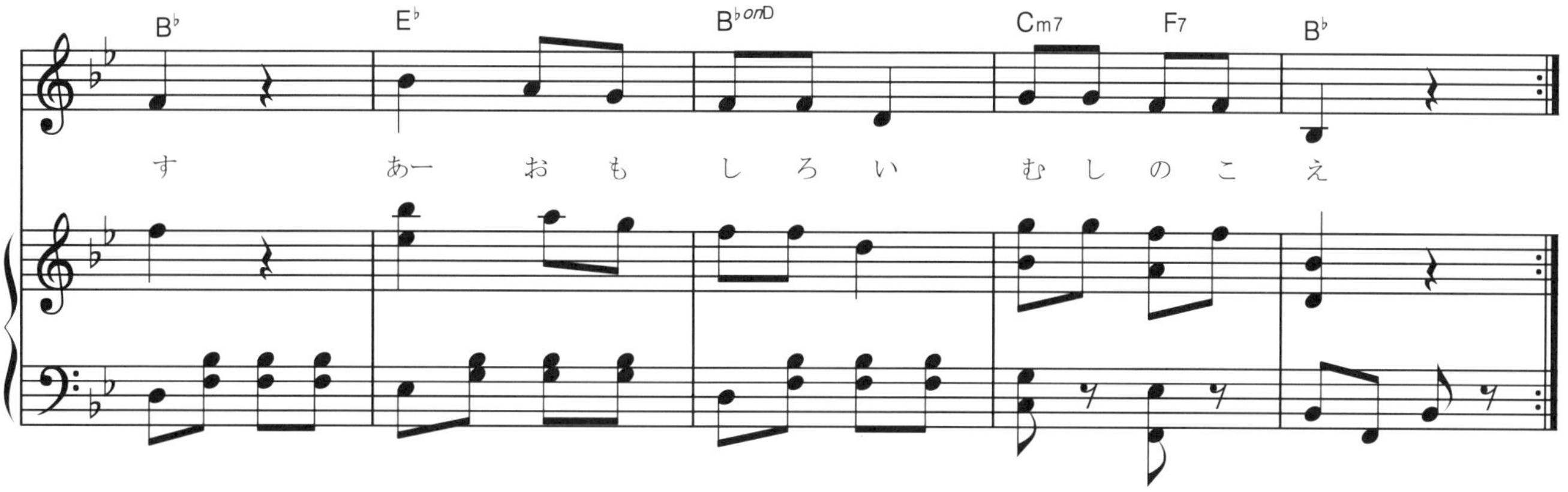

虫の声

文部省唱歌

1
あれ松虫が、鳴いている
ちんちろちんちろ、ちんちろりん
あれ鈴虫も、鳴きだした
りんりんりんりん、りいんりん
秋の夜長《よなが》を、鳴き通す
ああおもしろい、虫のこえ

2
きりきりきりきり、きりぎりす
がちゃがちゃがちゃがちゃ、くつわ虫
あとから馬おい、おいついて
ちょんちょんちょんちょん、すいっちょん
秋の夜長を、鳴き通す
ああおもしろい、虫のこえ

キーワード
ちんちろりん

トーク例
「本当に虫って繊細に鳴くんですね。
では、何の虫でしょう。　りんりん（すずむし）、ちんちろりん（まつむし）
がちゃがちゃ（くわむし）すいっちょすいっちょ（すいと）、
きりきり（きりぎりす）・・・ころころころ（こおろぎ）

現在でも小学２年生が習う歌です。今の教科書では２番の「きりぎりす」が「こおろぎや」となっています。元の歌詞の方が「きりきりきりきり」という鳴き声と「きりぎりす」という言葉が韻を踏んでいるのですが、昔はきりぎりすのことをこおろぎと呼んでいたことから昭和７年に変更されたそうです。

7月に、この「虫の声」を含む尋常小学校唱歌が発行された。日韓併合、軍による35年間の支配が始まった。

とんぼのめがね

大人が歌う子どもの歌を目指して、あまり子どもっぽくならないように和声進行を工夫しました。 テンポが速いと幼い感じになるので、ゆったりと演奏してください。

作詞　額賀誠志
作曲　平井康三郎

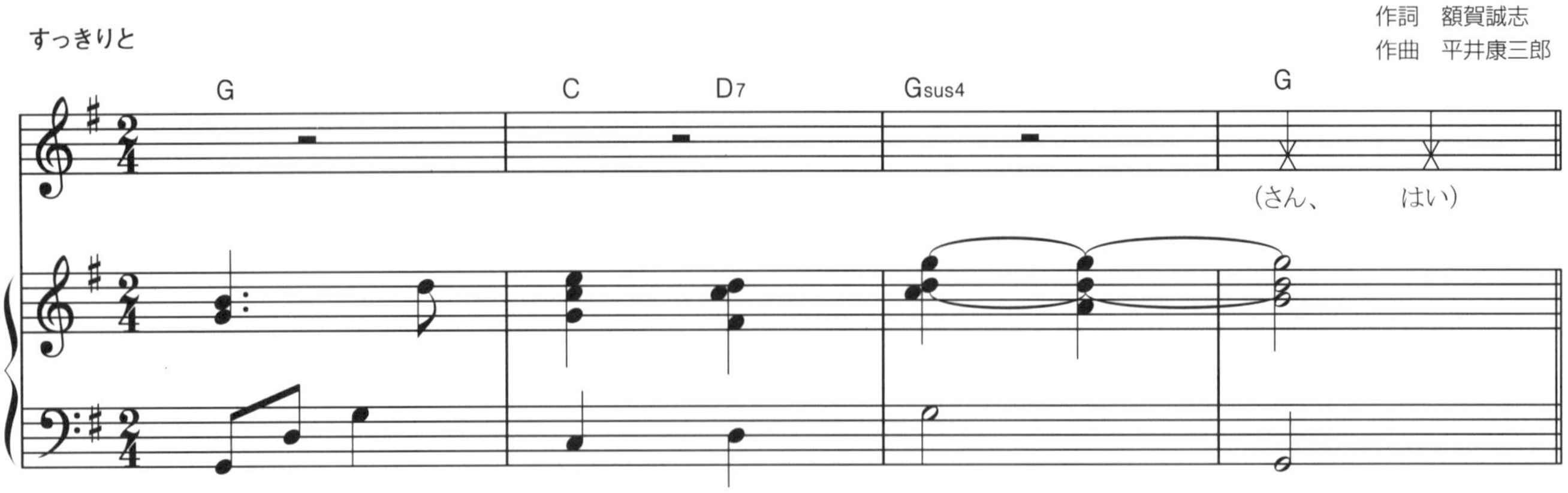
すっきりと
G
C
D7
Gsus4
G
(さん、　はい)

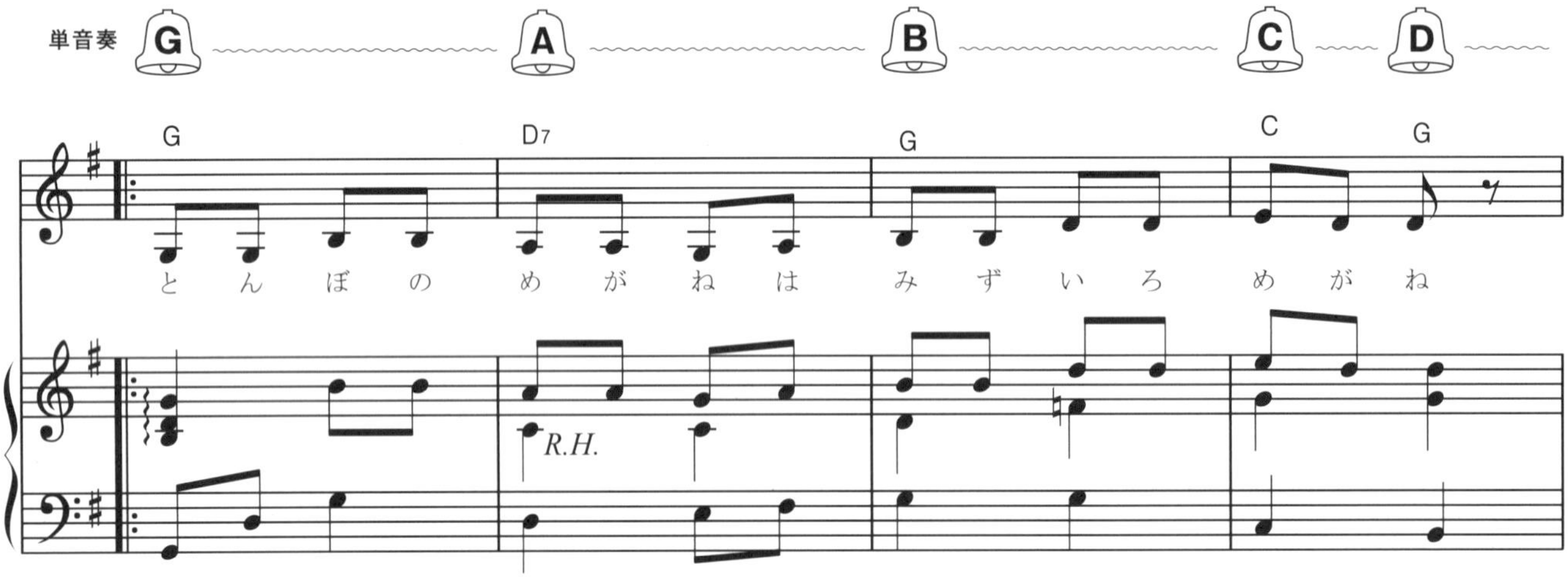
単音奏
G
A
B
C
D
G
D7
G
C
G
と ん ぼ の め が ね は み ず い ろ め が ね
R.H.

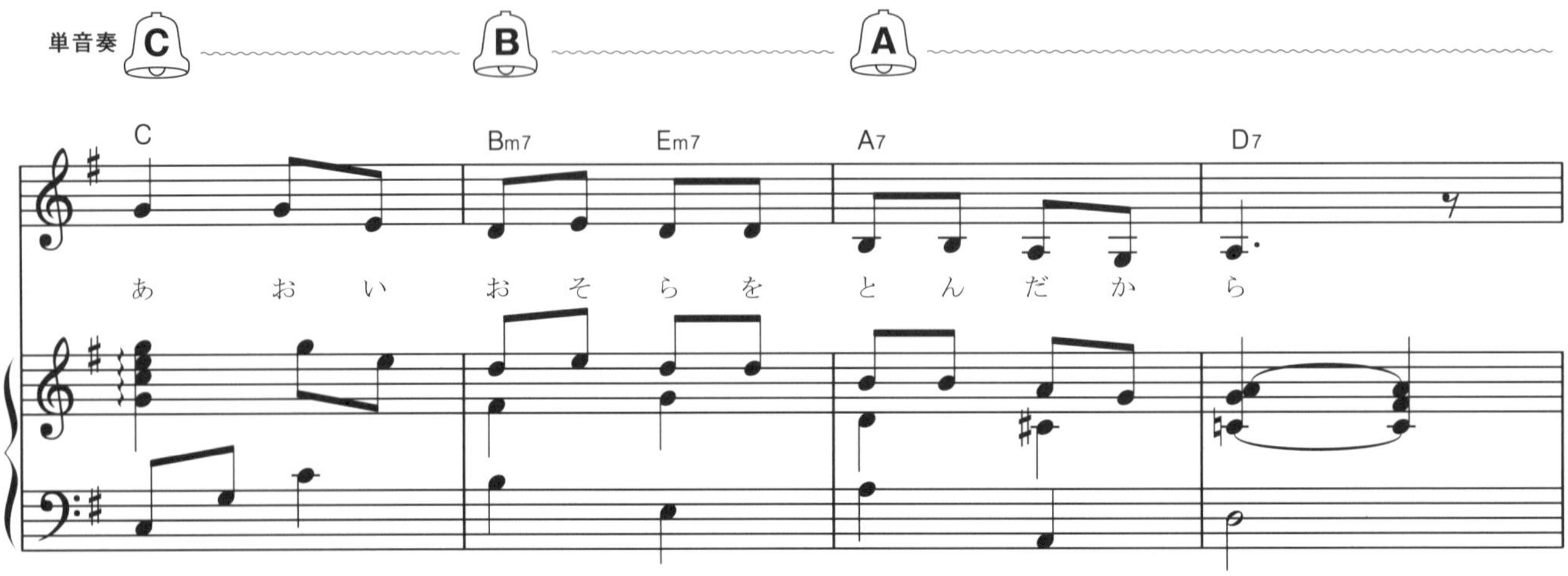
単音奏
C
B
A
C
Bm7
Em7
A7
D7
あ お い お そ ら を と ん だ か ら

この曲が発表された昭和24（1949）年は　日本人で初めて湯川秀樹博士にノーベル物理学賞。日本国有鉄道が発足。プロ野球が分裂、翌昭和25年から、セントラルとパシフィックの2リーグ制となった。「銀座カンカン娘」ヒット。ヒロポン（覚せい剤 ↗

この曲はベルと合奏できます　**ベル単音奏…(G, A, B, C, D)**

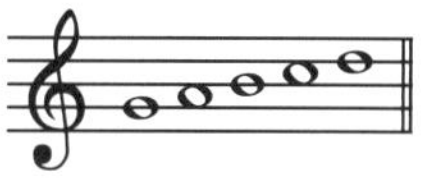

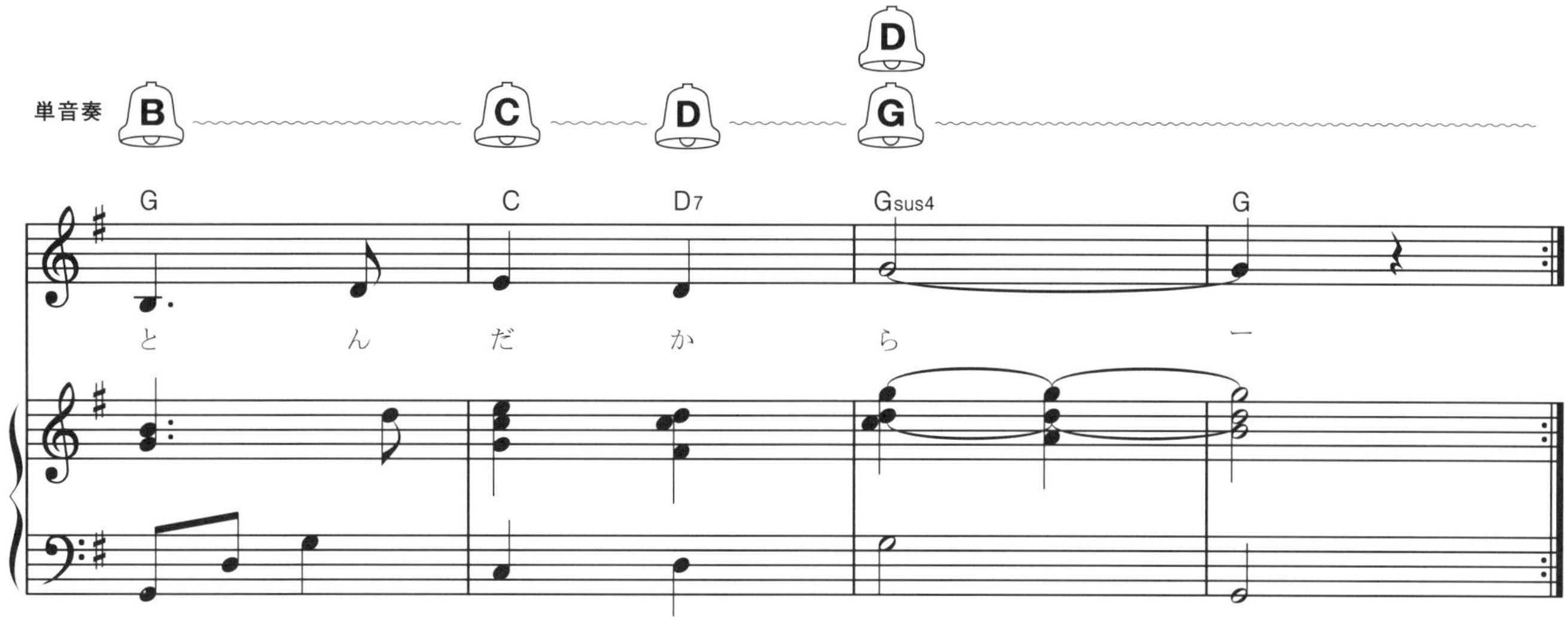

とんぼのめがね

作詞　額賀誠志
作曲　平井康三郎

1
とんぼの　めがねは
水いろ　めがね
青いおそらを
とんだから　とんだから

2
とんぼの　めがねは
ぴか　ぴか　めがね
おてんとさまを
みてたから　みてたから

3
とんぼの　めがねは
赤いろ　めがね
夕焼雲《ゆうやけぐも》を
とんだから　とんだから

キーワード
目ん玉

トーク例
「とんぼの目って、大きくて、可愛く飛び出ていて、フシギですね。あの目に私たちの顔はどんなふうに映っているんでしょうね」
「とんぼの目になったつもりで秋の青い空を見上げてみましょう」

作詞の額賀誠志（ぬかが・せいし）は、福島県出身の内科医で、この曲は往診に行ったときに見た子どもたちがとんぼと遊んでいる様子を歌詞にしたそうです。

の一種）流行、取り締まり強まる。「ニコヨン」（失業対策事業として決定した日当240円）が、その後日雇い労働者の代名詞となる。映画「第三の男」、小津安二郎「晩春」が話題に。

赤とんぼ

音域の広い伴奏なので、アルペジオが途切れて聴こえないようにペダルで音が途切れないように気をつけて演奏してください。

作詞　三木露風
作曲　山田耕筰

ゆったりと
Am　F　Em　Am　C　G7　C
（さん、はい）
和音奏　I　IV　V　I
C　F　C　F　G　C
ゆうやけこやけーの　あかとんぼ
和音奏　I　IV　I　V　I
1.2.3.
Am　F　Em　Am　C　G7　C
おわれて　みたのーはー　いつのーひーか

この曲が発表された
昭和2(1927)年は
リンドバーグが大西洋を横断飛行し「翼よあれがパリの灯だ」で有名に。
芥川龍之介が自殺。岩波文庫が発刊(100ページで20銭)。宮沢賢治『銀河鉄道の夜』発表。↗

この曲はベルと合奏できます　ベル和音…Ⅰ（C, E, G）Ⅳ（F, A, C）Ⅴ（G, B, D）

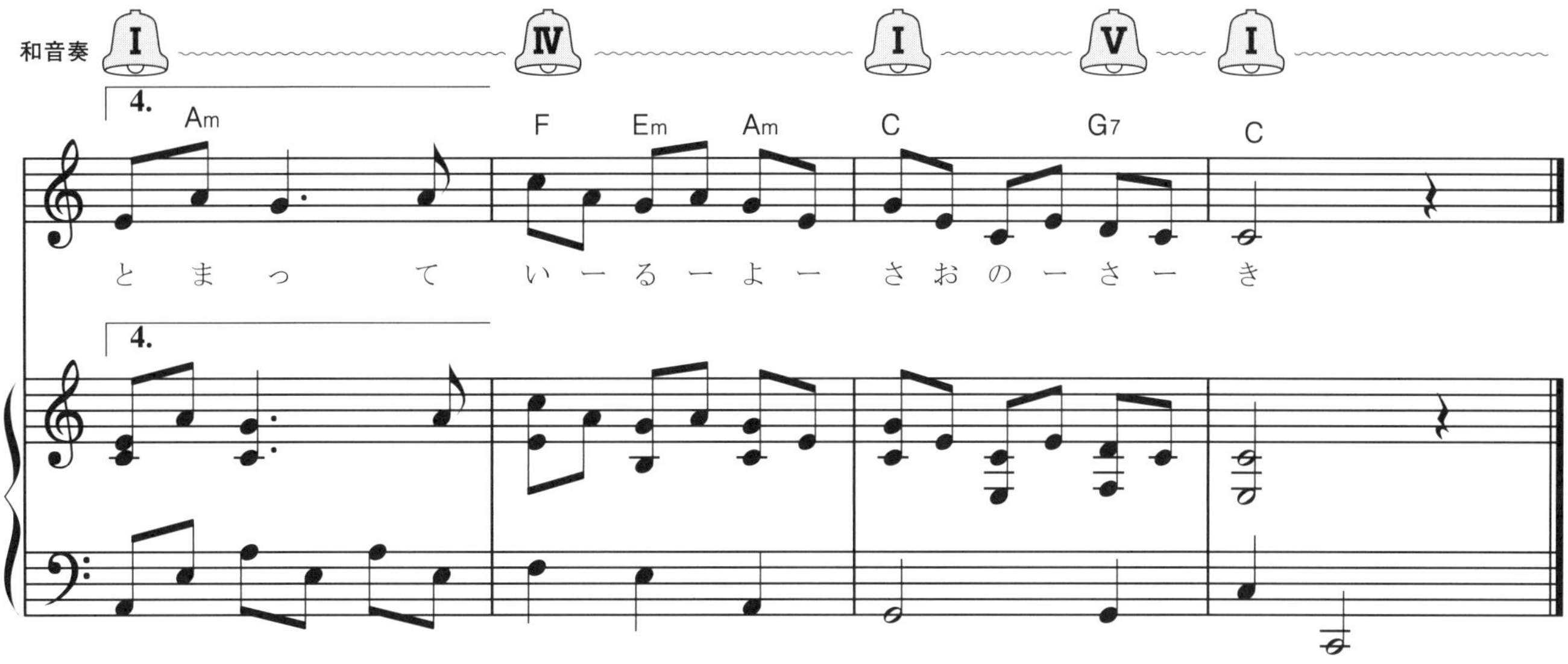
和音奏
Ⅰ Ⅳ Ⅰ Ⅴ Ⅰ
4.
Am F Em Am C G7 C
と ま っ て い ー る ー よ ー さ お の ー さ ー き
4.

赤とんぼ

作詞　三木露風
作曲　山田耕筰

1
夕やけ小やけの　赤とんぼ
負《お》われて見たのは　いつの日か

2
山の畑《はたけ》の　桑《くわ》の実《み》を
小籠《こかご》に摘《つ》んだは　まぼろしか

3
十五でねえやは　嫁《よめ》に行《い》き
お里《さと》の便《たよ》りも　絶え果てた

4
夕焼け小焼けの　赤とんぼ
とまっているよ　竿《さお》の先

キーワード

かぞえ年　初婚年齢

かぞえ年とは、生まれた時点の年を一歳とし、次の元旦がくると二歳と数える年齢です。昭和一桁生まれ以前の高齢者までは、年齢はかぞえ年で数えるのが慣習となっていました。法律によって、昭和25年以降は「満年齢」の使用が定められました。ただし、厄年や七五三などの年祝いは、かぞえ年で行う方が望ましいとも言われています。

トーク例

「女性の方は、かぞえで、おいくつの時に結婚なさいましたか？」

「みなさんは、かぞえでいうと、今おいくつになりますか？

お医者様の日野原重明先生は、今年かぞえで103歳だそうです！」

（平成24年現在）


この歌の歌詞には、作詞者の三木露風の生い立ちが関わっています。夫婦の仲がしっくりせず、母親が家を出て行ってしまいました。その母に背負われて見た赤とんぼと、母と一緒に赤い桑の実を取った思い出、そして祖父の家に預けられた露風が、そこに雇われていた「ねえや」に可愛がられたけれど、嫁いで遠くに行ってしまった寂しさを歌ったと言われています。

十五歳で結婚するとは今からすればかなり早く思われます。数えで十五ならば現在の満年齢ではさらに若く、十四歳となります。現在の平均初婚年齢が三十歳近いことを考えると時代の違いを感じますね。


長谷川一夫デビュー。嵐寛寿郎の鞍馬天狗シリーズ封切り。大正製薬の風邪薬「パブロン」が新発売された。

七つの子

メロディ音を和声のトップに持ってきていますが、メロディをそのまま弾いているわけではないので、歌いやすくするために和声のトップにややアクセントを置くとよいでしょう。

作詞　野口雨情
作曲　本居長世

おだやかに
D G F♯m Bm G A D
(さん、はい)
D A Bm7 F♯m Bm Em7 A7
か ら ー す な ぜ な く の か ら す は や ま に
D G F♯m Bm G A D A
か わ い い な な ー つ の こ が あ る か ら よ か わ い
A♯dim Bm7 G F♯m Bm
か わ い と か ら す は な く の か わ い か わ い と

この曲が発表された
大正10 (1921) 年は

p.61も参照。皇太子裕仁（ひろひと、後の昭和天皇）が、病身の大正天皇に代わり摂政に就任した。クレッチマーが『体型と性格』を発表。アガサ・クリスティの小説に名探偵ポワロが登場。江崎グリコ ↗

七つの子

作詞 野口雨情
作曲 本居長世

からす なぜ鳴くの
からすは山に
可愛い七つの
子があるからよ

可愛い 可愛いと
からすは鳴くの
可愛い 可愛いと
なくんだよ

山の古巣《ふるす》に
行って見て御覧《ごらん》
丸い眼をした
いい子だよ

キーワード

可愛い烏

トーク例

「かわいい烏の子を思うこの歌、永遠の名曲だと思います。大人にとっても子どもにとっても、母のぬくもりは永遠です。可愛い可愛いと言ってもらえれば人間、生きていけるものです（笑）」

「金の舟」という雑誌に発表された童謡です。烏は一度に七つも卵を産まないことから、歌詞に出てくる「七つ」という言葉が本当は何を指していたかわかっていません。今でもCMや替え歌でも耳にすることが多い曲です。

会社が創立、栄養菓子グリコが流行する。国産初の蛇の目式ミシンがでまわる。弁士の徳川夢声が活躍。魯迅『阿Q正伝』。国内で生活苦による自殺者が増える。

旅愁

ゆっくりとさびしそうに演奏してください。テンポが速くなると明るくなってしまいますので、注意してください。

作詞　犬童球渓
作曲　オードウェイ

さみしげに

B♭ E♭ B♭ Cm7 F7 B♭
(さん、　はい)
B♭ E♭ B♭ Gm7 C7 F B♭
ふけゆく　あきのよ　たびのそらーの　わびしきお
E♭ B♭ Cm7 F7 B♭ E♭ F Gm7
もいに　ひとりなやむ　こいしや　ふるさと
E♭ B♭onD F B♭ E♭ B♭ Cm7 F7
なつかしちーちはは　ゆめじにたどるは　さとのいえ

この曲が発表された明治40（1907）年は

上野と青森を結ぶ鉄道が開通、一日一便を運行。豊田佐吉取締役による豊田式織機が設立（後のトヨタ）、ダイハツ工業（後のダイハツ）がそれぞれ設立創業。ラヴェルが「スペイン狂詩曲」、↗

B♭ E♭ B♭ Gm7 C7 F
じ ふ け ゆ く あ き の よ た び の そ ら ー の
B♭ E♭ B♭ Cm7 F7 1. B♭ 2. B♭
わ び し き お も い に ひ と り な や む う

旅愁

作詞　犬童球渓
作曲　オードウェイ

1
更け行く秋の夜《よ》　旅の空の
わびしき思いに　一人悩む
こいしや故郷《ふるさと》　懐かし父母《ちちはは》
夢路にたどるは　故郷《さと》の家路《いえじ》
更け行く秋の夜　旅の空の
わびしき思いに　一人悩む

2
窓うつ嵐に　夢も破れ
遥《はる》けき彼方《かなた》に　こころ迷う
こいしや故郷《ふるさと》　懐かし父母
思いに浮かぶは　杜《もり》の梢《こずえ》
窓うつ嵐に　夢も破れ
遥けき彼方に　こころ迷う

キーワード
懐かし父母

トーク例
「子どもの頃、ふ〜けゆく〜と歌いながら、秋が年をとっておじいさんになるのかと思ってました（笑）。
秋も深まり、もの思う夜の時間も長くなった、という意味が最近わかりました」

原曲はアメリカの作曲家オードウェイの曲です。これに新潟高等女学校で教えていた犬童球渓（いんどう・きゅうけい）が、自分の故郷である熊本県人吉《ひとよし》市をイメージして詩をつけました。

バルトークがハンガリー民謡集を発表。モーリス・ルブラン『怪盗ルパン』第1作発表、泉鏡花『婦系図』。大阪に初の常設の映画館。パンの中村屋（相馬愛三・黒光夫妻）が、新宿に進出、後の中村屋サロンの出発となる。

紅葉

やや複雑な和音を使い、色彩豊かなハーモニーを目指しました。ペダルを使ってもよいですが、コードが変わるごとに踏みかえて、ひとつひとつが響くように気をつけてください。

作詞　高野辰之
作曲　岡野貞一

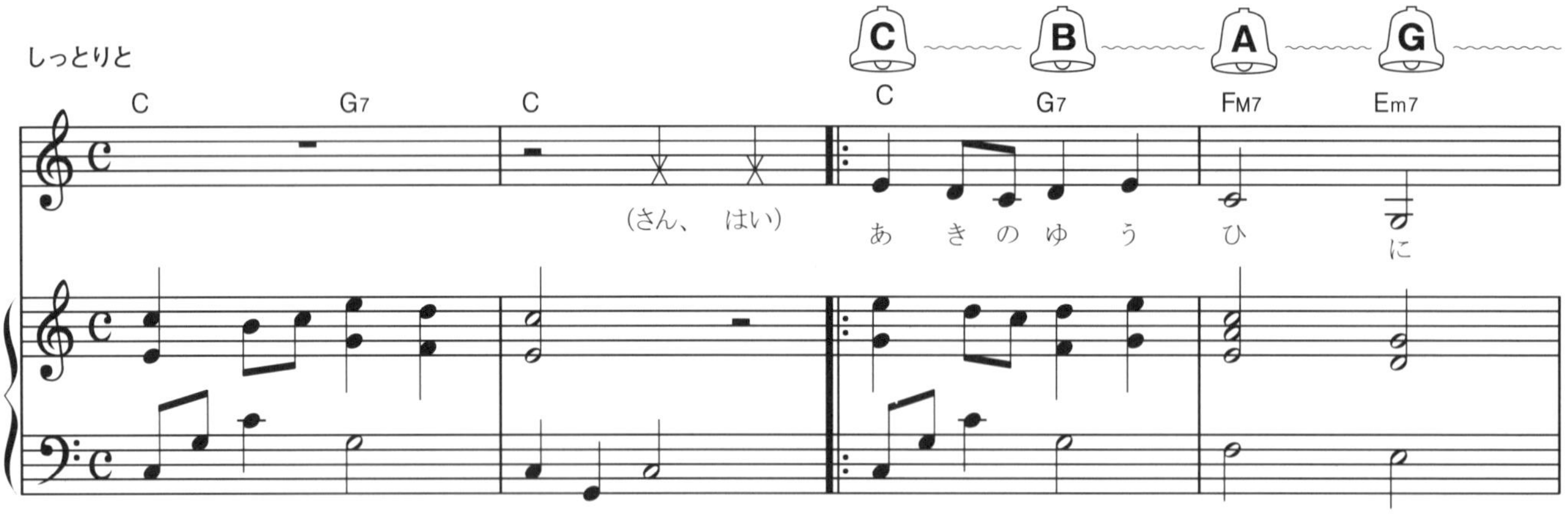

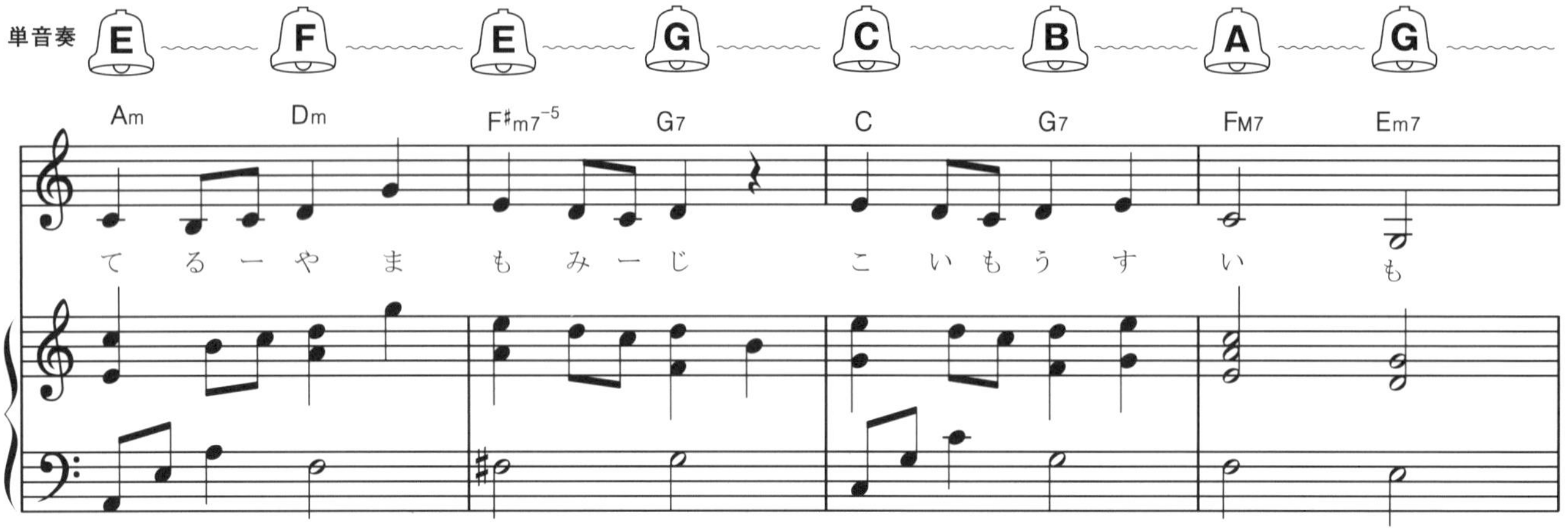

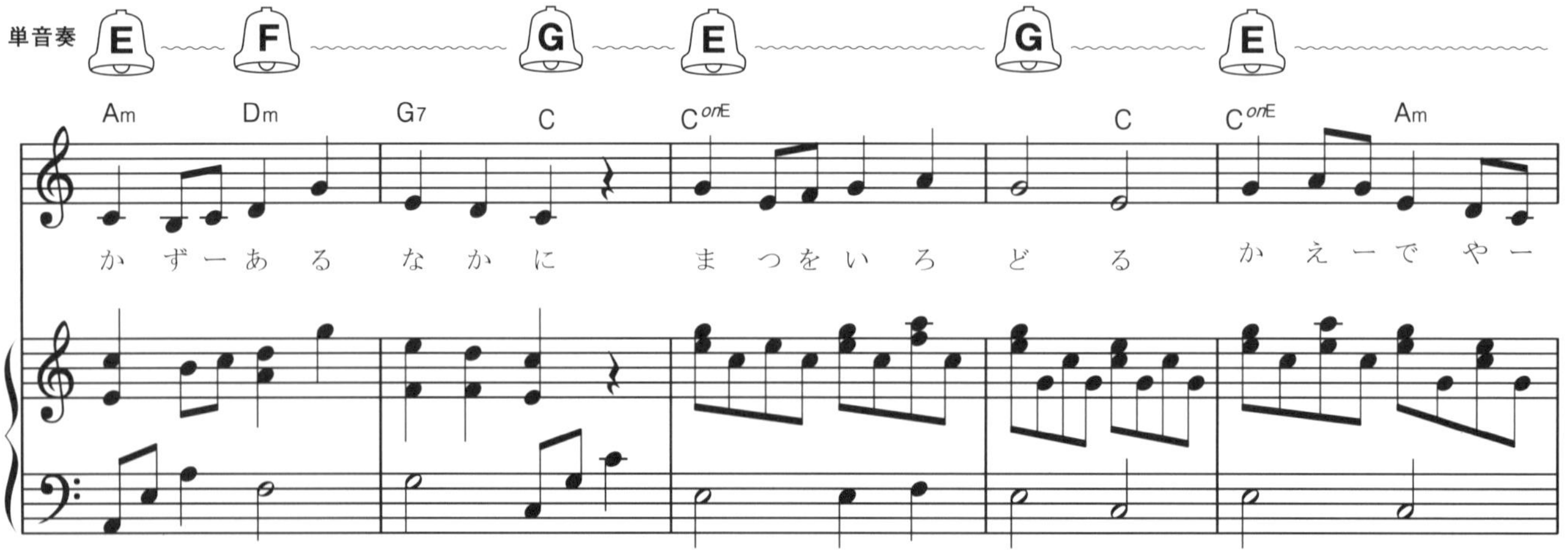

この曲が発表された
明治44（1911）年は

ノルウェーのアムンゼンが初めて南極点に到達した。アメリカのフォード自動車、大量生産始まる。東京と名古屋を結ぶ中央本線が開通。野口英世、梅毒スピロヘータ培養に成功。有島武郎『或 ↗

この曲はベルと合奏できます　**ベル単音奏…（C, B, A, G, F, E）**

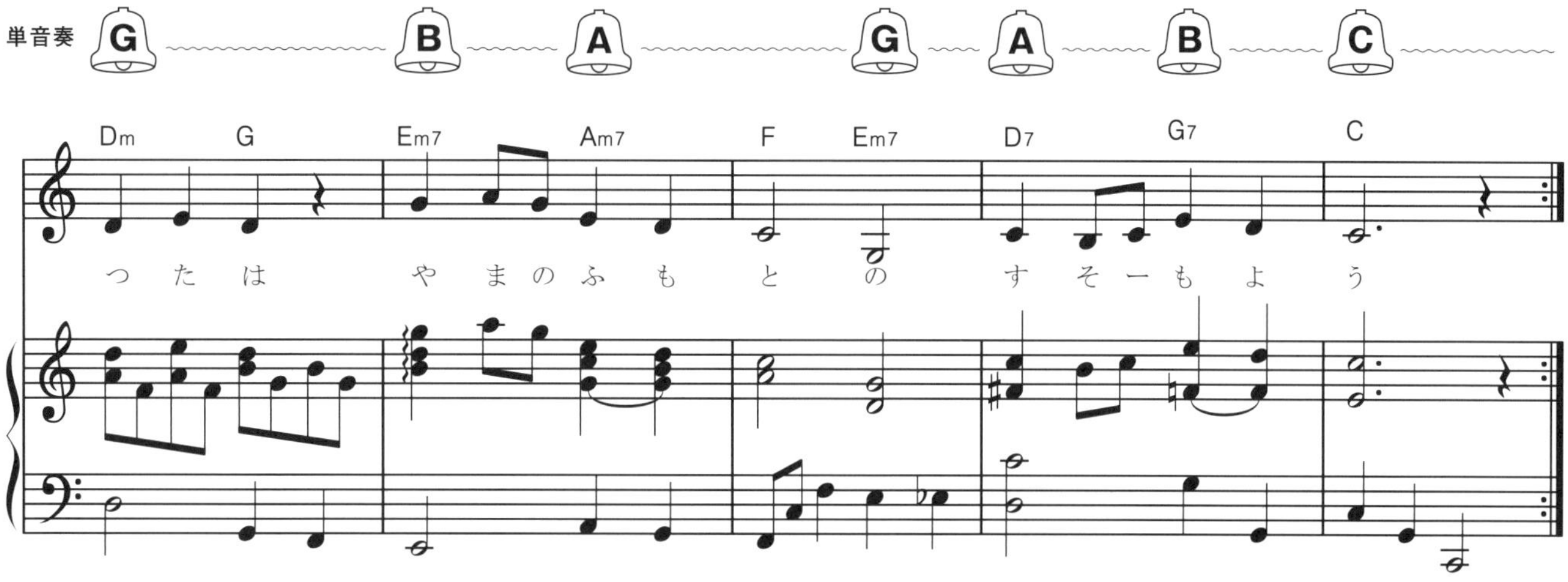

単音奏
G B A G A B C
Dm G Em7 Am7 F Em7 D7 G7 C
つ た は　や ま の ふ も と の　す そ ー も よ う

紅葉

作詞　高野辰之
作曲　岡野貞一

1
秋の夕日に照る山もみじ
濃いも薄いも数ある中に
松をいろどる楓《かえで》や蔦《つた》は
山のふもとの裾模様《すそもよう》

2
渓《たに》の流《ながれ》に散り浮くもみじ
波にゆられて　はなれて寄って
赤や黄色の色さまざまに
水の上にも織る錦《にしき》

キーワード

紅葉狩り　錦《にしき》

水の上に流れる紅葉を錦の織物にたとえている。

トーク例
「この曲は輪唱するととっても美しくハモるんですよ。
それでは、1小節ずつずらして歌ってみましょうか」

現在の軽井沢にあたる碓氷峠（うすいとうげ）から見た紅葉の景色がこの歌の元になったといわれています。見ごろは10月中旬から11月上旬くらいだそうです。今も小学4年生の教科書に載っています。この曲は1小節ずらした輪唱にすると美しく響きます。そのときは伴奏はなしで歌ってください。

る女』、森鷗外『雁』。松井須磨子・島村抱月の「人形の家」上演。帝国劇場が完成。

秋

月の沙漠

淡々と歩き続けるイメージで、一定のリズムを保って演奏してください。

作詞　加藤まさお
作曲　佐々木すぐる

ゆっくり歩きつづける感じで

この曲が発表された
大正12（1923）年は

p.24 p.42 p.152 p.166も参照。関東大震災（9月1日）。「日本航空」が設立。「築地の魚河岸」が開かれる。ラクトーが「カルピス製造」と改称。「養命酒製造」が設立。ヴァイオリンのハイフェッツが ↗

月の沙漠

作詞　加藤まさお
作曲　佐々木すぐる

1
月の沙漠を　はるばると
旅の駱駝《らくだ》がゆきました
金と銀との鞍《くら》置いて
二つならんでゆきました

2
金の鞍には銀の甕《かめ》
銀の鞍には金の甕
二つの甕は　それぞれに
紐《ひも》で結んでありました

3
さきの鞍には王子様
あとの鞍にはお姫様
乗った二人は　おそろいの
白い上着《うわぎ》を着てました

4
曠《ひろ》い沙漠をひとすじに
二人はどこへゆくのでしょう
朧《おぼろ》にけぶる月の夜《よ》を
対《つい》の駱駝《らくだ》はとぼとぼと
砂丘《さきゅう》を越《こ》えて行《ゆ》きました
黙《だま》って越《こ》えて行《ゆ》きました

キーワード

対の駱駝《らくだ》

トーク例
「本当に、この歌は絵になる光景ですね」
「二人は駱駝に乗って、どこに向かっていくのでしょうね」

雑誌に発表された詩と挿絵に曲がつけられ、最初は童謡として歌われていたがラジオ放送から人気が出て、今でも歌い継がれています。「砂漠」ではなく、浜辺の意味を表す「沙」の字が使われています。

来日し、帝国ホテルで演奏。　マリア・カラスが生まれる。エッフェル塔を作った土木技師エッフェルが91歳で死去。
「船頭小唄」が流行る。

秋

叱られて

テンポにしばられることなく、歌をよく聴いて間《ま》をとるなど自由なテンポ感で演奏してください。

作詞　清水かつら
作曲　弘田竜太郎

この曲が発表された 大正9（1920）年は　p.93も参照。ナチス（国家社会主義ドイツ労働者党）が誕生した。第1回ザルツブルク音楽祭開かれる。平塚らいてう、市川房江らが「新婦人協会」を設立。「女中」に変わる「お手伝い」という言葉が初めて↗

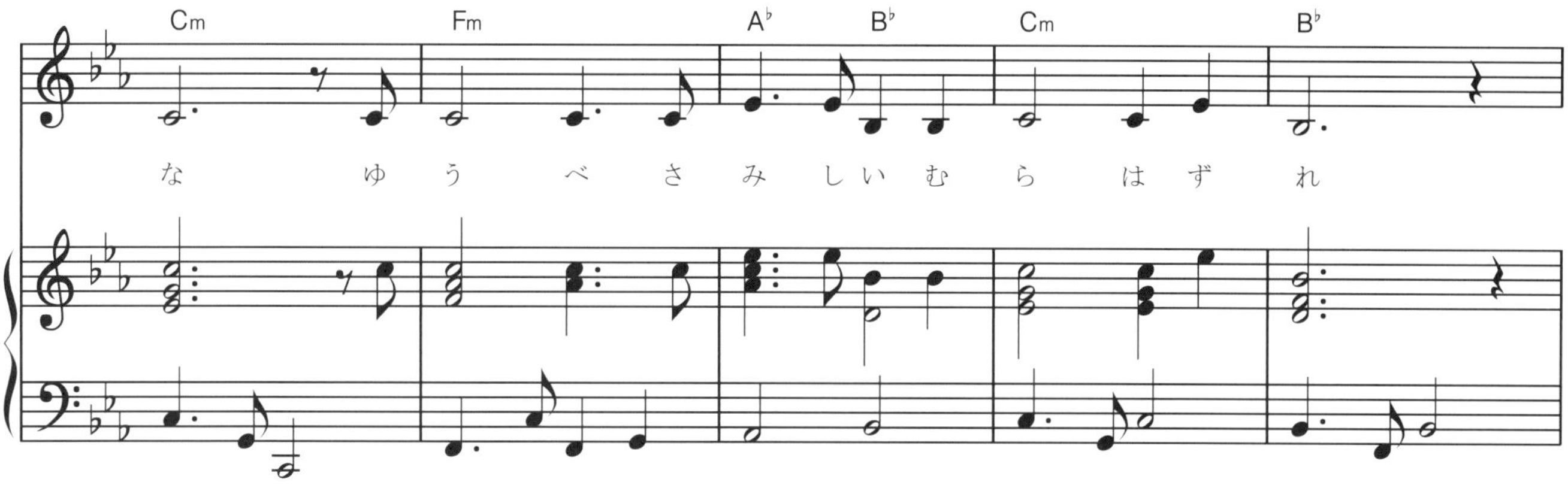

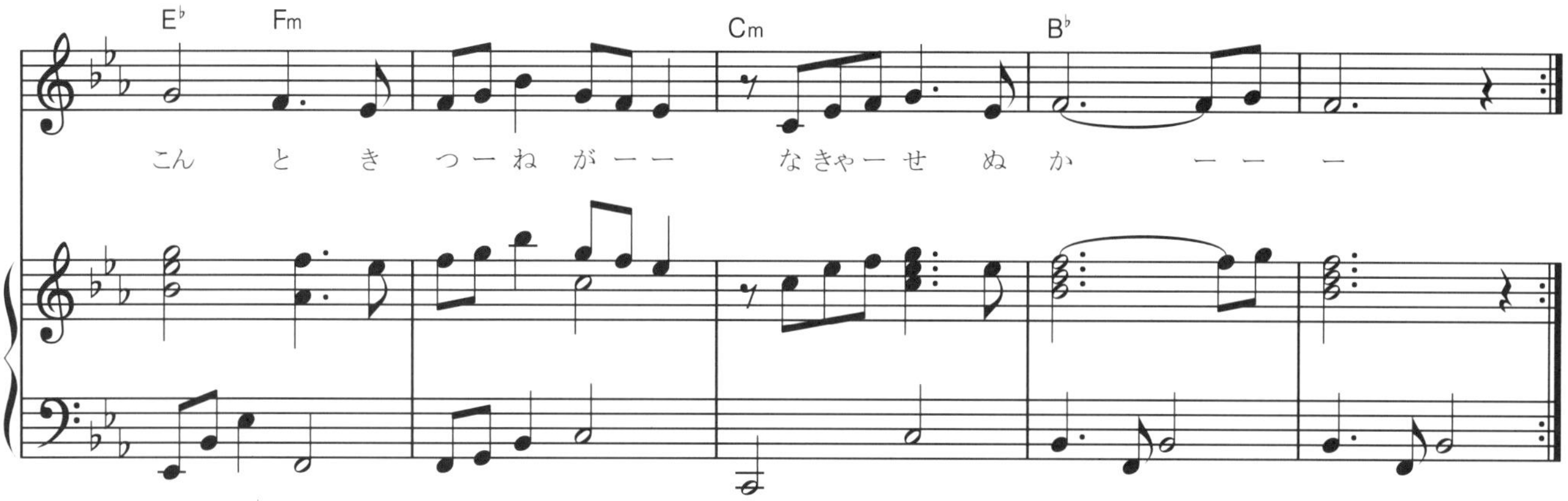

叱られて

作詞　清水かつら
作曲　弘田竜太郎

1
叱られて　叱られて
あの子は町までお使いに
この子は坊やをねんねしな
夕べさみしい村はずれ
コンときつねがなきゃせぬか

2
叱られて　叱られて
口には出さねど眼になみだ
二人のお里はあの山を
越えてあなたの花のむら
ほんに花見《はなみ》はいつのこと

キーワード
狐
コンときつねがないたら…、どうしましょう…

トーク例
「大好きなお母さんから叱られてしまった。その悲しい気持ちで外を歩いているとふだん見えなかったいろんなものに気づいたり…、そんなことってありませんでしたか」

雑誌「少女号」に発表された詩に曲がついたものです。作詞者清水かつらは女性のような名前ですが男性です。４歳で実母を亡くした淋しさもこの詞ににじみ出ています。
子どもの雑誌に発表されましたが、子どもの歌というよりは、この歌はりっぱな大人の歌曲と言えます。清水の出身地（埼玉）の発案で、全国「叱られて」合唱コンクールが毎年行われているそうです。

雑誌に登場した。白木屋梅田店が大阪の梅田駅に開店。帝国活動写真（後の松竹）が設立。日立製作所、鈴木自動車、日興証券、大丸、コクヨが設立。メンソレータムが発売される。

美しき天然

淋しい感じの３拍子をシンプルに演奏してください。そのほうがメロディーが美しく哀切に響きます。

作詞　武島羽衣
作曲　田中穂積

この曲が発表された
明治38（1905）年は

p.176も参照。ペテルブルクで10万人の労働者デモに発砲、1000人以上の死者「血の日曜日事件」起こる。ロシア革命への動きが徐々に進む。パリのモンマルトルに、（女スパイと言われた）踊り子のマタ・ハリが↗

美しき天然

作詞 武島羽衣
作曲 田中穂積

1
空《そら》にさえずる鳥の声
峰《みね》より落つる滝の音
大波小波とうとうと
響き絶えせぬ海の音
聞けや人々面白き
この天然の音楽を
調べ自在《じざい》に弾きたもう
神の御手《おんて》の尊《とうと》しや

2
春や桜のあや衣《ころも》
秋はもみじの唐錦《からにしき》
夏は涼しき月の絹《きぬ》
冬は真白《ましろ》き雪の布《ぬの》
見よや人々美しき
この天然の織物を
手際見事《てぎわみごと》に織《お》りたもう
神のたくみの尊しや

3
うす墨《ずみ》ひける四方《よも》の山
くれない匂《にお》う横《よこ》がすみ
海辺はるかにうち続《つづ》く
青松白砂《せいしょうはくさ》の美しさ
見よや人々たぐいなき
この天然のうつし絵を
筆《ふで》も及《およ》ばずかきたもう
神の力の尊しや

4
朝《あした》に起こる雲の殿《との》
夕べにかかる虹の橋
晴れたる空を見渡せば
青天井《あおてんじょう》に似たるかな
仰げ人々珍しき
この天然の建築を
かく広大《こうだい》にたてたもう
神のみ業《わざ》の尊しや

キーワード
サーカス

作曲者の田中穂積は佐世保海兵軍楽長として多くの行進曲などを手がけてきました。この曲は当時設立された女学校の生徒たちが歌うために作られたもので、日本で最初のワルツであると言われています。日本独特のヨナ（レとソ）抜き音階が用いられており、この音階を使った曲としても日本で最も早いと言われています。サーカスや芝居の中で、あるいは「ジンタ」と呼ばれた路上楽隊でよく流れていた曲です。「唐錦（からにしき）、うす墨（ずみ）、横がすみ」などの歌詞に見る美文は、作詞者の武島羽衣（「花」の歌詞でおなじみの名詩人　p.30も参照）の特徴として、愛好者も多い。

出没、妖しさで人気をさらう。アインシュタインが「特殊相対性理論」を発表。 エジソンがアルカリ電池を発明。鉄筋コンクリート工法が実用化した。森永西洋菓子製所が、エンゼル・マークを商標にした。

船頭小唄

この曲もそうですが、演歌調のアレンジは、淡々と歯切れよいリズムを刻むと、逆に歌の感情が伝えやすいようです。

作詞　野口雨情
作曲　中山晋平

さびしげに

Am E7 Am
(さん、 はい)
Am Dm Bdim E
お れ は か わ ら の か れ す す き
Am E7 Am
お な じ お ま え も か れ す す き
E7 Am E7 Am Dm Bdim
ど う せ ふ た ー り は こ の よ で

この曲が発表された大正10（1921）年は

p.61とp.100も参照。ヒトラーがナチスの党首に選ばれた（7月）。上海で中国共産党が結成される。芸術運動のダダイズム広まる。サン・サーンスがアフリカ旅行中、アルジェで客死した（86歳）。↗

船頭小唄

作詞　野口雨情
作曲　中山晋平

1
己《おれ》は河原《かわら》の　枯れ芒《すすき》
同じお前も　枯れ芒
どうせ二人は　この世では
花の咲かない　枯れ芒

2
死ぬも生きるも　ねえお前
水の流れに　何変《かわ》ろ
己もお前も　利根川《とねがわ》の
船の船頭で　暮らそうよ

3
枯れた真菰《まこも》に　照らしてる
潮来出島《いたこでじま》の　お月さん
わたしゃこれから　利根川の
船の船頭で　暮らすのよ

4
なぜに冷たい　吹く風が
枯れた芒の　二人ゆえ
熱《あつ》い涙の　出た時は
汲《く》んでお呉《く》れよ　お月さん

キーワード

枯れ芒《すすき》　お月さん

トーク例

「映画では、栗島すみ子が話題だったそうですね」
それにしても、河原の枯れススキに人生を見たてるって、哀しいけれどもいじらしく、どこかユーモラスな感じもしますよね…」

最初は民謡「枯れすすき」として発表されましたが、その後「船頭小唄」と改題してレコード化され多くの歌手に歌われています。映画化もされたヒット曲です。ヒットした時期に関東大震災が起こったため、震災を予言した歌ではないかとも言われたそうです。

フランス文学界の巨匠、詩人で劇作家のポール・クローデル（ロダンの愛人だった彫刻家カミーユ・クローデルの弟）が駐日大使として着任。以後６年間にわたり日本の伝統文化を愛し、詩劇『埴輪の国』などを著した。

リンゴの唄

左手のリズムを保ちながら軽快に演奏してください。

作詞　サトウハチロー
作曲　万城目正

快活に

Am E Am Dm E
Am Am E Am E Am
（さん、　はい）
あかいリンゴにくち
Dm E Dm
びるよせてーだまって

この曲が発表された 昭和20（1945）年は p.84も参照。日本が無条件降伏、第2次世界大戦が終わる。戦中から続く食料難。焼け跡に「ヤミ市」が広まる。GHQが日本の教育改革に初めて手を入れたのが「スミ塗り教科書」（軍国主義的な内容を消 ↗

した)。シラミを除去するDDT（白い粉の殺虫剤）が占領アメリカ軍によってまかれた。のち有害となった。財閥を解体させ、農地改革が指令され、地主制度が崩壊。NHKラジオが「紅白音楽試合」を放送。

リンゴの唄

作詞　サトウハチロー
作曲　万城目正

1

赤いリンゴに　口びるよせて
だまってみている　青い空
リンゴはなんにも　いわないけれど
リンゴの気持は　よくわかる
リンゴ可愛《かわ》いや　可愛いやリンゴ

2

あの娘《こ》よい子だ　気立てのよい娘
リンゴによく似た　かわいい娘
どなたが言ったか　うれしいうわさ
かるいクシャミも　とんで出る
リンゴ可愛いや可愛いやリンゴ

3

朝のあいさつ　夕べの別れ
いとしいリンゴに　ささやけば
言葉は出さずに　小くびをまげて
あすもまたネと　夢見顔《ゆめみがお》
リンゴ可愛いや可愛いやリンゴ

4

歌いましょうか　リンゴの歌を
二人で歌えば　なおたのし
みんなで歌えば　なおなおうれし
リンゴの気持を　伝えよか
リンゴ可愛いや可愛いやリンゴ

キーワード

焼け跡　ヤミ市

トーク例

「映画にも主演して、この歌を歌ったあの女性の歌手は、誰でしたっけ？」

（並木路子。デュエットした男性歌手は霧島一郎）

「当時のヤミ市では、リンゴが1個5円もしたそうですね。公務員の初任給が75円の時に、です」


敗戦直後の10月に封切られた映画「そよ風」の主題歌として大流行しました。歌の広まりを追いかけて、翌21年にレコードが発売されました（資材が追いつかなかった）。

当時サラリーマンの月給が100円台、ＳＰレコードが1円75銭の時代、リンゴは闇市で１個5円もする高級な果物だったそうです。「リンゴ高いや高いやリンゴ」という替え歌もできたといいます。


この曲が発表された昭和20（1945）年は　（前ページからの続き）敗戦直後の日本の人口は、内地で、男3390万人・女3810万人、外地（朝鮮、台湾、樺太、南洋群島などの当時の日本の植民地）で3211万人、合計で1億400万人程度だった。

冬

Winter

12曲

冬

たき火

シンプルな伴奏です。レガートでなめらかに演奏してください。

作詞　巽 聖歌
作曲　渡辺 茂

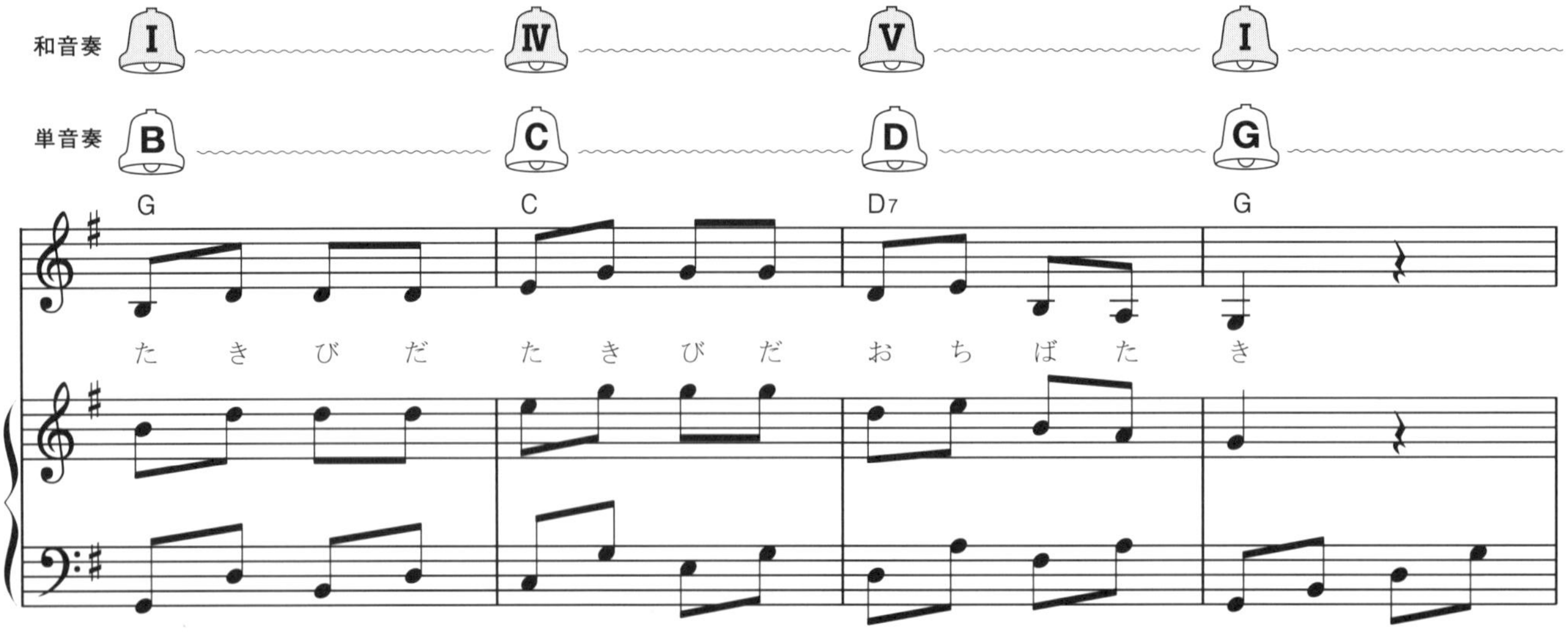

発表されたのは太平洋戦争勃発の年（真珠湾攻撃の翌日）であったため、たき火が敵機の目標になるというクレームが軍当局よりあり放送が差し止められたというエピソードがあります。
戦後に再び日の目を見ましたが、消防庁からは、子どもだけで行うたき火は危ないとクレームがつけられたそうです。

この曲が発表された昭和16（1941）年は　p.64も参照。映画「支那の夜」や「蘇州夜曲」のヒットで知られる李香蘭（山口淑子 p.182参照）が、有楽町の日劇で日本で初めての歌謡ショーを開く。観客が殺到し、警官隊が出動した。藤原 ↗

この曲はベルと合奏できます
①ベル和音奏…Ⅰ（G, B, D） Ⅳ（C, E, G） Ⅴ（D, F♯, A）
②ベル単音奏…（G, E, D, C, B）

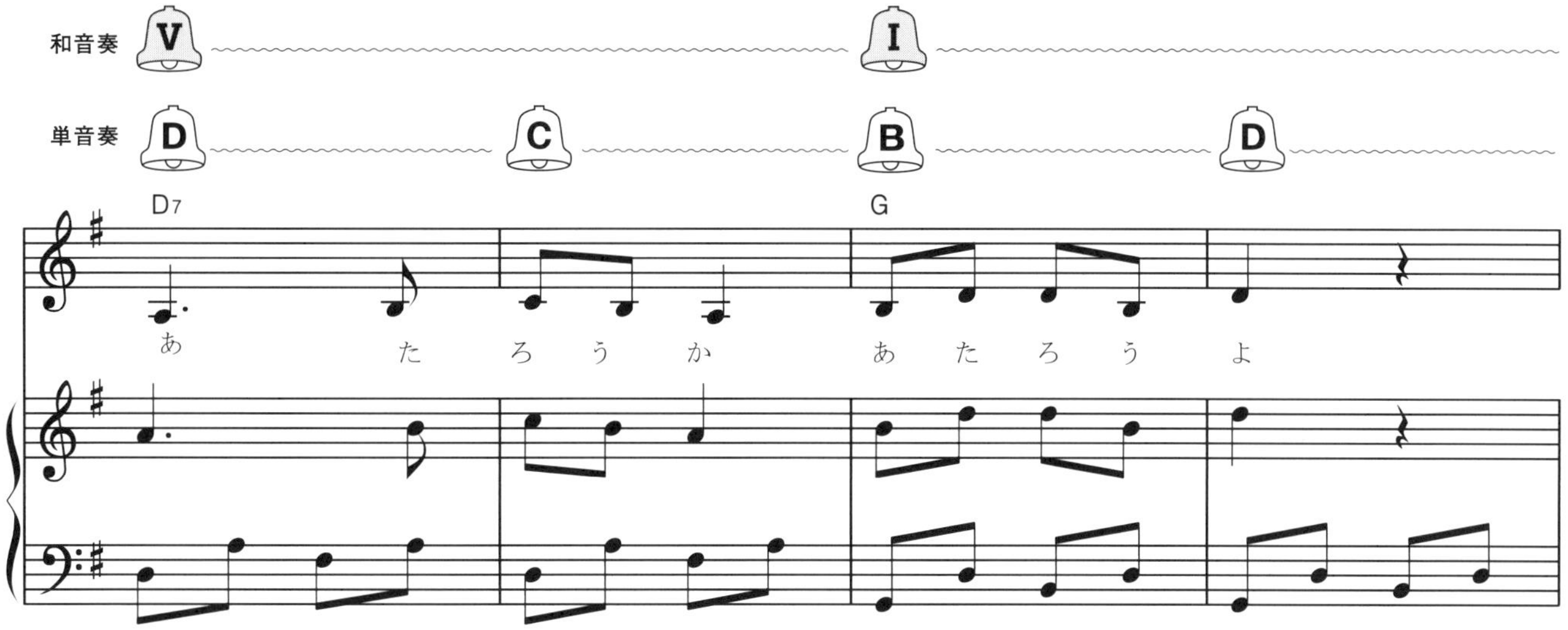

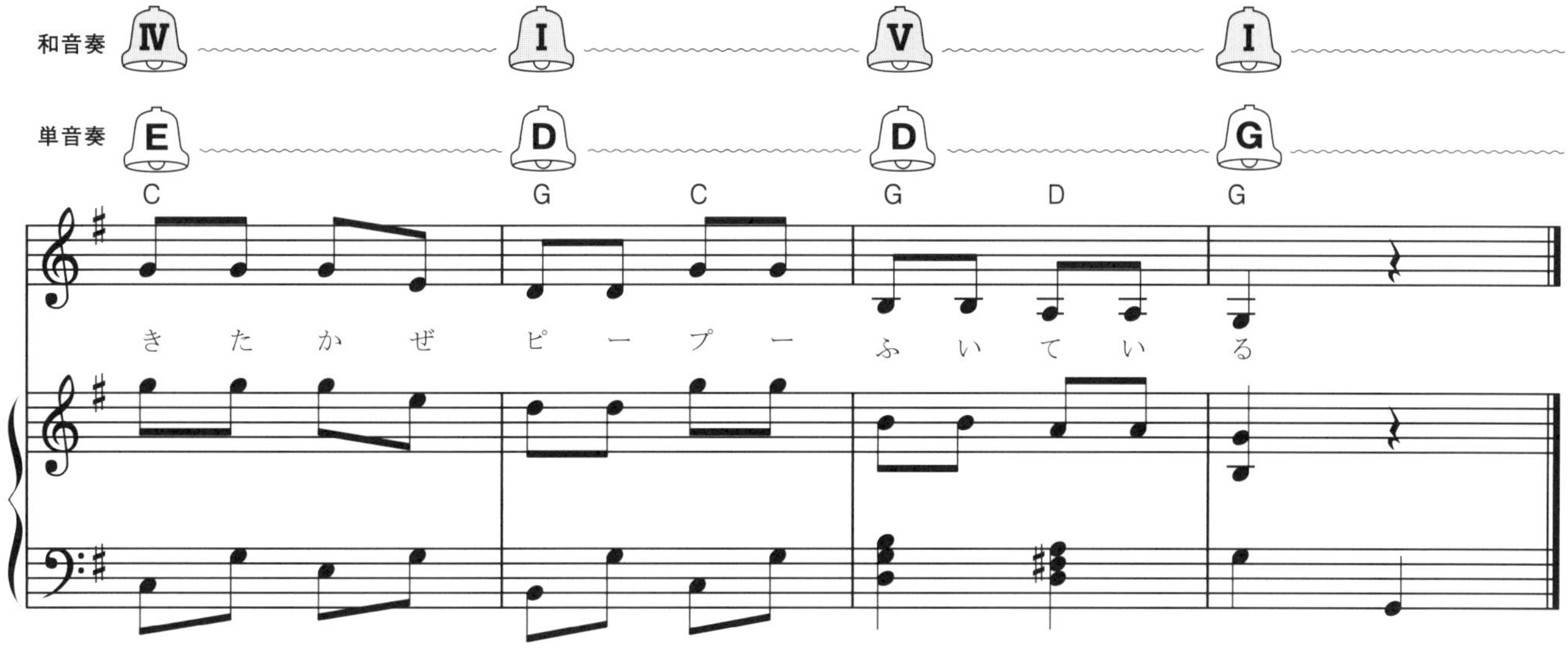

たき火

作詞　巽　聖歌
作曲　渡辺　茂

1
垣根《かきね》の　垣根の　まがりかど
たき火だ　たき火だ　おちばたき
あたろうか　あたろうよ
北風　ピープー　吹いている

2
さざんか　さざんか　咲いた道
たき火だ　たき火だ　おちばたき
あたろうか　あたろうよ
しもやけ　おててが　もうかゆい

3
こがらし　こがらし　寒い道
たき火だ　たき火だ　おちばたき
あたろうか　あたろうよ
相談しながら　歩いてく

キーワード

あーたろうか　あたろうよ

トーク例

「しもやけお手手がもうかゆい～と歌った頃が懐かしいです。しもやけは今や見なくなりましたね。それと、寒いときは押しくらまんじゅうをやりましたね。もう一度、落ち葉炊きしながら、あーたろうか、あたろうよ～と歌いたいですね」

歌劇団がベルディーのオペラ「アイーダ」を上演する。「月月火水木金金」（休みなく猛訓練する海軍を歌ったもの）が流行る。高村光太郎『智恵子抄』、吉川英治『新書太閤記』が発表される。太平洋戦争突入前夜であった。

雪

ペダルを踏まずに軽快にはずむように演奏してください。

文部省唱歌

この曲が発表された明治44（1911）年は
東京・京橋に「カフェ・プランタン」、銀座に「カフェ・ライオン」がオープン。都市にミルクホール（喫茶店）が流行する。　日本橋の白木屋デパートで初めてエレベーターと回転扉が登場。 ↗

この曲はベルと合奏できます　**ベル単音奏…（C, B, A, G）**

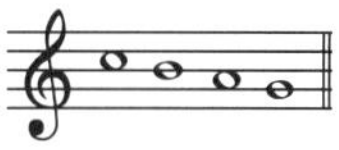

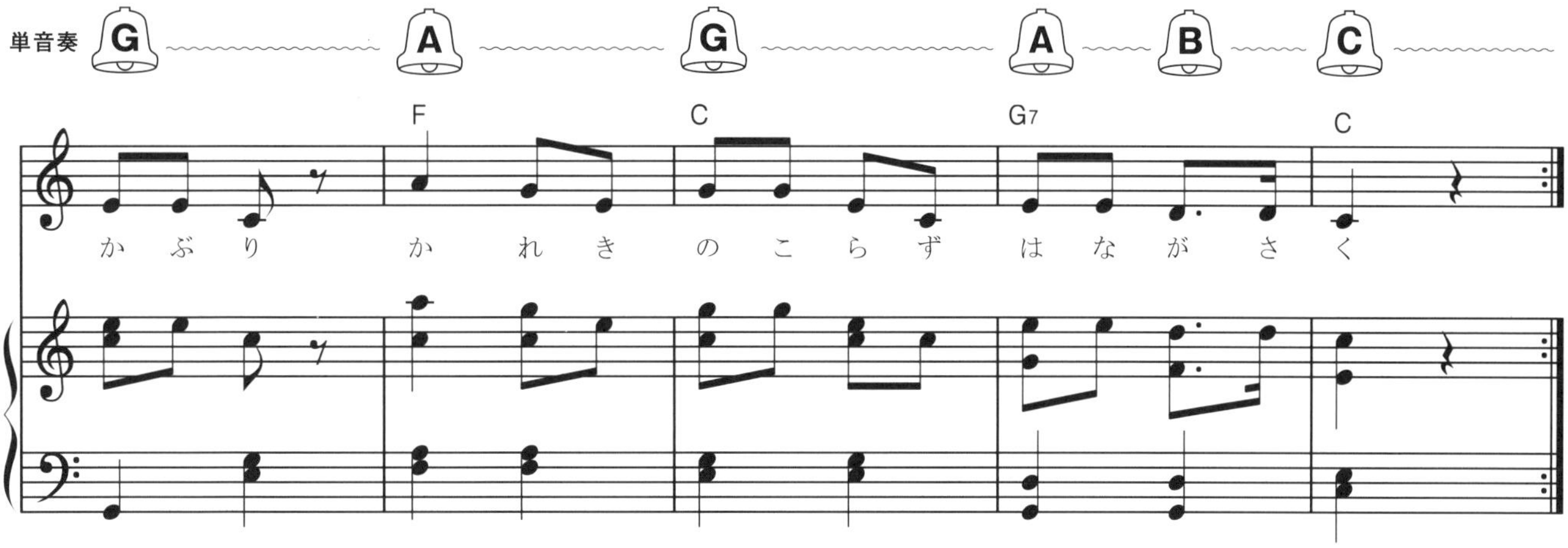

雪

文部省唱歌

1
雪やこんこ　あられやこんこ
降っては降っては　ずんずん積もる
山も野原も　わたぼうしかぶり
枯木残らず　花が咲く

2
雪やこんこ　あられやこんこ
降っても降っても　まだ降りやまぬ
犬は喜び　庭かけまわり
猫はこたつで丸くなる

キーワード
綿帽子《わたぼうし》　猫

トーク例
「子どもたちは雪が大好きですね。雪だるまを作ったり、雪合戦したり…。みなさんは雪の日は何をして過ごしてきましたか」

歌詞の「こんこ」は「来い来い」という意味があるそうで、「こんこん」と歌うのは間違いだそうです。「綿帽子」とは花嫁が白無垢の文金高島田の上にかぶる白い帽子で今でも使われています。

「やがて私の時代が来る」との言葉を残し、グスタフ・マーラーが50歳で死去。10曲の交響曲を作った。
「ハムレット」の上演に際し、帝劇と三越が「今日は帝劇、明日は三越」の連携広告ポスターを出した。

冬景色

シンプルですが子どもっぽくないような和音をつけました。
音が途切れないように時々ペダルを使いながら演奏してください。

しみじみと

文部省唱歌

D
C6 B7
E7 A7
D
(さん、 はい)
D
D onF♯
Em onG
A
さ ぎ り き ゆ る み な と え の
A7
Bm7
A7
D
ふ ね に し ろ し あ さ の し も

この曲が発表された
大正2(1913)年は

森永ミルクキャラメルが新発売された(当時はバラ売り、大人向けのお菓子だった)
ルドルフ・シュタイナーが「人智学会」を設立。オリエント急行が25周年。 ↗

冬景色

文部省唱歌

1
さ霧《ぎり》　消《き》ゆる湊江《みなとえ》の
舟に白し、朝の霜《しも》。
ただ水鳥の聲《こえ》はして、
いまだ覺《さ》めず、岸の家。

2
烏《からす》　鳴きて木に高く、
人は畑に麥《むぎ》を踏む。
げに小春日《こはるび》の　のどけしや。
かへり咲《ざき》の　花も見ゆ。

3
嵐《あらし》吹きて　雲は落ち、
時雨《しぐれ》降りて　日は暮れぬ。
若《も》し燈《ともしび》の　もれ來《こ》ずば、
それと分かじ、野邊《のべ》の里。

キーワード

村の日常の美しさ

トーク例

「美しい情景が目に浮かび、澄んだ冷たい空気が気持ちよく伝わってくるような歌詞です」
「文語体ってたまに耳にすると、ずいぶん清らかな響きに感じられます」

1番は（漁村の）水辺の朝の風景、2番は（農村の）田園の昼、3番は(山麓の)夕べの里の様子をそれぞれ歌っています。

中里介山の『大菩薩峠』が始まる。

蛍の光

誰もが知っているメロディーなので、少し目新しい凝った和声をつけました。

しみじみと

スコットランド民謡

スコットランド民謡に日本語の歌詞をつけたものです。日本では卒業式に歌われることや、店の閉店間際や紅白歌合戦の幕が下りる時に流れることで知られていますが、アメリカやイギリスでは、大晦日から新年になる際のカウントダウン時に歌われるそうです。

終戦後は、3番、4番の歌詞の内容が不適切だとして教えられていません。

この曲が発表された明治14（1881）年は

この年から小学校で正式に「体操」と「唱歌」を教えることとなった（体育と音楽という呼び方ではないことに注意）。「蛍の光」はその初めての唱歌の教科書に掲載された曲である。 ↗

蛍の光

スコットランド民謡

1
ほたるの光、窓《まど》の雪。
書《ふみ》よむ月日、重ねつつ。
いつしか年も、すぎの戸を、
明けてぞ、けさは、別れゆく。

年も、すぎの戸も開けて…「年も過ぎ、新年が明ける」と「杉の戸を開ける」の掛け言葉

2
とまるも行くも、限りとて、
かたみに思う、ちよろずの、
心のはしを、一言《ひとこと》に、
さきくとばかり、歌うなり。

かたみに…互みに（おたがいに）
さきく…幸く

3
筑紫《つくし》のきわみ、みちのおく、
海山《うみやま》とおく、へだつとも、
その真心《まごころ》は、へだてなく、
ひとつに尽くせ、国のため。

4
千島《ちしま》のおくも、沖縄《おきなわ》も、
八洲《やしま》のうちの、守りなり。
至《いた》らんくにに、いさおしく。
つとめよ　わがせ、つつがなく。

キーワード

蛍雪《けいせつ》の功

夏は蛍の光で、冬は窓からの雪明りを頼りに本を読んで学問に励み出世したという中国の故事。

トーク例

「昔の学校では“音楽”の時間って言わず、“唱歌”の時間と言ったんですか。この『蛍の光』は、その唱歌の教科書第一号に載った曲なんですね」
「みなさんは、卒業式でこの歌を歌われましたか?」
「“蛍の光”ってどのくらいの明るさなんでしょう?」
「『螢雪時代』という大学受験の雑誌がありますね。今も続いていますが…。みなさんの中に『螢雪時代』で受験勉強なさった方、いらっしゃいますか?」

この年、板垣退助が自由党を結成。日本地震学会が設立された（8割が海外の研究者）。

冬

お正月

明るく軽快に演奏してください。

作詞　東　くめ
作曲　滝廉太郎

はればれと

C　G　C　G　C
（さん、はい）
単音奏　C　B　A　G　F　E　D　C
C　G　C　G　C
もう　い　く　つ　ね　る　と　お　しょ　う　が　つ
単音奏　F　E　D　C　B　A　G
F　C onE　Dm7　G7　C　E7　Am7　D7　G
お　しょ　う　が　つ　に　は　た　こ　あ　げ　て　こ　ま　を　ま　わ　し　て　あ　そ　び　ましょう

この曲が発表された明治34（1901）年は

第1回ノーベル賞がレントゲン（レントゲン写真の発明者）に授与された。アメリカで水銀灯、イギリスで電気掃除機が発明。ピカソ「青の時代」始まる。足尾鉱毒事件、田中正造の天皇直訴。↗

この曲はベルと合奏できます　**ベル単音奏…（C, D, E, F, G, A, B, C）**

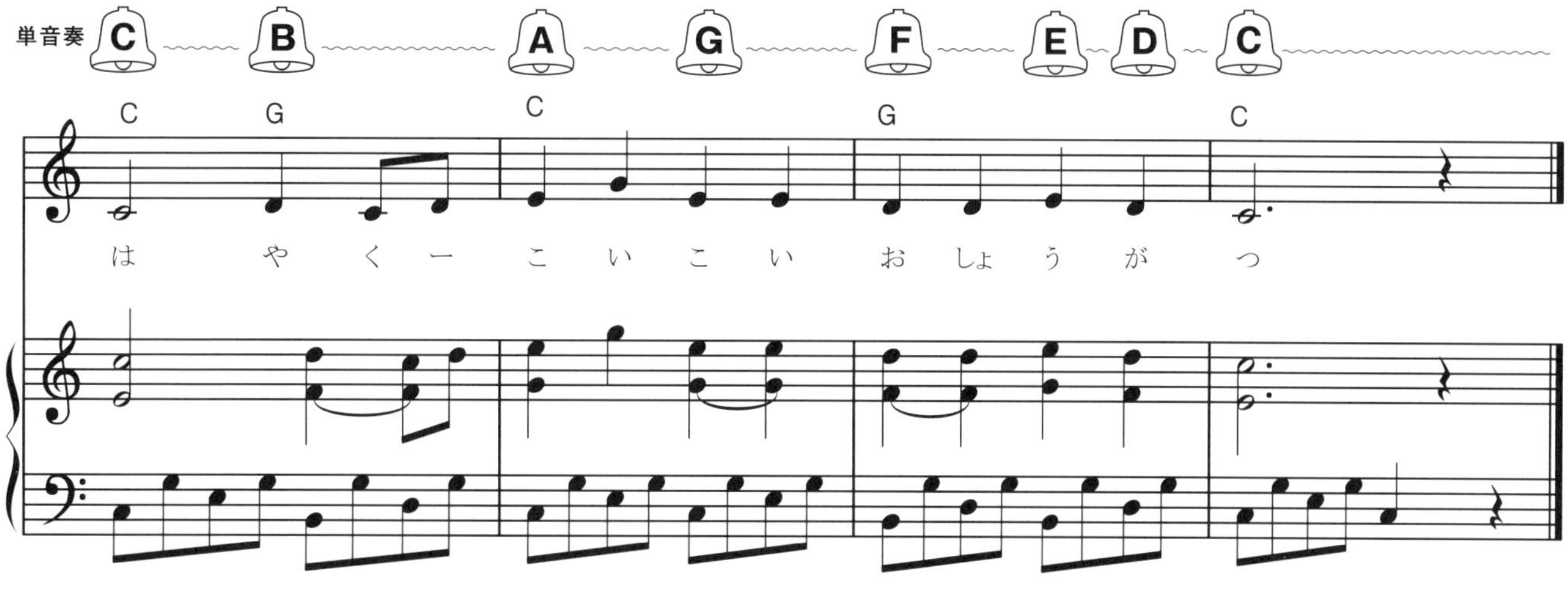

お正月

作詞　東　くめ
作曲　滝廉太郎

1
もういくつねると　お正月
お正月には　凧《たこ》あげて
こまをまわして　遊びましょう
はやく来い来い　お正月

2
もういくつねると　お正月
お正月には　まりついて
おいばねついて　遊びましょう
はやく来い来い　お正月

キーワード

凧《たこ》　おいばね

男の子は凧上げ、駒回し
女の子は羽つきに毬つき
どっちがむずかしいでしょうね。

トーク例

「お正月はどんなことをして遊びましたか」
「お正月を迎えるにあたって、家の手伝いはどんなことをしましたか」

わずか23歳で夭折《ようせつ》（若くして亡くなること）した天才作曲家、滝廉太郎の作曲です。日本人による最も古い童謡と言われています。

一月一日

小学校で歌う曲の伴奏のような淡々としたアルペジオで演奏してください。

作詞　千家尊福
作曲　上　真行

この曲が発表された
明治26（1893）年は

アメリカがハワイを併合。アメリカ大不況、フィラデルフィア鉄道破産、ウォール街市場大混乱。ドヴォルザーク「新世界」初演。ムンク「叫び」を描く。日本では陸奥宗光が不平等条約の改正の交渉にあたる。↗

この曲はベルと合奏できます　ベル和音…Ⅰ（B♭, D, F）Ⅳ（E♭, G, B♭）Ⅴ（F, A, C）

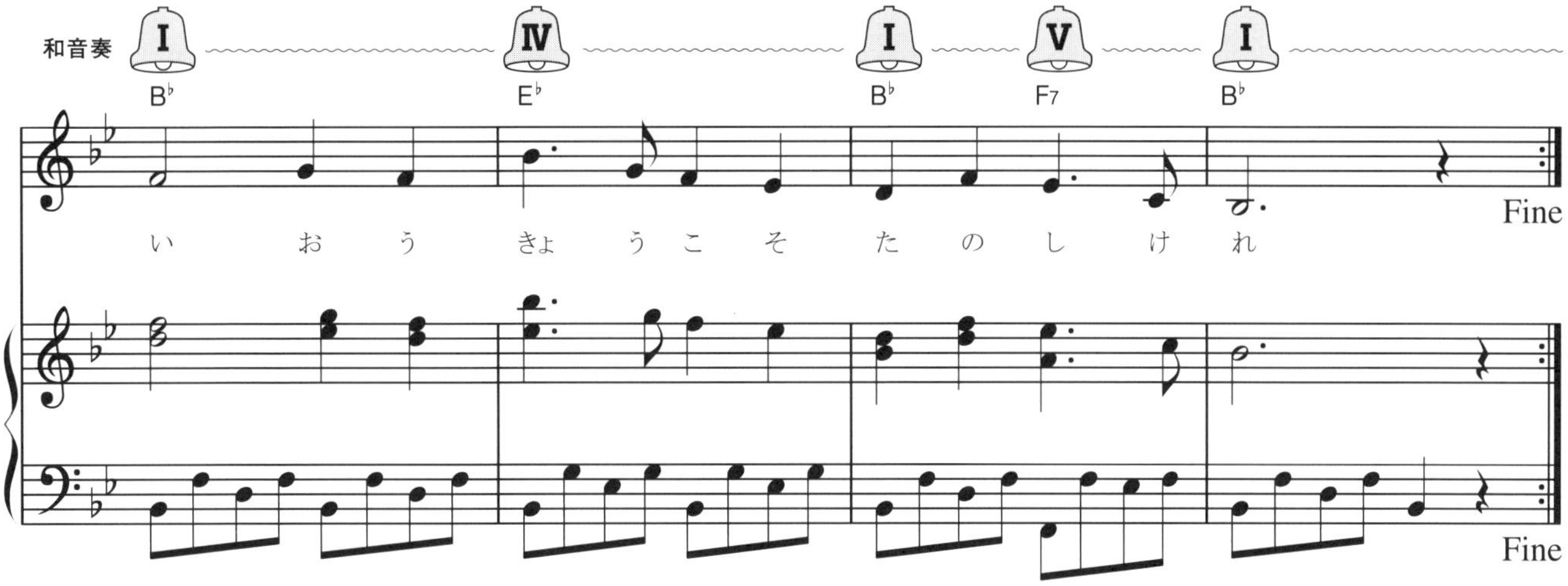

一月一日

作詞　千家尊福
作曲　上　真行

1
年《とし》のはじめの　ためしとて
終《おわ》りなき世《よ》の　めでたさを
松竹《まつたけ》たてて　門《かど》ごとに
祝《いお》う今日《きょう》こそ　楽《たの》しけれ

2
初日《はつひ》のひかり　さしいでて
四方《よも》にかがやく　けさの空《そら》
君《きみ》がみかげに　たぐえつつ
あおぎ見《み》るこそ　尊《とうと》けれ

キーワード

門松《かどまつ》　四大節《しだいせつ》

トーク例

「私たちには、〈御真影《ごしんえい》〉や〈教育勅語《きょういくちょくご》〉ってピンときませんけど、どんな思い出がありますか。式が終わってから家に帰ってきて、何をして遊んだんでしょうか」

戦前の日本には「四大節」と呼ぶ祝日が4日間ありました。この「一月一日」、「紀元節」（二月十一日、今の建国記念日）、「天長節」（四月二十九日、昭和天皇の誕生日で今は「みどりの日」）、「明治節」（十一月三日、明治天皇の誕生日で今は「文化の日」）です。
戦前の小学生は一月一日に学校に行き、君が代を斉唱、「御真影」に最敬礼をして教育勅語奉読、校長先生の訓話を受けてこの歌を歌ったそうです。その後にお菓子か果物がもらえたことが思い出だといいます。祝日は単なる休日ではなく、国を祝う日でした。
作詞は、出雲大社の宮司さんで、作曲は雅楽家です。この曲が政府によって公示されたのと同時に、「君が代」や「紀元節」など、それぞれの祝日にあわせた歌が発表されました。

御木本幸吉が真珠の養殖に成功。明治座が開場（座主・初代市川佐團次）。

ふじの山

左手のアルペジオを伸びやかに演奏してください。

作詞　巌谷小波
文部省唱歌

のびのびと
F C G7 C
（さん、 はい）
和音奏 I V
C G
あ た ま を く も ー の う え に だ ー し
和音奏 I IV V I
C F G C
し ほ う の や ー ま を み お ろ ー し ー て
和音奏 V I IV V
G C F G
か み な り さ ー ま ー を し た に き く

この曲が発表された明治43（1910）年は p.28 p.68 p.94も参照。ハレー彗星が地球に接近。有毒ガスを含んだ彗星の尾が地球に届くのではないかという流言飛語で人々は不安になった。清がチベットに侵入、ダライ・ラマ13世がインドに亡命。日韓 ↗

この曲はベルと合奏できます　**ベル和音…Ⅰ（C, E, G）Ⅳ（F, A, C）Ⅴ（G, B, D）**

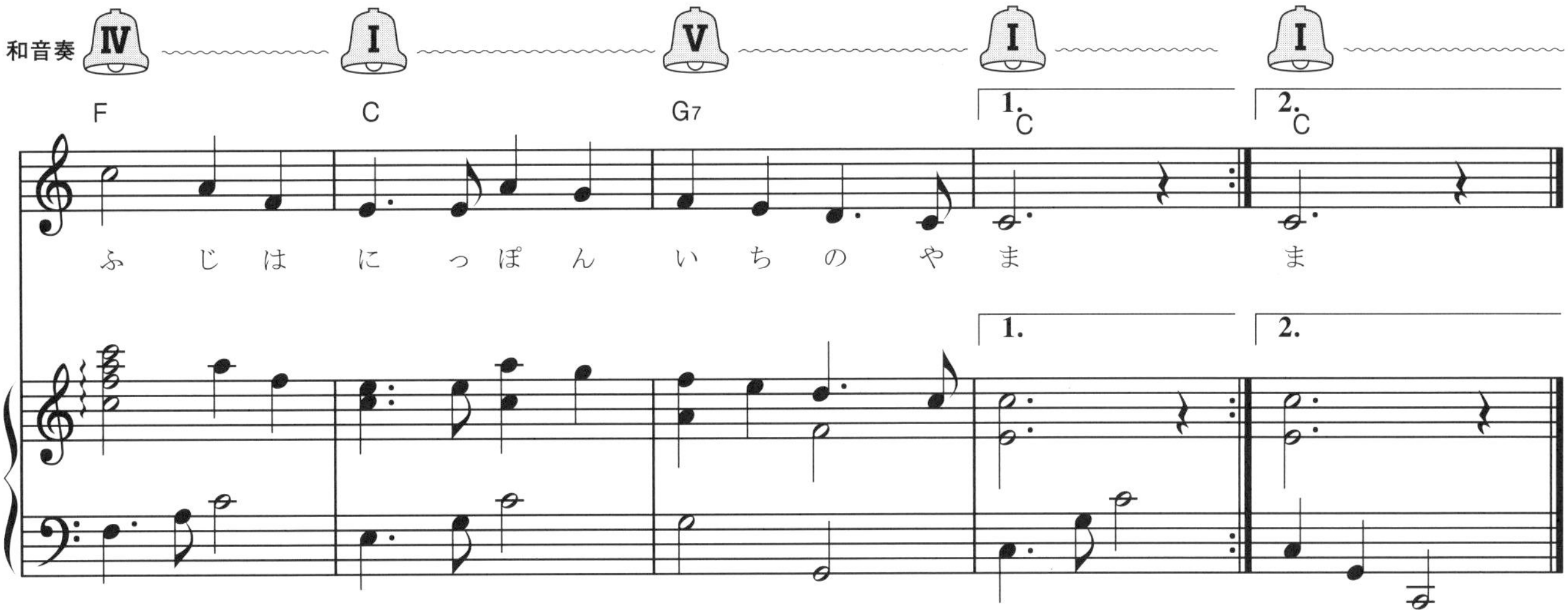

ふじの山

作詞　巌谷小波
文部省唱歌

1
あたまを雲の上に出し、
四方《しほう》の山を見おろして、
かみなりさまを下に聞く、
富士は日本一の山。

2
青空高くそびえ立ち、
からだに雪の着物着て、
霞《かすみ》のすそを遠く曳《ひ》く、
富士は日本一の山。

キーワード

霞《かすみ》　富士山

トーク例

「この富士は男っぽかったり、女っぽかったりしますね。
1番は、ゴロゴロと鳴る雷を下に聞いてもびくともしない堂々とした富士。
2番は、着物の裳裾のように霞が流れていて、優しげで美しい富士ですね。
どちらが好きですか。」

作詞者の巌谷小波（いわや　さざなみ）は明治の児童文学作家です。現在でも「ふじ山」という題名で小学3年生の教科書に載っています。この巌谷の詞は後の人に影響を与えました。昭和6年に発表された「背くらべ」（p.43海野厚作詞）の2番歌詞は、この「ふじの山」と重なります。
「雲の上まで顔だして（…中略…）一はやっぱり富士の山」

スキー

さわやかな疾走感を出そうと左手のリズムを付点四分音符ではじめました。
スピード感が出るように軽快に演奏してください。

ほがらかに

文部省唱歌

G C C♯dim G onD D7 G D7
(さん、はい)
G G Am onC G D
や ま は し ろ が ね あ さ ひ を あ び ー て
G C Am G onD D G
す べ る ス キ ー の か ぜ き る は や さ
G C G C A7 D
と ー ぶ は こ ゆ き か ま い た つ き り か

この曲が発表された
昭和17（1942）年は

太平洋戦争まっただ中。日本はミッドウェー海戦、ガナルカナルで大敗し、状況は悪化。「海ゆかば」が「君が代」に次ぐ国民の歌となった。「欲しがりません勝つまでは」が、標語となり、「産めよ増やせよ」が奨 ↗

スキー

文部省唱歌

1
山は白銀《しろがね》　朝日を浴びて、
すべるスキーの風切《かざき》る速さ
飛ぶは粉雪《こゆき》か　舞い立つ　霧《きり》か
おお　この身もかけるよ　かける

2
真一文字に　身をおどらせて、
さっと飛び越す飛鳥《ひちょう》の翼《つばさ》
ぐんとせまるは、ふもとか　谷か。
おお　たのしや　手練《しゅれん》の飛躍

3
風をつんざき、左へ、右へ、
飛べは、おどれば、流れる斜面《しゃめん》
空はみどりよ　大地は白よ
おお　あの丘　われらを招《まね》く

キーワード

手練の飛躍

（なんという表現でしょう！文部省的（笑）というべきか…）

現在でも小学5年生が習う歌として歌い継がれている、冬の歌の名曲です。
この曲が発表された年は戦争中で世相は暗かったはずですが、この曲の持つ明るくさわやかな曲調は今でも愛されています。

励される。よく歌われたのが、「婦系図の歌」、「鈴懸の径」、「空の神兵」、「森の水車」、「朝だ元気で」など。ポリドールは大東亜、ビクターは日本音響、コロムビアは日蓄工業、キングは富士音盤と言い替えられた。

カチューシャの唄

素朴な伴奏をつけました。素直にとつとつと演奏してください。

作詞　島村抱月、相馬御風
作曲　中山晋平

ロマンチックに

この曲が発表された大正3（1914）年は p.20も参照。アメリカでは連邦議会の上下両院が、5月の第2日曜日を「母の日」と決議して制定した。カーネーションは聖母マリアがキリストを見送った落下地点から生えた母の愛の花を象徴するもの。 ↗

カチューシャの唄

作詞　島村抱月、相馬御風
作曲　中山晋平

1
カチューシャかわいや
別れのつらさ
せめて淡雪《あわゆき》　とけぬ間に
神に願いを　ララ　かけましょか

2
カチューシャかわいや
別れのつらさ
今宵《こよい》一夜《ひとよ》に　ふる雪に
今日は野山の　ララ　路《みち》かくせ

3
カチューシャかわいや
別れのつらさ
せめてまた逢う　それまでは
おなじ姿で　ララ　いておくれ

4
カチューシャかわいや
別れのつらさ
広い野原を　とぼとぼと
独り出て行く　ララ　あすの旅

キーワード

ララ

トーク例

「この歌がもてはやされたのは、「神に願いを　ララ　かけましょか」の『ララ』の合いの手がとってもおしゃれだったからだそうですよ。
当時だったら、ララじゃなくて、チョイナっとやるはずのところを、
ララってキュートに合いの手を打った。このララこそが時代をつかんだ、
とまで團伊玖磨さんは言ってます（笑）」

劇団芸術座による『復活』（トルストイ作、島村抱月脚色）の劇の劇中歌として、主演女優の松井須磨子などが歌いました。大変人気があったため、あまりの人気に歌唱禁止令が出た学校もあったといいます。第一次世界大戦直前の世相も禁止令に影響していたと言われています。

「セントルイス・ブルース」が作曲される。　平凡社が設立。三木露風・西條八十らが『未来』を創刊。高村光太郎が詩集『道程』を出す。二科会の第一回展覧会が開かれた。

ペチカ

原曲が複雑で異国情緒が感じられる和声となっています。
ゆったりとひとつひとつの和音を美しく響かせながら演奏してください。

作詞　北原白秋
作曲　山田耕筰

ゆったりと

この曲が発表された大正14（1925）年は　p.56　p.58　p.150　も参照。25歳以上の男子に選挙権が与えられた（女子に与えられたのはそれから20年後の1945年）。クラシックの殿堂で名を馳せるカーネギーホールで初めてジャズが鳴り響いた。（ガーシュ↗

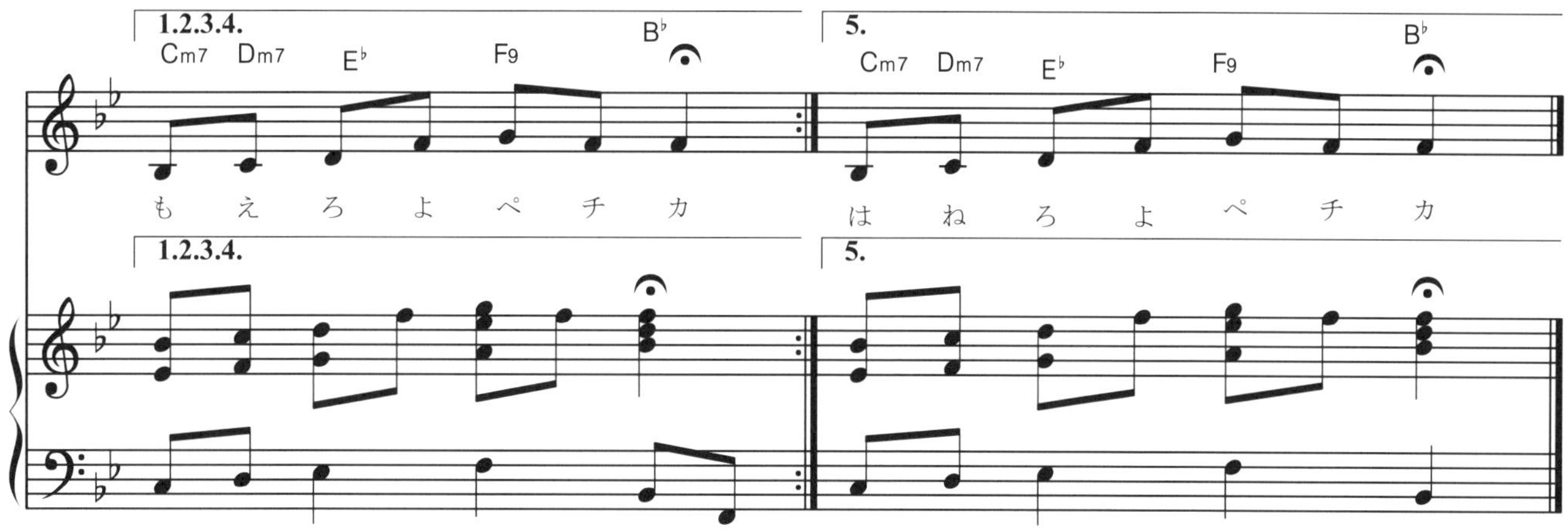

ペチカ

作詞　北原白秋
作曲　山田耕筰

1
雪の降る夜は　たのしいペチカ
ペチカ燃えろよ　お話しましょ
むかしむかしよ　燃えろよペチカ

2
雪の降る夜は　たのしいペチカ
ペチカ燃えろよ　おもては寒い
栗や栗やと　呼びますペチカ

3
雪の降る夜は　たのしいペチカ
ペチカ燃えろよ　じき春来ます
いまに柳も　萌《も》えましょペチカ

4
雪の降る夜は　たのしいペチカ
ペチカ燃えろよ　誰だか来ます
お客様でしょ　うれしいペチカ

5
雪の降る夜は　たのしいペチカ
ペチカ燃えろよ　お話しましょ
火の粉ぱちぱち　はねろよペチカ

キーワード

異国　だんらん

トーク例
「この曲からは、凍えるように寒い外と対照的に、あたたまった家のぬくもりが、ゆっくり伝わってきます。この家は何て幸せなんだろうって感じさせてくれる歌ですね」

作詞者の北原白秋が満州に旅行した際、そこの自然を思い浮かべながら作った曲だそうです。ペチカとはロシア語で暖炉の意味です。ペチカはもちろん暖房ですが、中にパンを入れて焼くこともできるそうです。

イン自作自演のジャズピアノ協奏曲で）。パリのシャンゼリーゼ劇場で褐色の踊り子ジョセフィン・ベーカー（スペイン人とアフリカ系のハーフ）のバナナベルトを使った強烈な踊りが話題になった。

雪の降るまちを

途中で長調に転調するドラマティックな展開の曲です。
出だしは静かに、転調してからは明るく演奏してください。

作詞　内村直也
作曲　中田喜直

この曲が発表された昭和24(1949)年は　p.46も参照。上野動物園でインドのネルー首相から贈られた象のインディラを見ようと、4万人の観客が来場した。雑誌『ドレスメーキング』創刊。三島由紀夫『仮面の告白』、林芙美子『浮雲』発表。伊藤忠商事、↗

この曲は
ベルと合奏できます　**ベル単音奏…（E，D，C，B）**

雪の降るまちを

作詞　内村直也
作曲　中田喜直

1
雪の降るまちを　雪の降るまちを
想い出だけが　通りすぎてゆく
雪の降るまちを
遠い国から　おちてくる
この想い出を　この想い出を
いつの日か包まん
あたたかき幸福《しあわせ》の　ほほえみ

2
雪の降るまちを　雪の降るまちを
足音だけが　追いかけてゆく
雪の降るまちを
一人心に　満ちてくる
この哀しみを　この哀しみを
いつの日か解《ほぐ》さん
緑なす春の日の　そよかぜ

3
雪の降るまちを　雪の降るまちを
息吹《いぶき》とともに　こみあげてくる
雪の降るまちを
だれも分らぬ　わが心
この空《むな》しさを　この空しさを
いつの日か祈らん
新しき光ふる　鐘の音

キーワード

転調　闇から光へ

トーク例
「『えり子とともに』はどんなドラマだったんでしょうね」

ＮＨＫラジオドラマ「えり子とともに」の挿入歌として作られました。外国の合唱団でも広く歌われている名曲です。曲想の地といわれる山形県鶴岡市では今でもこの曲にちなんだ音楽祭が行われて、最後に大合唱するそうです。

丸紅が設立。

津軽海峡冬景色

右手ではメロディーを演奏することはほとんどなく、アルペジオの中にメロディー音が含まれていたり、歌をサポートするところだけついていたりします。歌をよく聴きながら演奏するとよいでしょう。

作詞　阿久悠
作曲　三木たかし

ドラマティックに
Gm　A onE　D　Gm　Gm
うえのはつのやこうれっしゃ
おりたときから
Cm　Gm onB♭　Am　D7
あおもりーえきは　ゆきーのなか
Gm　Cm　Gm onB♭
きたへかえるひとのむれは　だれもむくちで　うみなりーだけを
D7　Gm　Cm　Gm
きいーている　わーたしもーひとり　れんら

この曲が発表された昭和52 (1977) 年は
p.22も参照。白黒テレビ放送が廃止され、完全カラー化となる。王貞治が国民栄誉賞第1号となる。東京・多摩ニュータウンの都住宅供給公社で初の４ＬＤＫが売り出された。角川映画「人間の証明」（母さん、↗

E♭ A7 Dsus4 D Gm E♭
く せ ん ー に の り
こごえそうなかもめみつめ
Cm6 D7 Gm Am7-5 D7
ないていました あああ あ
つがるーかいきょう ふ ゆ げ ー し
to Coda
1. Gm A D Gm
2. Gm
き
き
D.S.
Coda
Gm A on E D Gm Cm Gm
き
rit.

津軽海峡冬景色

作詞　阿久悠
作曲　三木たかし

1
上野発の夜行列車　おりた時から
青森駅は　雪の中
北へ帰る人の群れは　誰も無口《むくち》で
海鳴《うみな》りだけを　きいている
私もひとり　連絡船に乗り
こごえそうな鴎《かもめ》見つめ
泣いていました
ああ　津軽海峡　冬景色

さよならあなた　私は帰ります
風の音が胸をゆする
泣けとばかりに
ああ　津軽海峡　冬景色

2
ごらんあれが竜飛岬《たっぴみさき》　北のはずれと
見知らぬ人が　指をさす
息でくもる窓のガラス　ふいてみたけど
はるかにかすみ　見えるだけ
さよならあなた　私は帰ります
風の音が胸をゆする
泣けとばかりに
ああ　津軽海峡　冬景色

キーワード

石川さゆり　青函連絡船《せいかんれんらくせん》

トーク例

「青函連絡船に乗られたことのある方いらっしゃいますか。
津軽海峡はどんな風景でしたか。
上野発の夜行列車はいかがですか。
船や夜行列車の旅って、味わい深くて、今や贅沢で貴重なものです」

歌手の石川さゆりはこの曲の大ヒットでレコード大賞歌唱賞を受賞、紅白歌合戦に出場して大スターとなりました。夜行列車で青森に行き、（今は廃止された）青函連絡船に乗るという当時の交通手段と、北の果てに向かう凍える情景が浮かんできます。

全季節

All season

36曲

故郷

素朴で素直なアルペジオを心がけてください。

作詞　高野辰之
作曲　岡野貞一

しみじみと
Em7 Am7 Dm7 G7 C
(さん、　はい)
和音奏 I V I
C G C
うさぎおいしかのやま
和音奏 IV I V I
F C G C
こぶなつりしかのかわ
和音奏 V I V I
G C Dm7 C
ゆーめはいーまもめーぐーりーて

この曲が発表された大正3(1914)年は　p.20 p.134も参照。桜島が噴火。東京日本橋に天然色活動写真（天活）株式会社を発足させる。初めてのカラー映画「義経千本桜」が帝国劇場で上映される。東京日日新聞が青島（中国）の戦線に戦場↗

この曲はベルと合奏できます　ベル和音…Ⅰ（C, E, G）Ⅳ（F, A, C）Ⅴ（G, B, D）

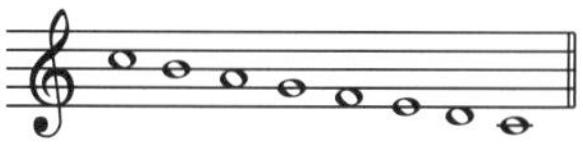

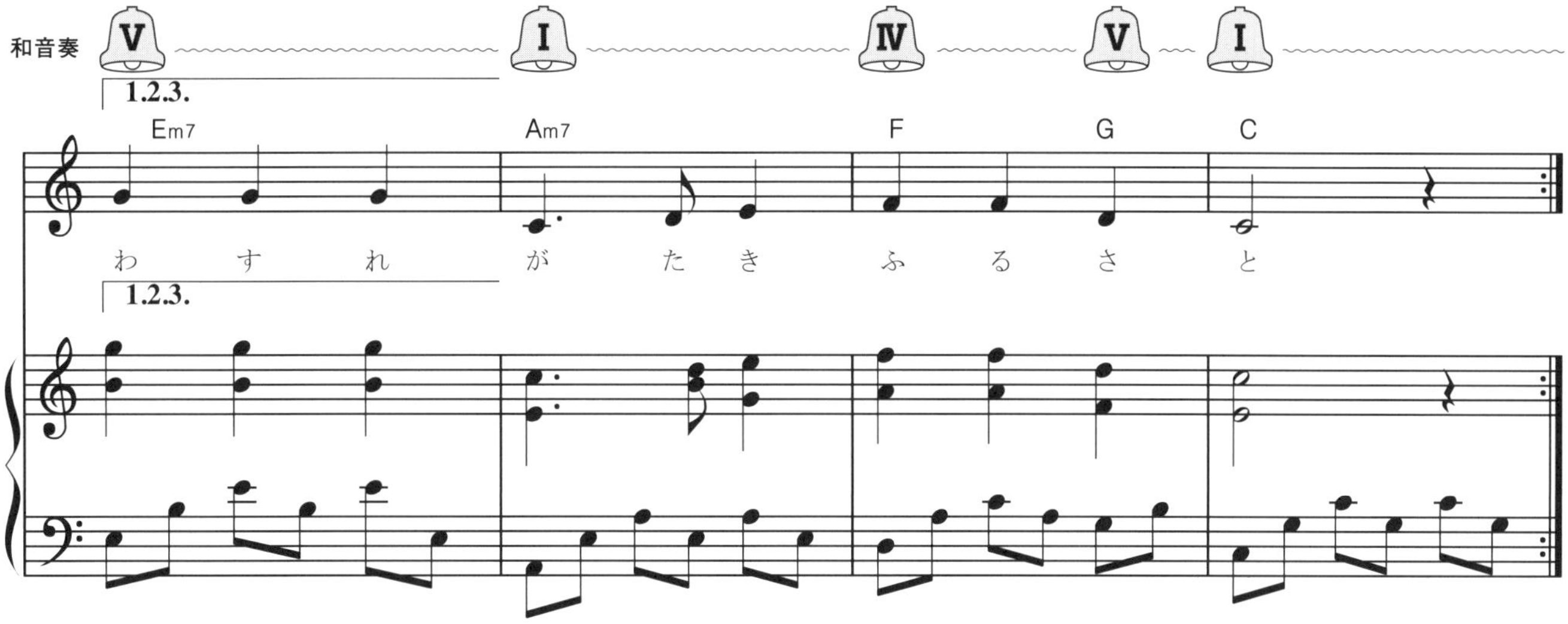

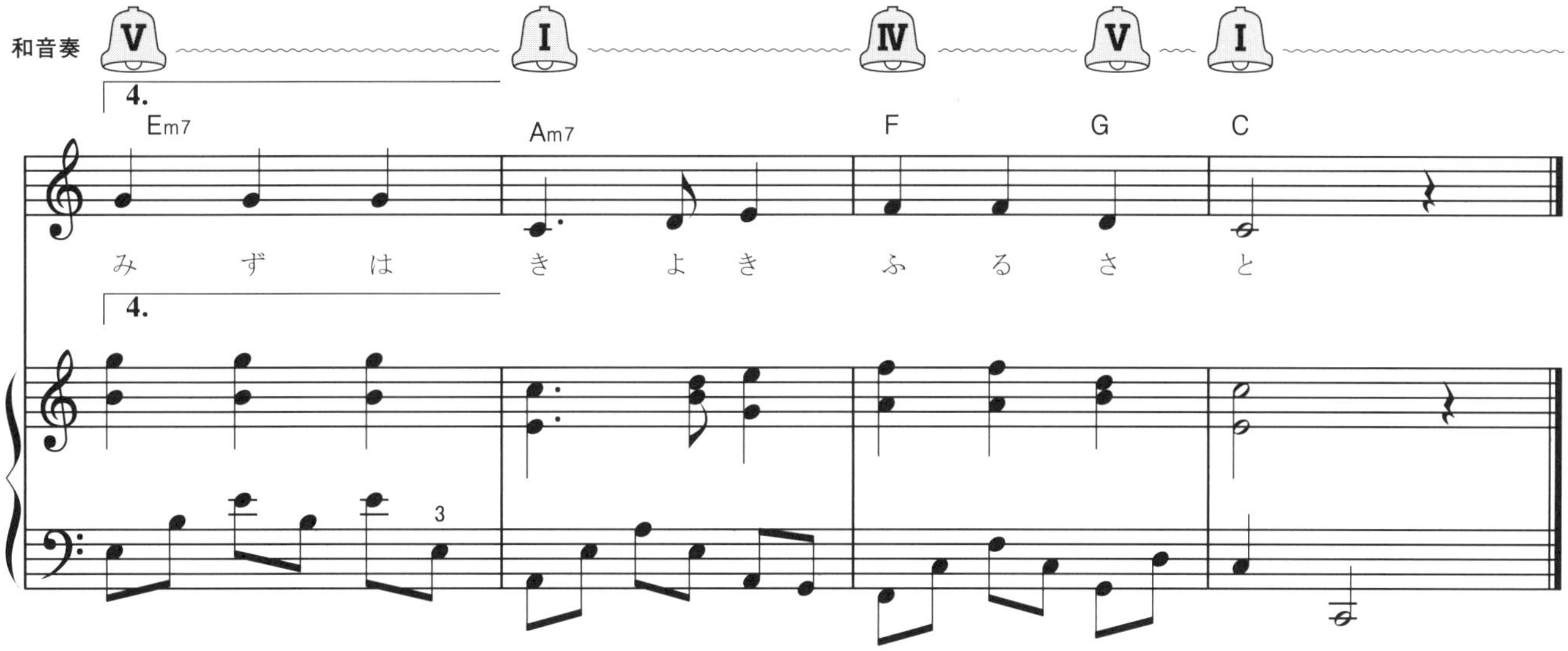

故郷

作詞　高野辰之
作曲　岡野貞一

1
兎《うさぎ》追ひし　かの山
小鮒《こぶな》釣りし　かの川
夢は今も　めぐりて
忘れがたき　故郷《ふるさと》

2
如何《いか》にいます　父母《ちちはは》
恙《つつが》なしや　友がき
雨に風に　つけても
思ひ出《い》づる　故郷

3
志《こころざし》を　はたして
いつの日にか　帰らん
山は青き　故郷
水は清《きよ》き　故郷

キーワード
友がき　恙《つつが》ない

トーク例
「この『ふるさと』を、君が代とともに国歌にしてほしいという人も多いみたいですよ（笑）。時代は変わっても日本人のふるさとって、この歌の通りですよね」

文部省唱歌では作詞、作曲者が不明となっている曲も少なくないのですが、この曲は明らかになっています。作曲者の岡野はクリスチャンで、毎週日曜日には教会でオルガンを演奏していたそうです。岡野の作品にはこの「故郷」の他「朧月夜」など、讃美歌に影響を受けたといわれる3拍子の曲があります。

夕日

3種類の違うリズムの伴奏があり変化のある曲想になっています。それぞれ、和音を美しく響かせる箇所、元気にはずむように伴奏する箇所、流れるようにアルペジオを弾く箇所がありますので区別をつけながら演奏してください。

作詞　葛原しげる
作曲　室崎琴月

元気に
単音奏 C
F Dm7 C onE G7 C
(さん、 はい)
ぎん ぎん
単音奏 B A G F E
G F C onE
ぎ ら ぎ ら ゆう ひ が し ず む ぎん ぎん ぎ ら ぎ ら
単音奏 D C B A
G7 C F
ひ が し ず む ま っ か っ か っ か そ ら の く

この曲が発表された大正10 (1921) 年は　p.61 p.100 p.112も参照。インシュリンの分離に世界で初めて成功、実用化へ（カナダ）。糖尿病患者に明るい話題。日本ではプロレタリア雑誌『種撒く人』が発刊、反軍国主義を打ち出す。 ↗

この曲はベルと合奏できます　**ベル単音奏…（C, B, A, G, F, E, D, C）**

夕日

作詞　葛原しげる
作曲　室崎琴月

1
ぎんぎん　ぎらぎら　夕日が沈む
ぎんぎん　ぎらぎら　日が沈む
まっかっかっか　空の雲
みんなの　お顔も　まっかっか
ぎんぎん　ぎらぎら　日が沈む

2
ぎんぎん　ぎらぎら　夕日が沈む
ぎんぎん　ぎらぎら　日が沈む
カラスよ　お日を　追っかけて
まっかに　染まって　舞って来い
ぎんぎん　ぎらぎら　日が沈む

キーワード
夕焼け

トーク例
「美しい夕日を見ると、ああ今日も生きていて良かったなあってしみじみ思うんですよね」

童謡の名作です。作詞者は最初、この曲を「キンキンキラキラ」としていたそうですが、彼の小学生の娘が、「キンキンキラキラは朝日よ。夕日はギラギラしなくてはダメ！」と言ったことから現在の「ギンギンギラギラ」になったといいます。

志賀直哉が『暗夜行路』を『改造』誌に連載スタート。バレリーナの谷桃子が生まれる。

全季節

ゆりかごのうた
（揺籠の歌）

やさしい曲調の中にも一定のリズムを保持して演奏してください。

作詞　北原白秋
作曲　草川　信

おだやかに

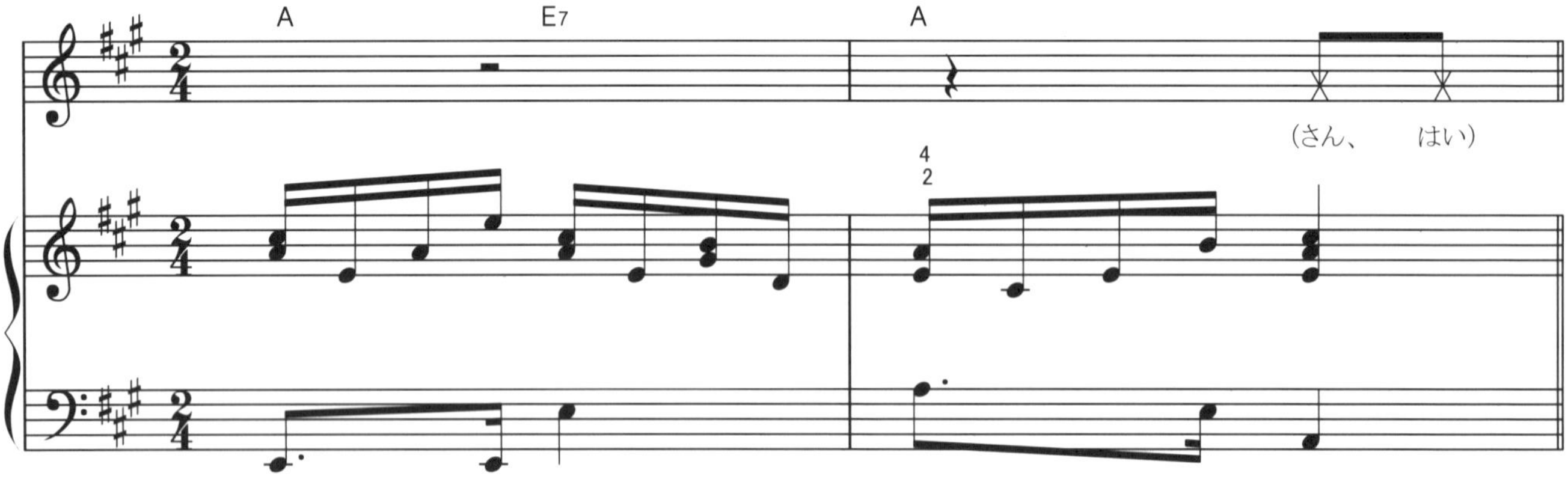

この曲が発表された大正10（1921）年は p.61 p.100 p.112 p.146も参照。

この曲はベルと合奏できます
①ベル和音奏…Ⅰ（A, C♯, E）Ⅳ（D, F♯, A）Ⅴ（E, G♯, B）
②ベル単音奏…（A, G♯, F♯, E）

和音奏
I
IV
I
V
I
単音奏
E
F♯
A
A
D
A
E7
A
ね ん ね こ ー ね ん ね こ ね ん ね こ よ
2
4
rit.

ゆりかごのうた（揺籠の歌）

作詞　北原白秋
作曲　草川　信

1
揺籠のうたを
カナリヤが歌うよ
ねんねこ　ねんねこ　ねんねこよ

2
揺籠のうえに
枇杷《びわ》の実が揺れるよ
ねんねこ　ねんねこ　ねんねこよ

3
揺籠のつなを
木ねずみが揺《ゆ》するよ
ねんねこ　ねんねこ　ねんねこよ

4
揺籠のゆめに
黄色い月がかかるよ
ねんねこ　ねんねこ　ねんねこよ

キーワード

カナリヤ　舶来《はくらい》もの

カナリアも、ゆりかごも、欧米からの舶来もので、当時の一般家庭にはなかなか見られないモダーンなものでした。

トーク例
「童謡歌手の川田正子さんの児童合唱団で「音羽ゆりかご会」というのがありますが、その名前は「ゆりかごの歌」から取ったものと言われています」

童謡雑誌『小学女生』に発表されました。当時カナリアは裕福な家庭でしか飼えないペットだったそうです。また、歌詞に出てくる「木ねずみ」とはリスの別称です。

全季節

あの町この町

メロディーは一見弾む音型ですが、歌の内容に沿って淋しそうに
響く和音をつけました。 しみじみと演奏してください。

作詞　野口雨情
作曲　中山晋平

ゆったりと

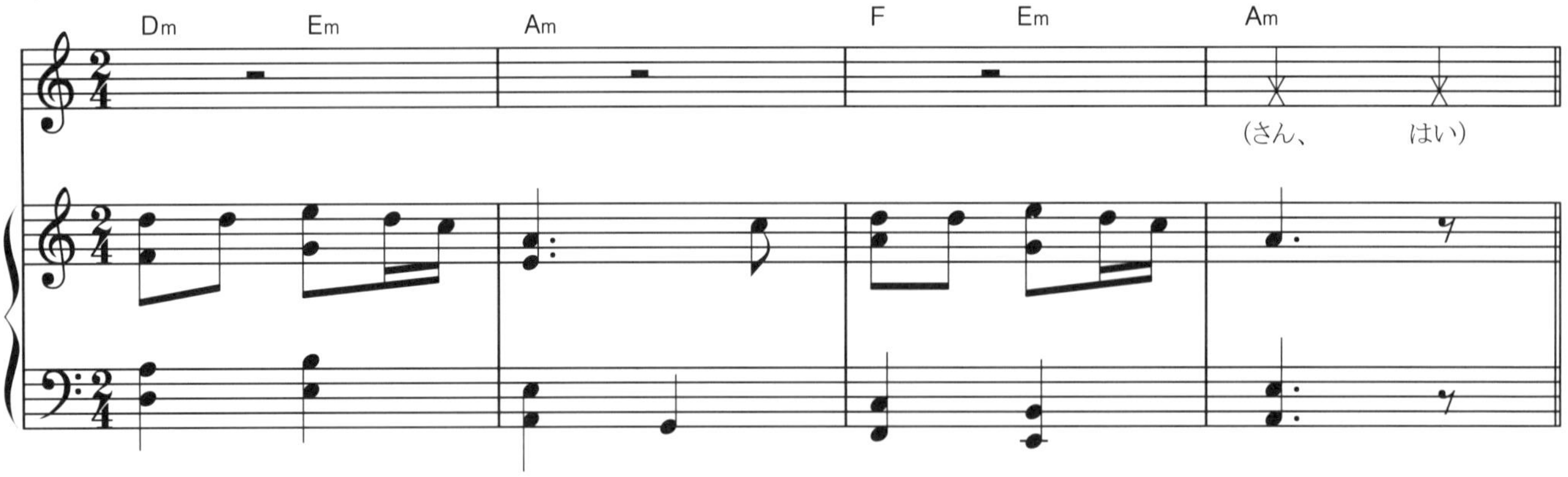
Dm Em Am F Em Am
(さん、 はい)

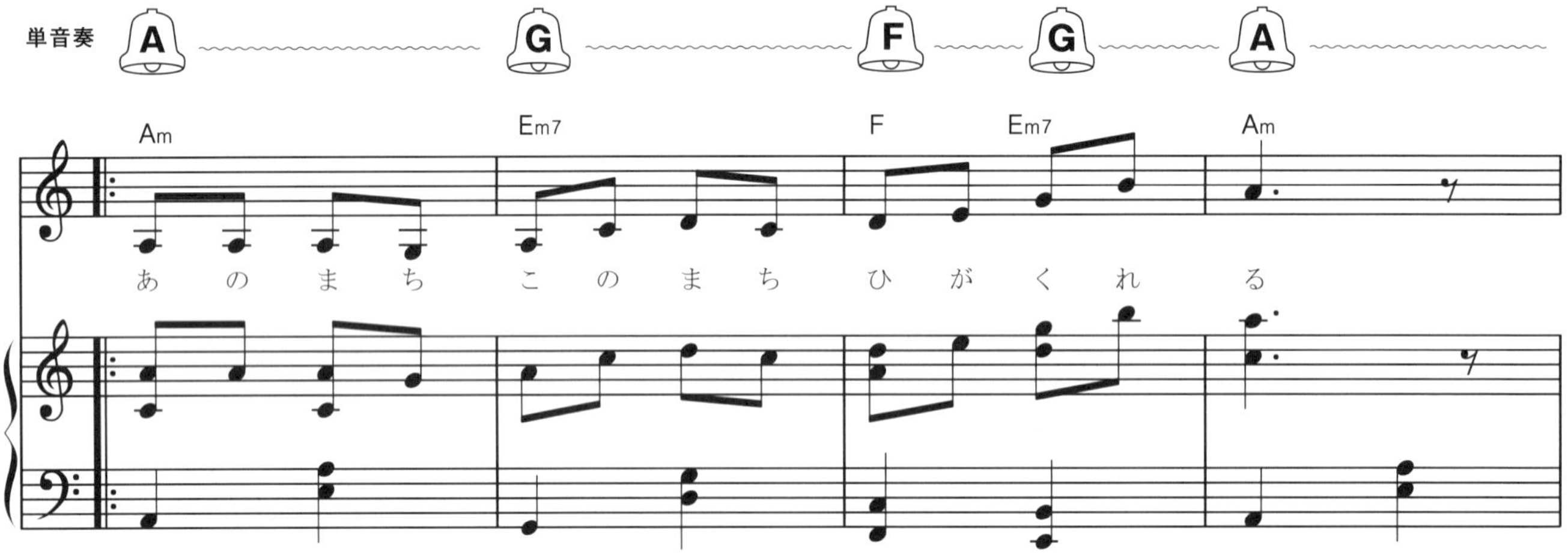
単音奏 A G F G A
Am Em7 F Em7 Am
あ の ま ち こ の ま ち ひ が く れ る

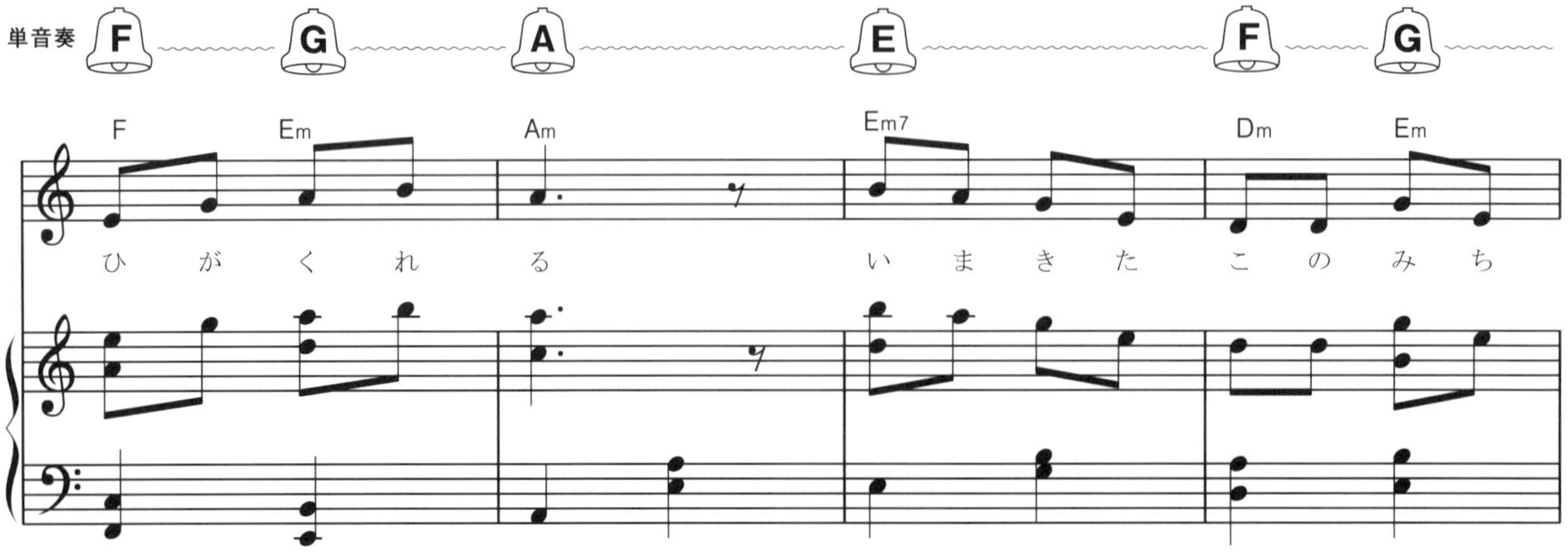
単音奏 F G A E F G
F Em Am Em7 Dm Em
ひ が く れ る い ま き た こ の み ち

この曲が発表された
大正14 (1925) 年は

p.56 p.58も参照。『女工哀史（じょこうあいし）』（紡績女工の過酷な労働が書かれた本）が刊行され、注目を集める。この年から中学校以上に軍事教練（学校の授業の中で行われた元軍人による軍事訓練）↗

この曲は
ベルと合奏できます　**ベル単音奏…（E, F, G, A）**

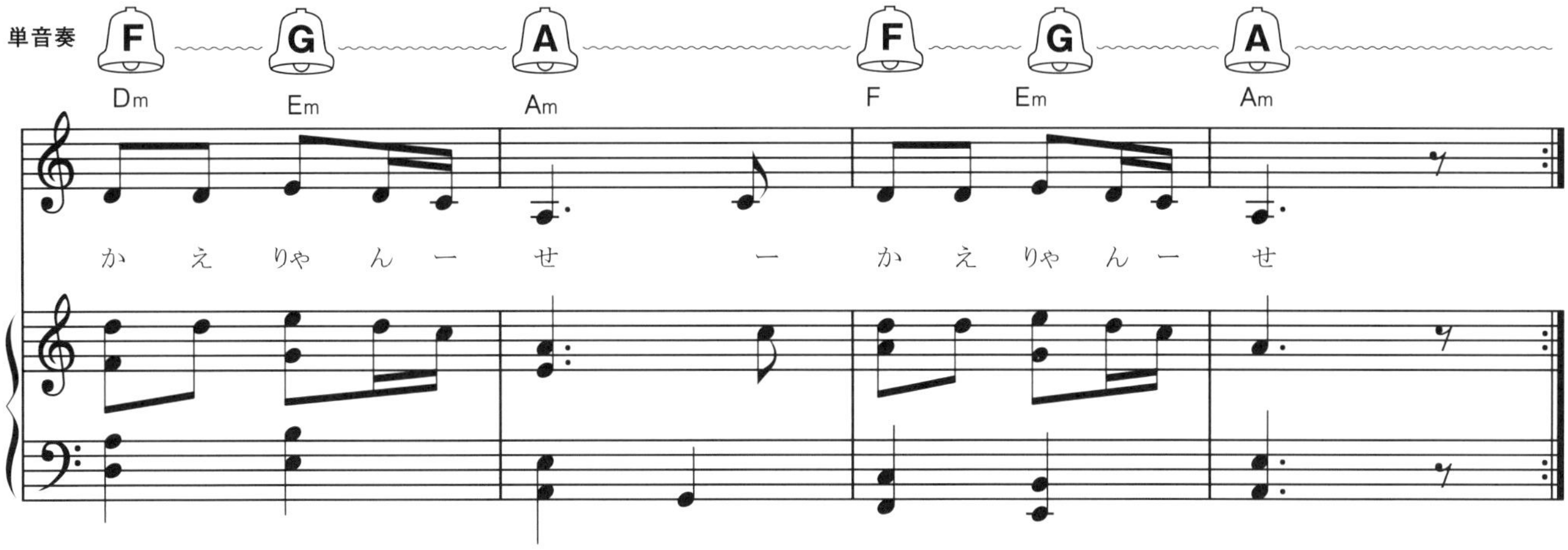

単音奏
F G A F G A
Dm Em Am F Em Am
かえりゃんーせ　ー　かえりゃんーせ

あの町この町

作詞　野口雨情
作曲　中山晋平

1
あの町　この町
日が暮れる　日が暮れる
今きた　この道
帰りゃんせ　帰りゃんせ

2
お家《うち》が　だんだん
遠くなる　遠くなる
今きた　この道
帰りゃんせ　帰りゃんせ

3
お空《そら》に　夕《ゆう》べの
星《ほし》が出《で》る　星が出る
今きた　この道
帰りゃんせ　帰りゃんせ

キーワード

夕暮れ時　子どもの遊び　帰る時間

トーク例

「おうちがだんだん遠くなる…とは、子どもには何て怖い歌でしょうね（笑）
はやくお母さんに迎えに来てほしい、だけど、一人でも遊んでいたいと、
ちょっとフシギな気持ちになる歌です」

この歌はもともとは滑らかにしっとりと歌われていたのですが、人々の口にのぼるにつれ、いつしか弾むようなリズムで歌われています。
2番の歌詞で、家に帰ろうとしているのにもかかわらず「お家がだんだん　遠くなる」となっているのは、夕方になって薄暗くなった子どもの不安な心を表しているのではないかと言われています。

が課せられた。マーガレット・サッチャー、三島由紀夫、芥川也寸志、丸谷才一、桂米朝が生まれた。

夕焼け小焼け

ゆったりとそれぞれの和音の響きがにごらないようにペダルを踏みかえながら演奏してください。

作詞　中村雨紅
作曲　草川　信

ゆったりと

G onB　C6　Am7　G onB　D7　G
(さん、　はい)
G　Em7　C♯m7−5　A7　D7　G7
ゆ　う　や　け　こ　や　け　で　ひ　が　く　れ　て　や　ま　の
C　C♯dim　G onD　D7　G　C
お　て　ら　の　か　ね　が　な　る　お　ー　て　て

この曲が発表された
大正12（1923）年は

p.24 p.42 p.106 p.166 も参照。白木屋神戸出張所では、百貨店に初めて土足で入店させた。
２億円以上の富裕家が世界に12人いるという話題に、日本では三井・岩崎の両家が数えられた。↗

夕焼け小焼け

作詞　中村雨紅
作曲　草川　信

1
夕焼け小焼けで　日が暮れて
山のお寺の　鐘が鳴る
お手々つないで　みな帰ろう
からすといっしょに　かえりましょ

2
子供が帰った　後からは
まるい大きな　お月さま
小鳥が夢を　見るころは
空にはきらきら　金の星

キーワード

夕焼け　お寺の鐘

トーク例
「この歌を歌うと、ああ、きょうも一日いい日だったなあと思えるんですよ。たそがれが美しいと、人は幸せな気持ちになるんでしょうか（笑）」

日本で一番歌碑が多い童謡で、今でも教科書に掲載されている童謡です。夕焼け小焼けの「小焼け」とは、空が赤く染まる夕焼けの後に日が暮れてゆく間のことをいいます。

バレリーナの松山樹子、池波正太郎、司馬遼太郎が生まれる。朝日新聞社が『アサヒグラフ』を創刊。

村の鍛冶屋

左手の伴奏を快活なスタッカートにして元気よく演奏してください。

文部省唱歌

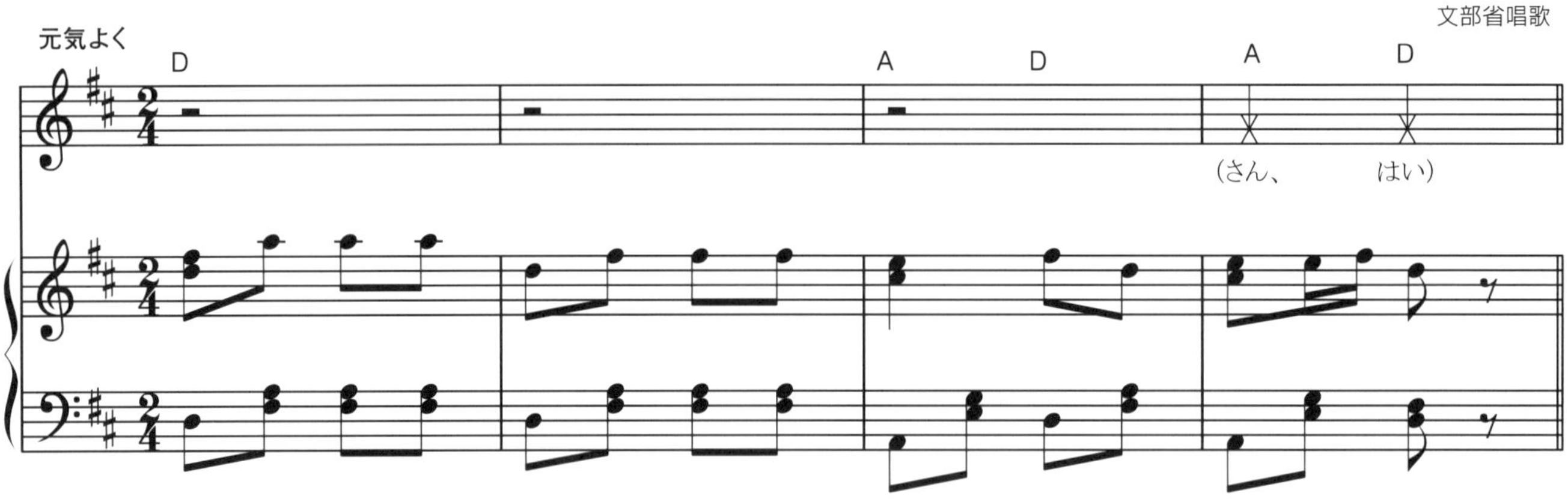
元気よく
D
A D
A D
(さん、 はい)

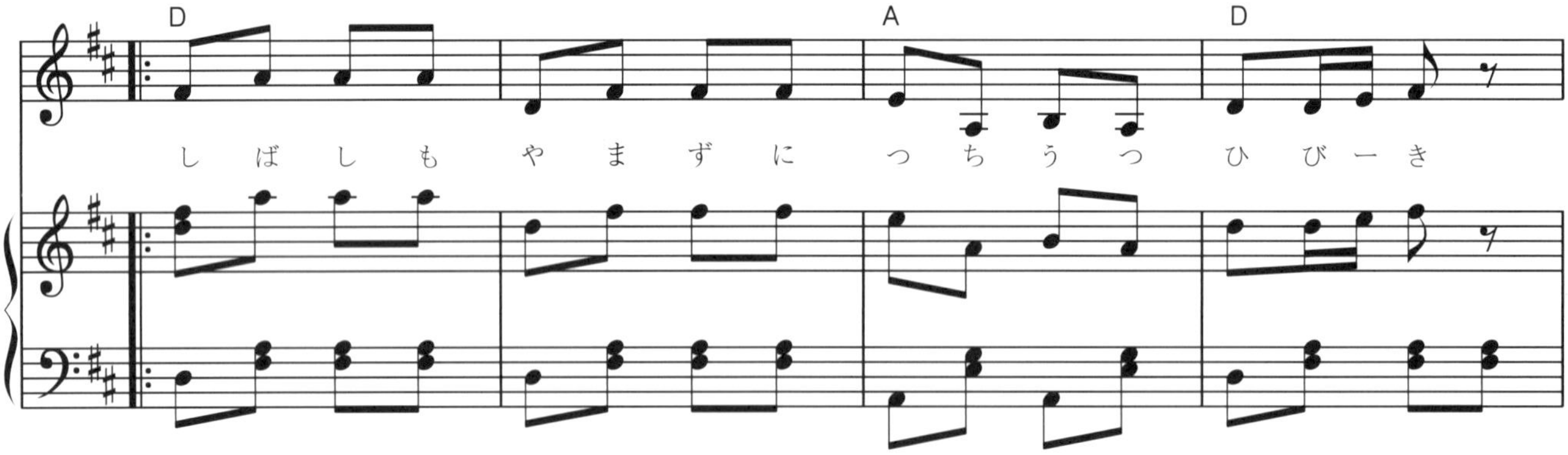
D
A
D
し ば し も や ま ず に つ ち う つ ひ び ー き

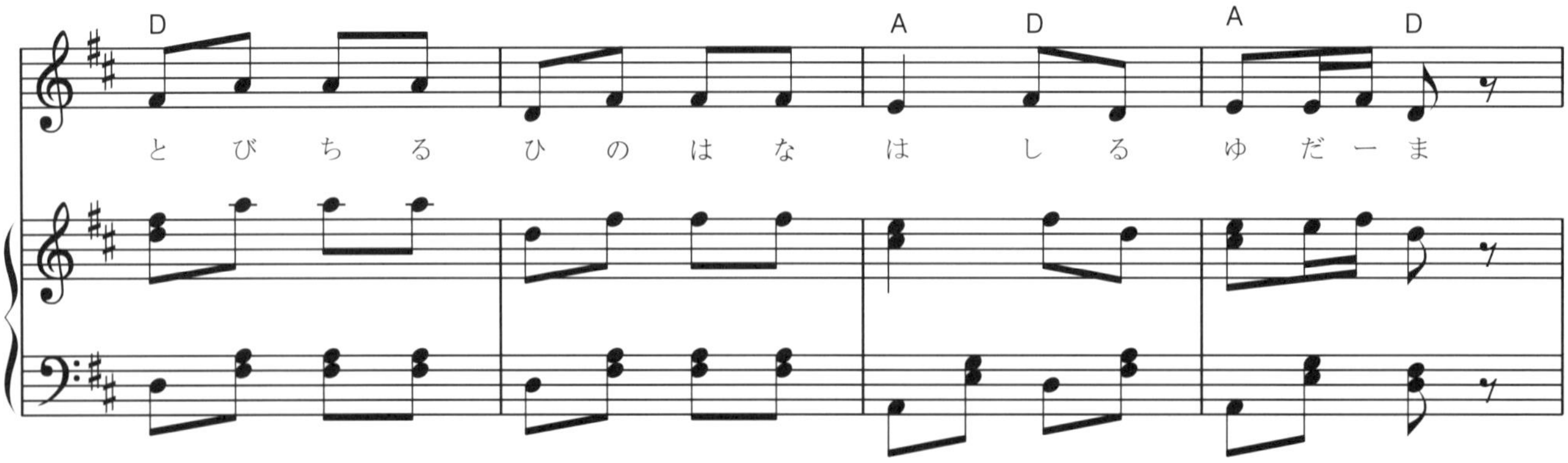
D
A D
A D
と び ち る ひ の は な は し る ゆ だ ー ま

この曲発表の明治45年 大正元(1912)年は

パリでバレエ「牧神の午後」（ドビュッシー作曲）の初演、「まるで蝶のようで、まるで野獣のような」ニジンスキーの振付と踊りがセンセーションをまきおこした。↗

ふいごのかぜさえ いきをもつがず

しごとにせいだす むらのかじや

村の鍛冶屋

文部省唱歌

1
暫時も止まずに槌打つ響
飛び散る火の花 はしる湯玉
鞴の風さへ息をもつがず
仕事に精出す村の鍛冶屋

2
あるじは名高きいっこく老爺
早起き早寝の 病知らず
鐵より堅しと誇れる腕に
勝りて堅きは彼が心

3
刀はうたねど大鎌小鎌
馬鍬に作鍬 鋤よ鉈よ
平和の打ち物休まずうちて
日毎に戦ふ 懶惰の敵と

キーワード

ガンコ職人　鞴

鍛冶屋とは、農業になくてはならない鍬や鋤や鉈などの農器具をつくっていたところ。ガンコで誇り高い職人が多く、「平和の打ちものを休まず作っている」という自負がすばらしい。「ふいご」は、火をおこす送風機。

トーク例
「鎌や鍬や鋤や鉈は、みなさんご存じでしょうか。私は知りませんでした。ここに写真を用意しましたが、みなさんの知っている鎌、鍬、鋤、鉈はありますか？」
「この鍛冶屋さんのように仕事に精出すってステキですね」
「仕事には、この歌のようなテンポとリズムが大切ですね、元気よく歌ってみたいと思います」

歌詞が書き換えられ長らく小学校で歌い継がれてきましたが、昭和60年の教科書検定以降は教科書には掲載されていません。村がなくなってきたことや、鍛冶屋の仕事がイメージしづらくなったことなどが理由だそうです。本書にはオリジナルの歌詞を掲載します。

明治天皇が死去（7月30日）、明治から大正へ。大阪・天満宮裏で吉本吉兵衛・よし夫妻が寄席経営を始める（吉本興業の誕生）。
日本活動写真（にっかつ）が設立。松竹で女優養成所を始める。

赤い靴

淋しい感じを出すために音と音の間が空いています。ゆったりと空白を感じながら演奏してください

作詞　野口雨情
作曲　本居長世

とぼとぼと歩くように

Am Dm Am Dm Esus4 E Am
(さん、　はい)
Am E7
あ か い く つ　は い て た　お ん な の こ
Am Dm Am Dm Esus4 E Am
い じん さん に　つ れ ら れ て　い っ ちゃ っ た

赤い靴

作詞　野口雨情
作曲　本居長世

1
赤い靴　はいてた　女の子
異人《いじん》さんに　つれられて　行っちゃった

2
横浜の　埠頭《はとば》から　船に乗って
異人さんに　つれられて　行っちゃった

3
今では　青い目に　なっちゃって
異人さんの　お国に　いるんだろう

4
赤い靴　見るたび　考える
異人さんに　逢《あ》うたび　考える

キーワード

異人さん　養子

トーク例

「なんてせつない歌でしょう。当時「異人さん」とは、文明国の裕福でりっぱな人格者でしたから、女の子を託せたんですね。幸せになってほしいですね」

アメリカ人宣教師に養子にもらわれていった女の子の話が元となってできた曲とも言われていますが異説もあり本当のところは明らかになっていません。異人さんとは、明治時代や幕末に言われていた外国人の呼び名だそうです。

この曲が発表された大正10（1921）年は

p.61 p.100 p.112 p.146 p.148も参照。人妻の恋などの事件が話題になり、「恋愛の自由」という言葉が流行した。（歌人の柳原白蓮が炭坑王の夫と別れ、若い社会運動家と再婚した。）

日の丸の旗

この曲はベルと合奏できます　ベル単音奏…（C，B，A）

シンプルな和音とリズムのアレンジです。ひとつひとつの和音をそろえて演奏してください。

作詞　高野辰之
作曲　岡野貞一

晴れ晴れと
C B C B
F C G7 C C G7 C G7
（さん、はい）
し ろ じ に あ か く
単音奏 C A C A C A B
C F C F C D7 G
ひ の ま る そ め て あー う つ く し い
単音奏 C A B C B C
C onE Am7 1. G7 C 2. G7 C
に ほ ん の は た は は た は

キーワード
昇る朝日

トーク例「世界の国の国旗は太陽か星か月をあしらったものが多いですね。」「日のもとニッポンは太陽をシンボルとする白地に赤丸。覚えやすくて目立つ良いデザインですね」

大正時代から太平洋戦争当時にかけてよく歌われました。ここで掲載されたのは昭和7年に口語体に改変された歌詞のものです。

日の丸の旗

作詞　高野辰之
作曲　岡野貞一

1
白地に　赤く
日の丸　染めて、
ああ　うつくしい
日本の旗は。

2
朝日の　のぼる
いきおい　みせて、
ああ　いさましい
日本の旗は。

この曲が発表された明治44（1911）年は　ルネサンス式建造となったお江戸「日本橋」の開通式で、橋に名士や木遣隊、芸者、市民が押し寄せ、負傷者が多数出る。特高（特別高等警察）が警視庁官房に設置され、社会主義運動を弾圧する。

全季節

大黒様

ゆっくり歩くようにしっかりとしたリズムを刻んでください。

作詞　石原和三郎
作曲　田村虎蔵

ゆっくり歩くように

この曲が発表された
明治38（1905）年は

p.110とp.176も参照。乃木希助将軍とロシアのステッセル将軍が水師営で会見。難攻不落と言われた旅順の要塞を落とした日本軍に、ステッセル将軍が態度を和らげた。この史実が有名な「水師営の会 ↗

大黒様

作詞 石原和三郎
作曲 田村虎蔵

1
大きなふくろを　かたにかけ
大黒さまが　来かかると
ここにいなばの　白うさぎ
皮をむかれて　あかはだか

2
大黒さまは　あわれがり
「きれいな水に　身を洗い
がまのほわたに　くるまれ」と
よくよくおしえて　やりました

3
大黒さまの　いうとおり
きれいな水に　身を洗い
がまのほわたに　くるまれば
うさぎはもとの　白うさぎ

4
大黒さまは　たれだろう
おおくにぬしの　みこととて
国をひらきて　世の人を
たすけなされた　神さまよ

キーワード

因幡の白兎

トーク例
「いなばの白うさぎはよく知ってます。皮がむけて赤くヒリヒリしているうさぎが可哀想でした。それにしても、大黒様って誰だったんでしょうね。昔の人のお話は、謎がいっぱいです（笑）」

出雲神話の「因幡の白兎」伝説を童謡にした曲です。白兎は、色の白い兎ではなく、裸の兎という意味だそうです。鳥取県鳥取市には白兎神社があり、この伝説にちなんで皮膚病やかなわぬ恋の縁結び、遠方から来た人が国に帰れるといったご利益があるそうです。

見」の歌になった。夏目漱石『吾輩は猫である』、上田敏の象徴詩の翻訳『海潮音』が発表された。国木田独歩『婦人画報』を創刊。
ドイツのビスマルクの広告イメージが成功し「仁丹」が大ヒット（家庭薬売上1位）。

浦島太郎

最後まで歌うと長い曲なので、重くならないように軽快に演奏してください。

ほのぼのと

文部省唱歌

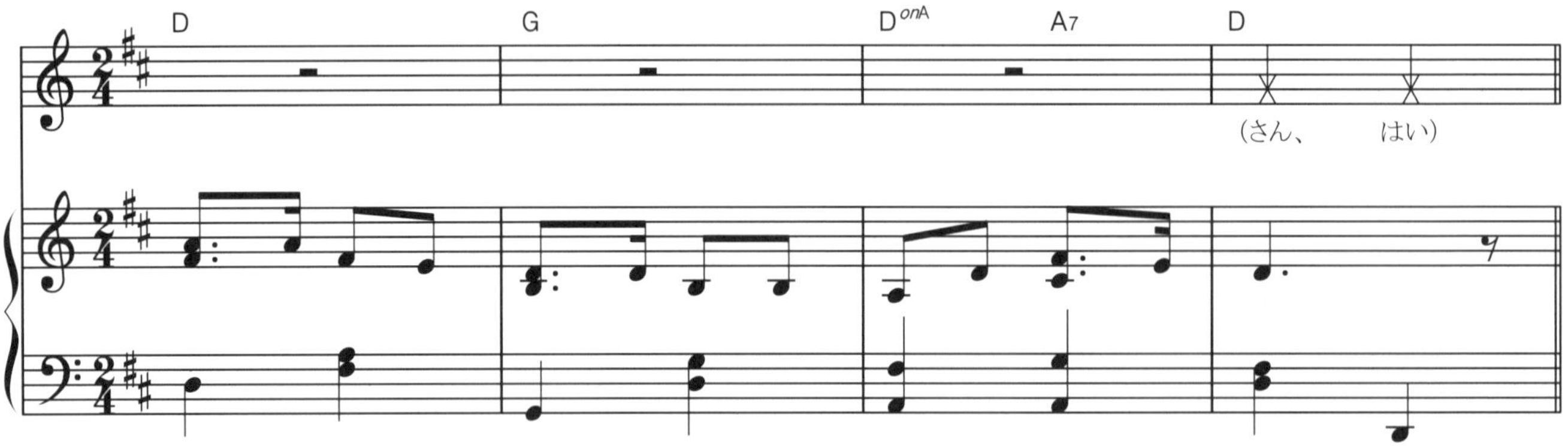
D G D onA A7 D
（さん、 はい）

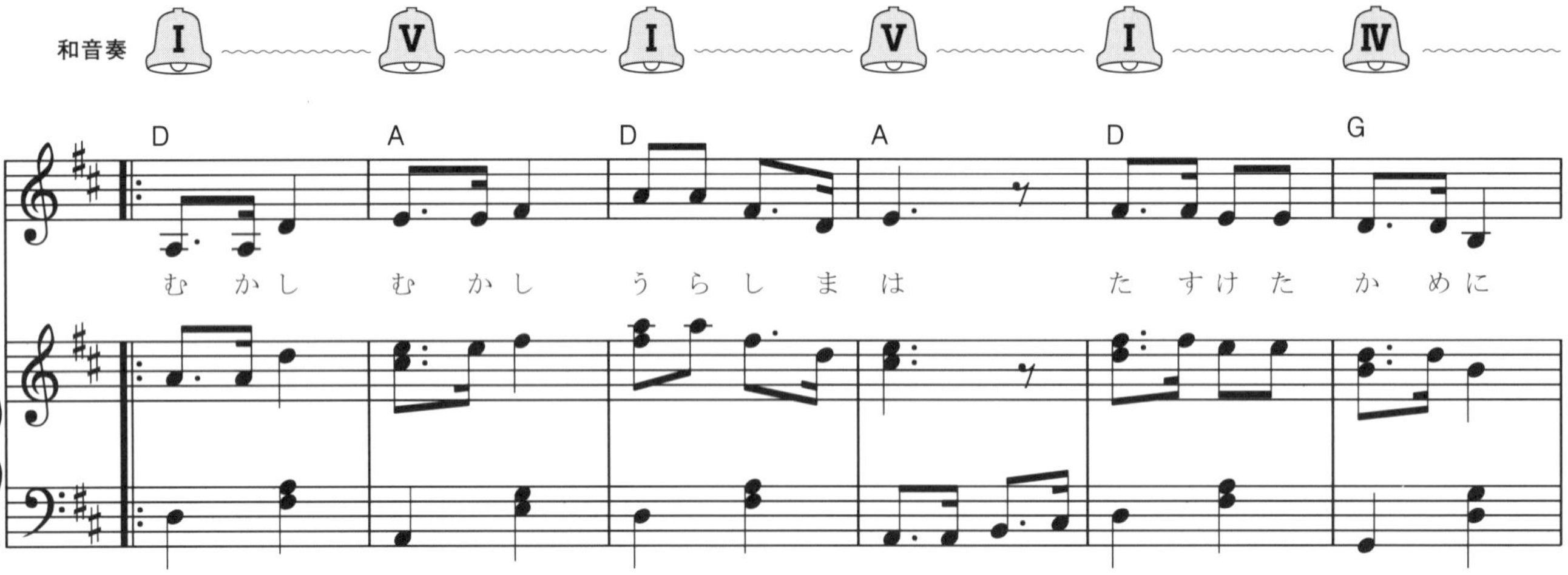
和音奏 I V I V I IV
D A D A D G
む か し む か し う ら し ま は た す け た か め に

和音奏 V I
A D D onA
つ れ ら れ て りゅ う ぐ う じょ う へ き て み れ

この曲が発表された 明治44（1911）年は

ロンドンで乗り合い馬車が廃止になる。これ以後、世界の主要都市の交通は、バスと乗用車に代わる。中国で辛亥革命（しんがいかくめい）が起こる。清朝を倒し中華民国を建国した革命。

↗

この曲は
ベルと合奏できます　**ベル和音…Ⅰ（D, F♯, A）Ⅳ（G, B, D）Ⅴ（A, C♯, E）**

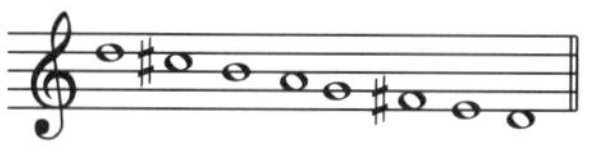

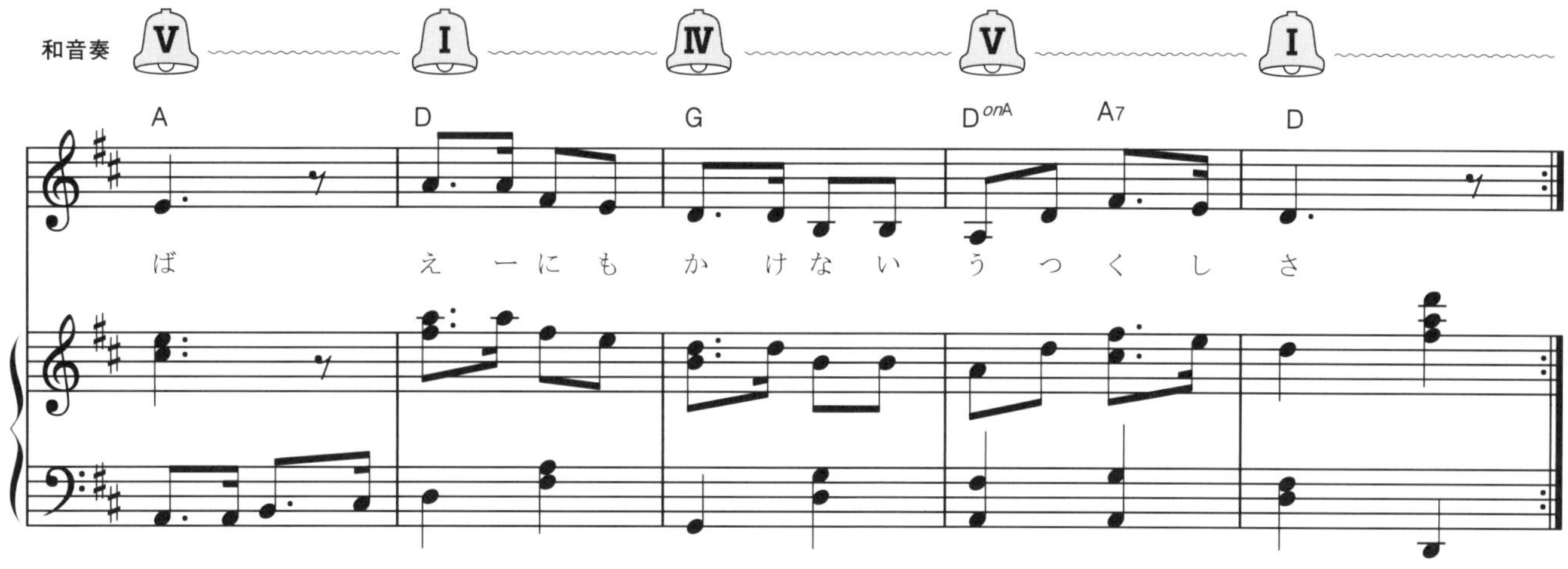

和音奏
Ⅴ
Ⅰ
Ⅳ
Ⅴ
Ⅰ
A
D
G
D onA
A7
D
ば　え　ー に も　か　け な い　う　つ　く　し　さ

浦島太郎

文部省唱歌

1
むかしむかし浦島は
助けた亀に連れられて
竜宮城《りゅうぐうじょう》へ来て見れば
絵にもかけない美しさ

2
乙姫様《おとひめさま》の御馳走《ごちそう》に
鯛やひらめの舞踊《まいおど》り
ただ珍しく面白く
月日のたつのも夢のうち

3
遊びにあきて気がついて
お暇乞《いとまご》いもそこそこに
帰《かえ》る途中《とちゅう》の楽しみは
土産《みやげ》に貰《もら》った玉手箱《たまてばこ》

4
帰って見ればこは如何《いか》に
元居《もとい》た家《いえ》も村もなく
道に行《ゆ》きあう人々は
顔も知らない者ばかり

キーワード

玉手箱　竜宮城

トーク例

「竜宮城では、ごちそうのほか、タイやヒラメの舞い踊りもあったそうですが、どんな歌や音楽がかかってたんでしょうね」

「この音楽の時間を、せめて竜宮城での時間だと思って（笑）お楽しみください」

たった3日間竜宮城で過ごしたのに地上では700年経っていたという浦島太郎の話はとても古く、一番古いものは日本書紀に書かれているそうです。浦島太郎が戻ってきて玉手箱を開けるとみるみるうちにおじいさんになって死んでしまったという話や、そのまま末永く生きながらえたという話や、鶴になって飛んでいったという話など、いくつか説があります。

夏目漱石が、文部省から届いた文学博士号の授与を「ただの夏目某でいたい」と辞退した。
ミツワ肝油ドロップがヒット商品となる。ライオン歯磨本舗が初のチューブ入り歯磨きを発売。

うさぎとかめ

手遊びや体操でよく用いられる曲です。動きやすいようにリズムを強調してあります。

作詞　石原和三郎
作曲　納所弁次郎

はつらつと
F C G7 C
（さん、　はい）
和音奏 I V I
単音奏 C B A G F G C
C G C
もしもしかめよ　かめさんよ
和音奏 I V I
単音奏 C B A G F G C
C Am G C
せかいのうちで　おまえほど

キーワード
イソップ童話
いろいろな警句がこめられた童話です。

トーク例
「では、この歌に別の歌詞をつけてみんなで替え歌を作ってみましょうか。」

この曲が発表された明治34（1901）年は
「二十世紀」という言葉が流行した。日本赤十字社が創立。東京日本橋に赤い郵便ポストが初登場。これまでは木製の四角いものであった。チェーホフが『三姉妹』、黒岩涙香が翻訳『巌窟王』、『女学世界』↗

この曲はベルと合奏できます
①ベル和音奏…Ⅰ(C, E, G) Ⅳ(F, A, C) Ⅴ(G, B, D)
②ベル単音奏…(F, G, A, B, C)

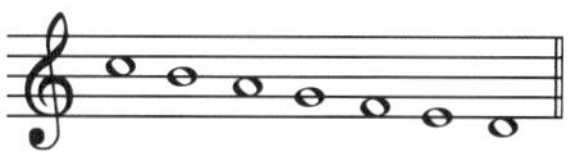

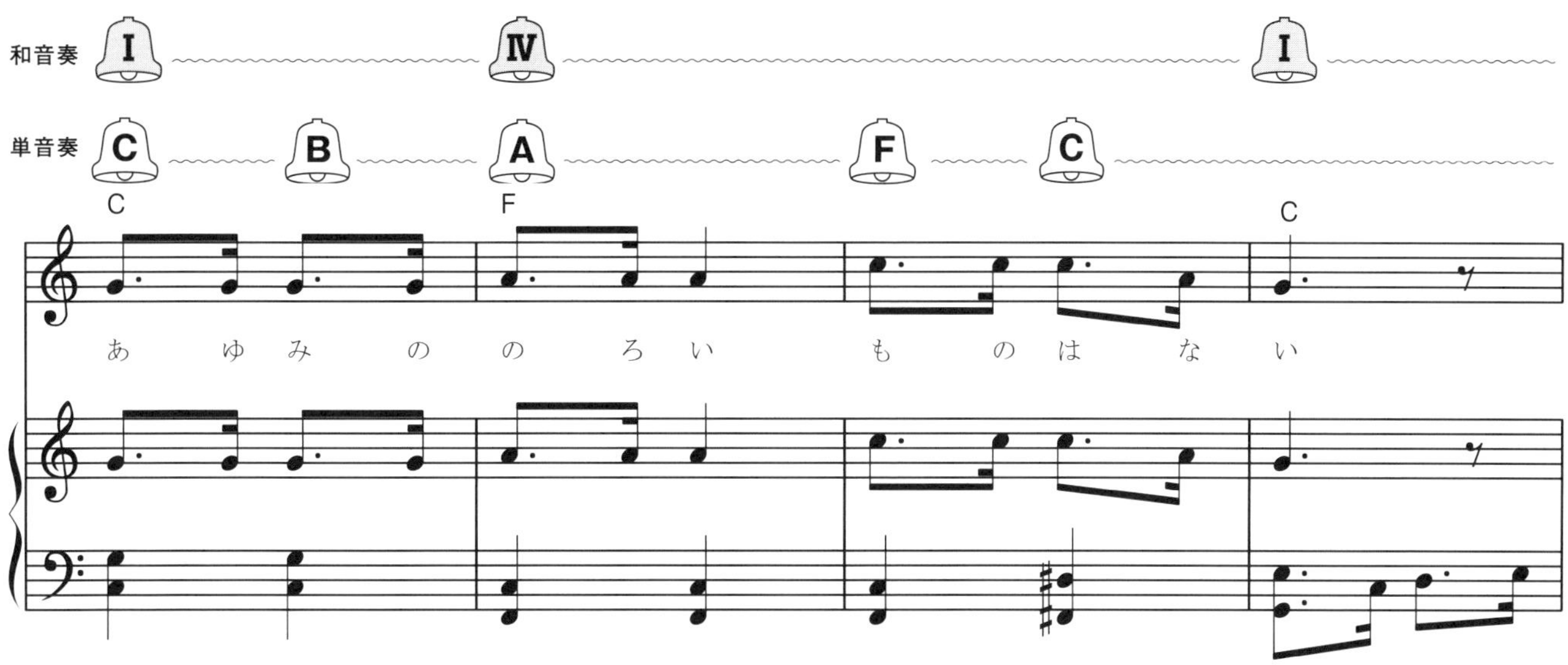

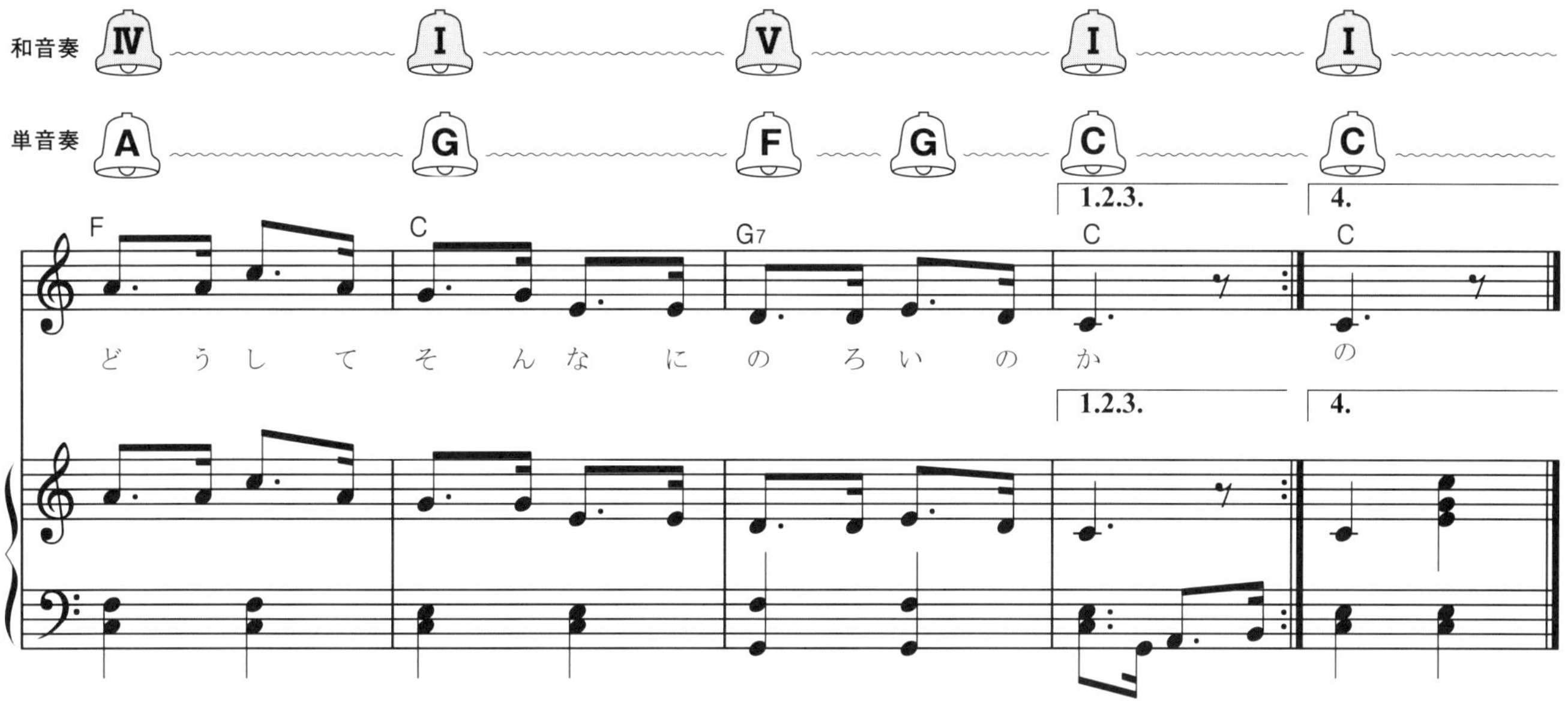

うさぎとかめ

作詞 石原和三郎
作曲 納所弁次郎

1
もしもしかめよ かめさんよ
世界のうちで おまえほど
歩みののろい ものはない
どうしてそんなに のろいのか

2
なんとおっしゃる うさぎさん
そんならおまえと かけくらべ
むこうの小山《こやま》の ふもとまで
どちらが先に かけつくか

3
どんなにかめが いそいでも
どうせ晩まで かかるだろう
ここらで ちょっとひと眠《ねむ》り
ぐうぐうぐうぐう ぐうぐうぐうぐう

4
これは寝すぎた しくじった
ぴょんぴょんぴょんぴょん
ぴょんぴょんぴょん
あんまりおそい うさぎさん
さっきの自慢《じまん》は どうしたの

この歌はイソップ童話の「うさぎとかめ」を元にして作られています。イソップ童話は、16世紀後半にポルトガルから日本に伝わっており、江戸時代にはすでに知られていたそうです。

金色夜叉の歌

歩くような速さでゆったりと演奏してください。

作詞・曲　宮島郁芳
後藤紫雲

ゆったりと
Dm
Am
E7
Am
(さん、　はい)
あ た み の
か い が ん
さ ん ぽ す る
Am
Dm
か ん い ち
Am
お み や の
E7
ふ た り づ ー
Am
れ
Dm
と ー も に
あ ゆ む も
Am
きょ う か ぎ

この曲が発表された
大正7(1918)年は

スペイン風邪(インフルエンザ)が日本でも大流行、15万人が死亡した。米騒動起こる。松下電器製作所、武田製薬が創業。尋常小学校の国語読本が発刊される(ハナ、ハト、マメ、マス)。鈴木三重 ↗

金色夜叉の歌

作詞・曲　宮島郁芳
後藤紫雲

1
熱海の海岸　散歩する　貫一お宮の二人連れ
共に歩むも今日限り　共に語るも今日限り

2
僕が学校　おわるまで　何故に宮さん待たなんだ
夫に不足が出来たのか　さもなきゃお金が欲しいのか

3
夫に不足は　ないけれど　あなたを洋行さすが為
父母の教えに従って　富山一家に嫁《かしず》かん

4
如何に宮さん　貫一は　これでも一個の男子《おのこ》なり
理想の妻を金に替え　洋行するよな僕じゃない

5
宮さん必ず　来年の　今月今夜のこの月は
僕の涙でくもらして　見せるよ男子の意気地から

6
ダイヤモンドに　目がくれて　乗ってはならぬ玉の輿《こし》
人は身持ちが第一よ　お金はこの世のまわり物

7
恋に破れし　貫一は　すがるお宮をつきはなし
無念の涙はらはらと　残るなぎさに月さびし

キーワード

熱海の海岸

トーク例

「では、ここに「寛一のマント」と「月」を用意しました。
熱海のシーンのお芝居をやってみましょう（笑）」

明治時代に書かれた尾崎紅葉の未完の小説を題材として作られました。
寛一と婚約していたお宮は富豪と結婚してしまいます。許しを乞うお宮を、
貫一が下駄で蹴り飛ばす熱海の海岸のシーンが有名です。

吉が児童雑誌『赤い鳥』を創刊、説話や教訓を盛り込んだ学校の唱歌とは異なる純粋な芸術を子どもの世界にと願って編集した。
三浦環「お蝶夫人」をメトロポリタン歌劇場で主演。　田谷力三、浅草オペラで活躍。

全季節

籠の鳥

シンプルなアレンジになっています。速くなりすぎないようにゆったりとリズムを取ってください。

作詞　千野かほる
作曲　鳥取春陽

さびしそうに

Am
Dm
Am
E7
Am
(さん、　はい)

Am
Dm
Am
あ い た さ み た さ に こ わ さ を わ す れ

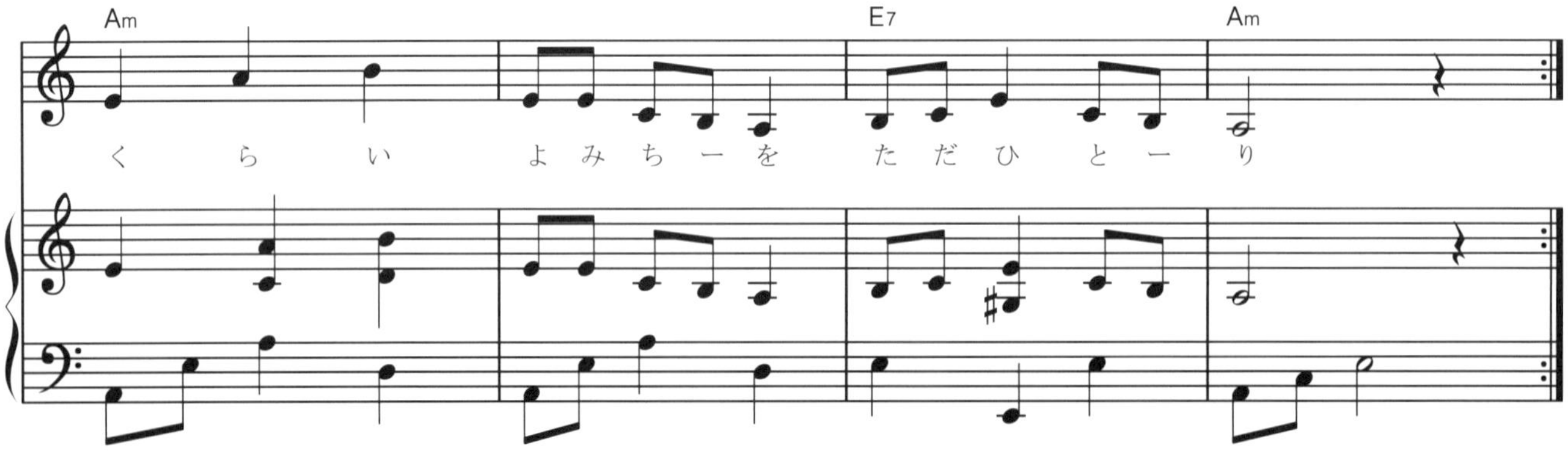
Am
E7
Am
く ら い よ み ち ー を た だ ひ と ー り

この曲が発表された
大正12(1923)年は

p.24 p.42 p.106 p.152も参照。関東大震災(9月1日)は今も防災の日として歴史に残されている。地震に伴った火災により、東京の7割、横浜の6割が焼き尽くされた。「十二階」の名で親しまれた浅 ↗

籠の鳥

作詞　千野かほる
作曲　鳥取春陽

1
逢いたさ見たさに　怖さを忘れ
暗い夜道を　ただ一人

2
逢いに来たのに　なぜ出て逢わぬ
僕の呼ぶ声　忘れたか

3
貴郎《あなた》の呼ぶ声　忘れはせぬが
出るに出られぬ　籠の鳥

4
籠の鳥でも　知恵《ちえ》ある鳥は
人目忍《ひとめしの》んで　逢いに来る

5
人目忍べば　世間《せけん》の人が
怪《あや》しい女と　指《ゆび》さきさん

6
怪しい女と　指さされても
誠心《まごころ》こめた　仲じゃもの

7
指をさされちゃ　困るよ私
だから私は　籠の鳥

8
世間の人よ　笑わば笑え
共に恋した　仲じゃもの

9
共に恋した　二人の仲も
今は逢うさえ　ままならぬ

10
ままならぬは　浮世《うきよ》の定め
無理に逢うのが　恋じゃもの

11
逢うて話して　別れるときは
いつか涙が　おちてくる

12
おちる涙は　真《まこと》か嘘《うそ》か
女ごころは　わからない

13
嘘に涙は　出されぬものを
ほんに悲しい　籠の鳥

キーワード
演歌師

バイオリンを弾きながら街角や店で歌う演歌師による曲です。同じ題名の映画も作られて、当時は大ヒットしました。小さな子どもたちも口ずさむほどだったので、歌唱禁止運動が起こったそうです。

※ここでいう「演歌」とは、今の歌謡曲の一ジャンルではなく、歌を演ずる、すなわち世相風刺や警世の歌を作って各地を流して歩いた人たち「演歌師」の歌を言う。有名な演歌師に添田唖蝉坊（そえだ・あぜんぼう）がいる。

草の凌雲閣は8階から崩壊した。一連の混乱が収まらないうちに、アナーキストの大杉栄と妻の伊藤野枝が、憲兵の甘粕正彦によって殺された。雑誌『白樺』や『明星』も混乱の中、休刊となる。

丘を越えて

ワクワクした感じが出るように、左手のリズムを弾ませました。

ほがらかに

作詞　島田芳文
作曲　古賀政男

G D7 G G
(さん、　はい)
おかをこ
C D7 G G C
えーてーゆこーよますみのそーらは
G D7 G D
ほがらかにはれてたのしいこころなる
G D G C
はむねのちーしおよたたえよわがはーる

この曲が発表された昭和6（1931）年は

p.40も参照。同じ藤山一郎・古賀政男コンビのヒット第1号「酒は涙か溜息か」が出た。アメリカの国歌を「星条旗」とする法案が通過、各州での斉唱が義務づけられる。チャップリンのサイレント ↗

丘を越えて

作詞　島田芳文
作曲　古賀政男

1
丘を越えて　行こうよ
真澄《ますみ》の空は　朗《ほが》らかに
晴れて　楽しいこころ
鳴るは　胸の血潮《ちしお》よ
讃《たた》えよ　わが青春《はる》を
いざゆけ　遥《はる》か希望の
丘を越えて

2
丘を越えて　ゆこうよ
小春《こはる》の空は　麗《うら》らかに
澄《す》みて　嬉《うれ》しいこころ
湧《わ》くは　胸の泉よ
讃《たた》えよ　わが青春《はる》を
いざ聞け　遠く希望の
鐘は鳴るよ

キーワード

藤山一郎《ふじやまいちろう》　古賀政男《こがまさお》

青春の若々しさがあふれるような歌詞ですね。

トーク例

「この歌声、美しくて、明るくて、まっすぐでしたね～」
「歌手は…、あの、東京音楽学校を出た…、（藤山一郎！）
そうでしたね。藤山一郎さん、つい最近までずっと、紅白歌合戦の幕引きに歌う「蛍の光」を指揮してましたよね」

映画「姉」の主題歌で、藤山一郎が歌いヒットしました。明治大学出身でマンドリン部の創設者でもあった古賀政男が作った「ピクニック」というマンドリン曲に、のちにこの詞がつけられたそうです。

映画「街の灯」発表。大発明家エジソンが88歳で逝く。株式会社の組織や銀行制度を日本に打ち立てた渋沢栄一が死去、91歳。映画監督・山田洋二と女優・山本富士子が生誕。旺文社が創立。

旅の夜風

軽快にはきはきと演奏してください。原曲は速めのテンポですが、実際に歌っていただく場合には節回しが難しいので、多少テンポを落としたほうが歌いやすいと思います。

はきはきと

作詞　西條八十
作曲　万城目正

Am E Am
（さん、　はい）
Am E Dm Am
は ー な も ー あ ら し も　ふ み こ ー ー ー え て
Dm Am E Am
ゆ く が ー お ー と こ の い き ー る ー ー み ー ち
E Am
な ー ー い て ー く れ ー る ー な　ほ ろ ほ ろ ど り

この曲が発表された昭和13（1938）年は　国家総動員法が公布され、物資も言論も統制が強まる。開催が決まっていた1940年の第12回オリンピック東京大会は「幻のオリンピック」となった。満州を開拓する農民に嫁ぐ「大陸の花嫁」たち。チャッ ↗

旅の夜風

作詞　西條八十
作曲　万城目正

1
花も嵐も踏み越えて
行くが男の生きる途《みち》
泣いてくれるな　ほろほろ鳥よ
月の比叡《ひえい》を独《ひと》り行く

2
優《やさ》しかの君《きみ》ただ独り
発《た》たせまつりし旅の空
可愛い子供は女の生命《いのち》
なぜに淋《さび》しい子守唄

3
加茂《かも》の河原《かわら》に秋長《あきた》けて
肌に夜風《よかぜ》が沁《し》みわたる
男柳《おとこやなぎ》がなに泣くものか
風に揺れるは影ばかり

4
愛の山河《やまかわ》　雲幾重《くもいくえ》
心ごころを隔《へだ》てても
待てば来る来る愛染《あいぜん》かつら
やがて芽をふく春が来る

キーワード

愛染かつら
上原謙《うえはらけん》と田中絹代《たなかきぬよ》

主題歌「旅の夜風」とともに、映画「愛染かつら」が空前の大ヒットとなる。

トーク例

「あまりにもヒットし、誰でも知っていらっしゃる歌と聞いてます。映画も、みなさんご覧になったんですってね」
「上原謙さんは…、そう、あの若大将、加山雄三のお父さん…」

映画「愛染かつら」の主題歌です。内容は看護師さんと医師の恋を描いた話で、愛染かつらとは木の桂のことです。実際に大阪の「愛染さん」と呼ばれるお寺の境内に今も生えていて、縁結びに霊験あらかただそうです。

プリンの「モダンタイムズ」話題に。

全季節

広瀬中佐

高音域のメロディーと、低音域のリズムで声の音域をはさむようなアレンジになっています。
左手はテンポを保って演奏してください。

作詞・作曲者不詳

D A7 D D
(さん、はい) とどろくつつおとび
G A D A D G D A7
くるだんがん あらなみあーろうデッキのうえ
D A D G A
にやーみをつらぬくちゅうさのさけび すぎ

この曲が発表された
大正元年(1912)年は

7月30日、明治天皇が崩御、59歳。「大正」と改元。9月13日、明治天皇葬の号砲が鳴り響く中、陸軍大将の乃木希典と妻の静子が自刃、大葬に合わせての殉死が世論をわかせた。

↗

広瀬中佐

作詞・作曲者不詳

1
轟《とどろ》く砲音《つつおと》　飛び来る弾丸
荒波洗うデッキの上に
闇を貫《つらぬ》く中佐の叫び
「杉野はいずこ杉野は居ずや」

2
船内隈《くま》なく尋《たず》ぬる三《み》たび
呼べど答えず探せど見えず
船は次第に波間《なみま》に沈み
敵弾《てきだん》いよいよあたりに繁《しげ》し

3
今はとボートに移れる中佐
飛び来る弾丸に忽《たちま》ち失せて
旅順港外《りょじゅんこうがい》恨みぞ深き
軍神広瀬とその名残れど

キーワード

日露戦争

歌詞は、「軍神」の海軍将校・広瀬武夫の戦死を讃えるものだが、これは軍歌として作られたものではなく、文部省の「尋常小学唱歌（四）」で発表され、その後太平洋戦争が終わるまで国定教科書の中で歌い継がれた文部省唱歌である。

トーク例

「勇ましく明るい歌なので、このような悲壮な戦士を歌った歌とは知りませんでした…」

「日露戦争」後に作られた歴史のある歌です。ロシアの戦艦に乗り移り爆破した後ボートに乗り移ろうとした時、一緒にいたはずの部下の杉野兵曹長がいないことに気づき、船内に再び戻って探し出すうちに敵弾に当たり戦死した広瀬中佐を歌っています。

清朝が滅亡（秦の始皇帝から2千年以上続いた中国の王朝が終わる）、中華民国が生まれる（アジアで初めての共和国）。国旗は、漢・満・蒙・回（イスラム）・蔵（チベット）の5族を表す5色旗を制定。

ラバウル小唄

曲調は明るくはずみをつけて演奏してください。

作詞　若杉雄三
作曲　島口駒夫

はずみをつけて
単音奏
G F♯ E D C
C D G G C
(さん、はい)
さらばラバウルよ　またくるまーで
D G D G E D G
G C D G D G
はしばーしーわかーれの　なみだがにーじむ
G F♯ E D G E D
G C G onB G C D
こーいしなーつーかーし　あのしまみれーば

この曲が発表された昭和19（1944）年は

サイパン島（2万7千人）とグァム島（1万8千人）で日本軍玉砕。「B29」、「本土空襲」、「学童疎開」、「鬼畜米英」、「神風特攻隊」、「女子挺身隊」、「一億玉砕」、「人間魚雷」、「代用食」が、この時期を表 ↗

この曲はベルと合奏できます　ベル単音奏…（G, F♯, E, D, C）

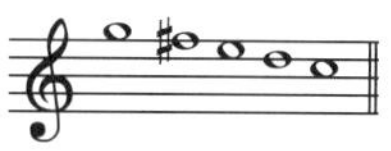

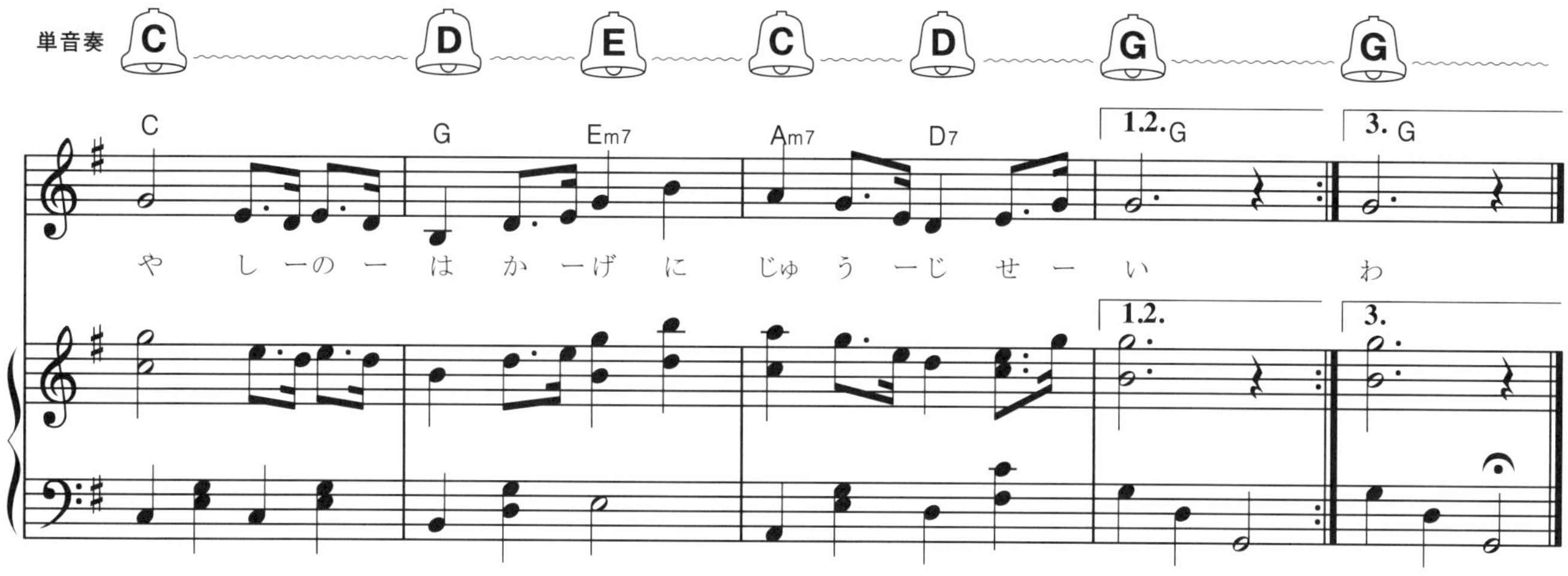
単音奏
C D E C D G G
C G Em7 Am7 D7 1.2. G 3. G
やしーのーはかーげに じゅうーじせーい わ
1.2. 3.

ラバウル小唄

作詞　若杉雄三
作曲　島口駒夫

1
さらばラバウルよまた来るまでは
しばし別れの涙がにじむ
恋し懐かしあの島見れば
椰子《やし》の葉かげに十字星

2
波のしぶきで眠れぬ夜は
語りあかそよデッキの上で
星がまたたくあの星みれば
くわえ煙草もほろにがい

3
赤い夕陽が波間に沈む
果ては何処《いづこ》ぞ水平線よ
椰子の葉蔭《はかげ》に夕日を眺め
想いは故郷《こきょう》の山や川

キーワード

南方戦線《なんぽうせんせん》　南十字星

ラバウルは、南西太平洋パプアニューギニアのニューブリテン島の港湾町。
日本が占領、海軍航空隊の基地にした。

この歌は昭和15年に発表された「南洋航路」という歌の替え歌です。日本軍のラバウル基地勤務の兵士たちに広まり、人気が出て昭和19年に録音されました。歌詞が何通りか存在します。
なお「ゲゲゲの鬼太郎」の作家・マンガ家の水木しげる氏はラバウルで片腕を失った復員兵として有名です。

す言葉。「すいとん」を食べる窮乏生活、パーマや化粧もできない。英語使用は禁止、「ドレミファ…」は「ハニホヘ…」に、野球の「ワンストライク」は「よし1本」、「アウト」は「ひけ」に。

戦友

歩くようなテンポを保ちながら演奏してください。

作詞　真下飛泉
作曲　三善和気

歩くように
Am Em B Em
(さん、はい)
こ こ は
B Em B Em
お く に を な ん びゃ く り　は な れ て と お き
Am B Em Am
ま ん しゅ う の　あ か い　ゆ う ひ に て ら さ れ
B Am Em
1. ～13. B
14. B
て　と ー も は の ず え の い し の し た
く

この曲が発表された
明治38（1905）年は

日露戦争が終結しポーツマス条約を結ぶ。樺太（サハリン）の南半分を日本が領有する。直通急行列車が新橋から下関に、上野から新潟にそれぞれ開通。長距離電話（東京―長崎）通じる。ドビュッシー ↗

戦友

作詞　真下飛泉
作曲　三善和気

1　ここは御国《おくに》を何百里《なんびゃくり》　離れて遠き満州の
赤い夕陽に照らされて　友は野末《のずえ》の石の下

2　思えば悲し昨日まで　真っ先駆《か》けて突進し
敵をさんざん懲《こ》らしたる　勇士はここに眠れるか

3　ああ戦いの最中《さいちゅう》に　隣に居《お》ったこの友の
にわかにはたと倒れしを　我は思わず駆け寄りて

4　軍律《ぐんりつ》厳しい中なれど　これが見捨てておかりょうか
しっかりせよと抱き起こし　仮包帯《かりほうたい》も弾の中

5　おりから起こる吶喊《とっかん》に　友はようよう顔上げて
御国のためだかまわずに　遅れてくれなと目に涙

6　あとに心は残れども　残しちゃならぬこの体
それじゃ行くよと別れたが　永《なが》の別れとなったのか

7　戦い済んで日が暮れて　探しに戻る心では
どうか生きていてくれと　物なと言えと願うたに

8　虚《むな》しく冷えて魂は　国へ帰ったポケットに
時計ばかりがコチコチと　動いているのも情けなや

9　思えば去年船出して　御国が見えずなった時
玄界灘《げんかいなだ》に手を握り　名を名乗ったが始めにて

10　それより後は一本の　煙草《たばこ》も二人分けてのみ
着いた手紙も見せ合うて　身《み》の上話《うえばなし》繰り返し

11　肩を抱いては口癖《くちぐせ》に　どうせ命はないものよ
死んだら骨を頼むぞと　言い交わしたる二人仲《ふたりなか》

12　思いもよらず我一人　不思議に命永《いのちなが》らえて
赤い夕陽の満州に　友の塚穴《つかあな》掘ろうとは

13　隈《くま》なく晴れた月今宵《つきこよい》　心しみじみ筆とって
友の最期《さいご》をこまごまと　親御《おやご》へ送るこの手紙

14　筆の運びは拙《つたな》いが　行燈《あんど》の陰で親たちの
読まるる心思いやり　思わず落とすひとしずく

キーワード
満州　行進

小学児童に歌わせる戦争唱歌として作られた曲だそうです。後に街頭を歌って歩く演歌師によって全国に伝わってゆきました。歌のモデルになったのは作詞者の妻の兄のことだそうです。

コラム2

「軍歌」──扱ううえでの留意点

（明治以降の）近代日本において、軍歌は３たび流行しました。いずれも日本が戦争をしていた頃で、日清戦争（明治 27[1894] ～ 28[1895] 年）、日露戦争（明治 37[1904] ～ 38[1905] 年）、そして太平洋戦争（当時は大東亜戦争と呼ばれた。昭和 16[1941] 年～ 20[1945] 年）の３つの戦争をしていた期間です。戦時中の政府が軍歌以外の歌謡曲を軟弱だとして歌唱を禁じていたことも軍歌の流行とは無縁ではありません。

みずから歌いたいとリクエストを受けたら…

パチンコ屋で流れることの多い軍艦行進曲など、私たちが自然に耳にする機会もある軍歌ですが、身近な家族を戦争で亡くしたり、疎開や戦後の食糧難で辛い思いをした体験を持つ高齢者にとっては過去の悲しい出来事を思い起こすきっかけにもなり、軍歌を歌うことはもちろん、聴くことすら拒む方もいらっしゃいます。決して安易な気持ちで用いてはいけないジャンルです。

ただし、高齢者みずからが歌いたいと具体的にリクエストしてこられることもあります。そうしたときには、他に参加しているメンバーの同意を得ることや、過去の辛いことを思い出して泣き出してしまった方のケアをしなければならないことを前提条件として、それらに対応できる時間配分と人員の余裕と自分自身の力を見極めたうえでなら用いてもよいでしょう。

しかし、筆者が実際に聞いた高齢者施設の話ですが、月の歌として４月のお昼前に毎日「同期の桜」を歌った結果、利用者さんたちは悲しい思い出に胸が詰まってしまい、食事ものどを通らなくなったという利用者さんの心情を無視した例もあります。

軍歌は他のどのジャンルとも違い、高齢者の辛い思い出、おそらく一番思い出したくない記憶と直結しています。このことを忘れずに導入にはくれぐれも気をつけてください。

同期の桜

軍歌の伴奏は左手のリズムをしっかりと刻むことです。この曲も歯切れよくリズムを刻んでください。
ペダルは使いません。

作詞　西條八十（原詞）
帖佐 裕（編詞）
作曲　大村能章

堂々と
(さん、　はい)
きさまとおれとは
どうきのさくら
おなじへいがっこう一一の
にわにさ
く
さいたはなならちるのはかくご

この曲が発表された昭和13（1938）年は　p.170も参照。東京で自動車のガソリンが切符制になり、入手が制限された。ベルリン・オリピックの記録映画「民族の祭典」「美の祭典」が公開。アメリカではコミック誌に「スーパーマン」が登場し全米 ↗

同期の桜

作詞　西條八十（原詞）　帖佐 裕（編詞）
作曲　大村能章

1
貴様と俺とは同期の桜
同じ兵学校の庭に咲く
咲いた花なら散るのは覚悟
見事散りましょ国のため

2
貴様と俺とは同期の桜
同じ兵学校の庭に咲く
血肉《ちにく》分けたる仲ではないが
なぜか気が合《お》うて別《わか》れられぬ

3
貴様と俺とは同期の桜
同じ航空隊の庭に咲く
仰《あお》いだ夕焼け南の空に
今だ還《かえ》らぬ一番機《いちばんき》

4
貴様と俺とは同期の桜
同じ航空隊の庭に咲く
あれほど誓《ちか》ったその日も待たず
なぜに散ったか死んだのか

5
貴様と俺とは同期の桜
離れ離れに散ろうとも
花の都《みやこ》の靖国神社《やすくにじんじゃ》
春《はる》の梢《こずえ》に咲いて会おう

キーワード

貴様　兵学校

海軍士官を養成する海軍兵学校を略して兵学校と言った。なお、特攻隊の回天（敵艦に体当たりする一人乗りの特攻潜水艦）も有名な言葉である。

昭和13年1月号の少女倶楽部に発表された「戦友の唄（二輪の桜）」という西條の詩（君と僕とは二輪の桜～）を原詩として、海軍兵学校の学生が歌詞を改変（貴様と俺とは同期の桜～）したものです。特攻隊員が自分たちの歌として好んで歌ったそうです。兵隊ソングの最高傑作として大ヒットしました。

のヒーローとなる。ドイツからヒトラー・ユーゲント（ヒトラー青年団）の一行が来日、靖国神社を詣でる。映画「愛染かつら」（田中絹代・上原謙）が大ヒット、後の続編と合わせて観客動員1000万人を記録した。

隣組

陽気で明るいメロディーです。軽快に演奏してください。

作詞　岡本一平
作曲　飯田信夫

かろやかに
G C D7 G
(さん、　はい)
とん　とん　とん から り と　と な り ぐ　み　こ う し を　あ け れ ば
か お な じ　み　ま わ し て　ちょ う だ い　か い ら ん　ばん　し
A7

この曲が発表された昭和15(1940)年は　日独伊3国同盟が締結される。天皇家の始祖・神武天皇の即位から2600年目にあたり「紀元2600年式典」が挙行された。戦時下から「ぜいたくは敵だ!」のスローガンが町中に貼られ、「八紘一宇」(世界 ↗

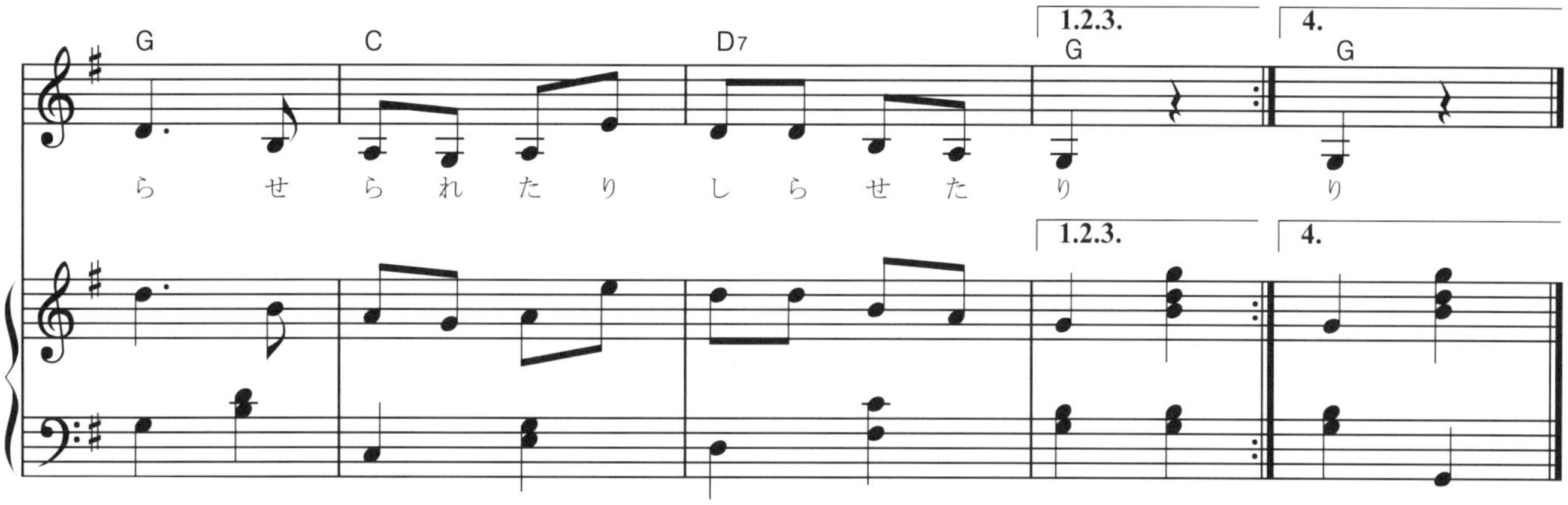

隣組

作詞　岡本一平
作曲　飯田信夫

1
とんとん　とんからりと　隣組
格子《こうし》を開ければ　顔なじみ
廻《まわ》して頂戴《ちょうだい》　回覧板《かいらんばん》
知らせられたり　知らせたり

2
とんとん　とんからりと　隣組
あれこれ面倒《めんどう》　味噌醤油《みそしょうゆ》
御飯《ごはん》の炊き方　垣根《かきね》ご越し
教えられたり　教えたり

3
とんとん　とんからりと　隣組
地震やかみなり　火事どろぼう
互いに役立つ　用心棒《ようじんぼう》
助けられたり　助けたり

4
とんとん　とんからりと　隣組
何軒《なんけん》あろうと　一所帯《ひとしょたい》
こころは一つの　屋根の月
纏《まと》められたり　纏めたり

キーワード

壁に耳あり

トーク例

「隣組はトントンとんからりと楽しげな歌なので、助け合って楽しく暮らすための組織と思ってました。相互監視の意味があったんですか、大変な時代でしたね」

隣組は5軒から10軒の世帯を一組とした、地方自治の進行を促すための組織でした。この歌詞には、助け合う近所づきあいの様子が描かれ、ほのぼのした歌になっています。しかし実際の隣組には、非国民的言動がないかどうか互いに監視させ合うといった、当時の政府の暗黙の目的があったと言われます。

を一つの家にまとめようという戦争侵略のための言葉）や、「一億一心」といった言葉が流された。カーキ色の「国民服」が制定され、女性はもんぺを着用。洋装は「非国民」と呼ばれ、ダンスホールは閉鎖。

蘇州夜曲

メジャー7thやサスフォー（sus4）など、響きの柔かい和音をつけました。ゆったりと演奏してください。

作詞　西條八十
作曲　服部良一

夢見るように

G　Am7　G　Cm onD　G
（さん、はい）
G　Em7　Am　Bm　C　Bm　Asus4　A
きみがみむねにだかれてーきくは
C　Bm　Am　Em　Am　C　Dsus4　D
ゆめのふなうーたとりーのうーーーた
C　Bm　Am　C　Bm　Am　D7
みーずのそしゅうーのはなちるーはる

この曲が発表された
昭和15（1940）年は

p.180も参照。ヘミングウェイが『誰がために鐘は鳴る』を発表（スペイン内乱で従軍記者としての戦闘体験を著した）。アメリカに亡命したドイツのトーマス・マンは、ラジオでヒトラー打倒を呼びか ↗

蘇州夜曲

作詞　西條八十
作曲　服部良一

1
君がみ胸に　抱かれて聞くは
夢の船唄《ふなうた》　鳥の唄
水の蘇州の　花散る春を
惜しむか柳が　すすり泣く

2
花をうかべて　流れる水の
明日《あす》の行方《ゆくえ》は　知らねども
こよい映《うつ》した　ふたりの姿
消えてくれるな　いつまでも

3
髪に飾ろか　接吻《くちづけ》しよか
君が手折《たお》りし　桃の花
涙ぐむよな　おぼろの月に
鐘が鳴ります　寒山寺《かんざんじ》

キーワード

日中戦争　李香蘭《りこうらん》　支那《しな》の夜

昭和12年から20年の日本の無条件降伏まで続いた日本と中国の戦争。昭和16年からは第2次世界大戦の一環となった。中国紅蘇州の南部の水郷都市・蘇州は、かつて運河の開通で栄え、絹や綿の織物業で知られた。名園や古寺に観光客が訪れる。

トーク例

「異国情緒ゆたかないい歌ですね」
「李香蘭は、女優で歌手、日本人ですよね。
本名は？（山口淑子《やまぐちよしこ》）。
政治家としても活躍しましたね（参議院議員大鷹淑子《おおたかよしこ》）」

李香蘭（り・こうらん）主演の国策映画「支那の夜」の劇中歌として発表された曲です。曲自体は情緒ある名曲で多くの歌手が吹き込んでいますが、日中戦争のさなかに作られた国策映画の主題歌であったことから、中国で歌うのはタブーになっているそうです。

ける。鈴木大拙は『禅と日本文化』を著す。滝沢修、千田是也ら100人以上の演劇人が治安維持法違反で検挙される。朝鮮総督府が創氏改名を命じ、322万戸が日本式の姓に改名させられた。

憧れのハワイ航路

オリジナルの曲には長いイントロがついていますが、ここでは短くまとめてあります。左手の八分休符を意識しながらはずむように演奏してください。ペダルは不要です。

作詞　石本美由起
作曲　江口夜詩

はずむうれしさで ♫ = ♩♪ (3)

C F C G7
C
(さん、　はい)
は ー れ た そ ら ー
G7 C
そ ー よ ぐ か ぜ ー
み な と ー で ふ ね
G7 F
の ー ド ラ の ね た の し ー わ か

江口夜詩は岐阜県上石津町出身。軍楽隊専属の作曲家でしたが退役後、流行歌の作曲を多く手がけました。上石津町の江口夜詩記念館ではこの曲の譜面が展示されています。すべてのパートを手書きで美しく書いてあるスコアです。この曲が発表された当時はまだ占領下、一般の人が海外に旅行することは制限されていました。曲の大ヒットによりハワイブームが起きて、アロハシャツやリーゼントが流行したそうです。

この曲が発表された昭和23（1948）年は　帝銀事件（銀行員に赤痢の予防と偽り青酸化合物を飲ませて強盗、12人が死亡）。古橋広之進が800m自由形、1200m、400mで世界新記録を連発。NHKのど自慢でシベリア帰りの青年が現地 ↗

憧れのハワイ航路

作詞　石本美由起
作曲　江口夜詩

1
晴れた空　そよぐ風
港出船《みなとでふね》の　ドラの音愉《ねたの》し
別れテープを　笑顔で切れば
希望《のぞみ》はてない　遥《はる》かな潮路《しおじ》
ああ　憧れのハワイ航路

2
波の背を　バラ色に
染めて真赤な　夕陽が沈む
一人デッキで　ウクレレ弾けば
歌もなつかし　あのアロハオエ
ああ　憧れのハワイ航路

3
とこ夏《なつ》の　黄金月《こがねづき》
夜のキャビンの　小窓を照らす
夢も通《かよ》うよ　あのホノルルの
椰子《やし》の並木路《なみきじ》　ホワイトホテル
ああ　憧れのハワイ航路

キーワード

岡晴夫　アロハ

トーク例

「これを歌った明るい声の歌手、覚えてますか?」（岡晴夫）
「海外旅行は、まだはるか夢の時代だったんですね」

で覚えたという「異国の丘」を歌って鐘を鳴らす。当時ウラジオストックに抑留中の増田幸治（作詞）と吉田正(作曲）が収容所で作ったもの。未帰還兵士を待つすべての人の哀感を誘う歌となった。美空ひばり、11歳でデビュー。

上海帰りのリル

タンゴ調に歯切れよい伴奏のアレンジとしました。ペダルは使わずに演奏してください。

作詞　東条寿三郎
作曲　渡久地政信

歯切れよく

Em C Am Em C B7 Em
(さん、はい)
Em B7 Em Am B7
ふねをーみつめていたー　はまのキャバレーにいたー
Em Am Em Am B7
かぜのーうわさはリルー　シャンハイがえりーの
Em Bm Am F♯m7 B7
リルリール　あまいせつないーおもいでだけを

この曲が発表された昭和26（1951）年は

GHQのマッカーサー元帥が解任、「老兵は死なず」の名セリフを残して帰国。1月3日に第1回NHK紅白歌合戦開かれる。パチンコが流行、「親指族」が広まる。国産LPレコード第1号は、↗

上海帰りのリル

作詞　東条寿三郎
作曲　渡久地政信

1

船を見つめていた
ハマのキャバレーにいた
風の噂《うわさ》はリル
上海帰りのリル　リル
あまい切《せつ》ない思い出だけを
胸にたぐって探して歩く
リル　リル　どこにいるのかリル
だれかリルを　知らないか

2

黒いドレスをみた
泣いていたのを見た
戻れこの手にリル
上海帰りのリル　リル
夢の四馬路《すまろ》の霧《きり》降る中で
なにもいわずに別れたひとみ
リル　リル　一人さまようリル
だれかリルを　知らないか

3

海を渡ってきた
ひとりぼっちできた
のぞみすてるなリル
上海帰りのリル　リル
くらい運命《さだめ》は二人で分けて
共に暮らそう　昔のままで
リル　リル　今日も逢えないリル
だれかリルを　知らないか

キーワード

リルって誰？　私がリルよ

この歌の反響は大きく自分がリルだと名乗り出た女性が相次いだ。

終戦の翌年に発表された詞に渡久地政信が曲を書きました。「ビロードの歌声」といわれた歌手、津村 謙（つむら・けん）最大のヒット曲です。

コロムビアレコードから発売のベートーベンの「第九交響曲」 1枚2800円（第一銀行の新制大卒の初任給が同額の2800円）。
映画「カルメン故郷に帰る」「麦秋」「めし」。石井桃子の『ノンちゃん雲に乗る』がベストセラーに。

二人は若い

ダイナミックで起伏のある曲ですので、男女かけ合いの「あなぁた」「なぁ〜んだい」が引き立つように空白を生かしたアレンジにしました。

作詞　サトウハチロー
作曲　古賀政男

この曲が発表された 昭和10（1935）年は　軍需景気が結婚ブームを後押しし、熱海が新婚旅行先として人気を博す。渋谷駅の「忠犬ハチ公」が新聞に報道され話題になる。脱脂粉乳、ルームクーラーが初登場。島崎藤村『夜明け前』、川 ↗

この曲は
ベルと合奏できます　ベル単音奏…（C, B, A, G）

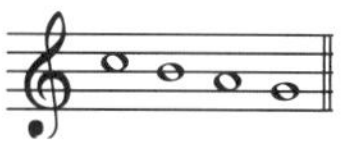

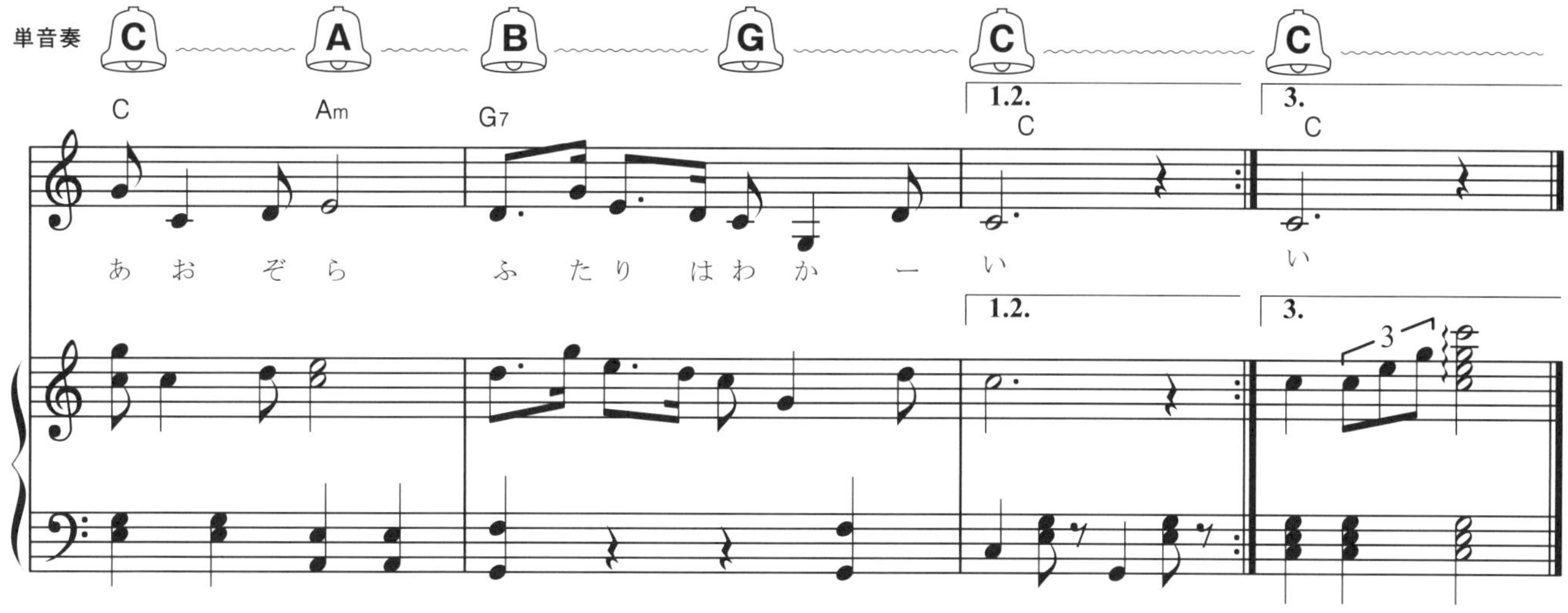

二人は若い

作詞　サトウハチロー
作曲　古賀政男

1
「あなた」と呼べば
「あなた」と答える
山のこだまの嬉しさよ
「あなた」「なあんだい」
空は青空　二人は若い

2
「ちょいと」と呼べば
「ちょいと」と答える
山のこだまの　いとしさよ
「ちょいと」「なあによ」
風はそよ風　二人は若い

3
「あのね」と呼べば
「あのね」と答える
山のこだまの　やさしさよ
「あのね」「なにさ」
あとは言えない　二人は若い

キーワード

新婚さん
「あなぁた」「なぁ〜んだい」

新婚さん急増の背景は軍需景気。

ディック・ミネと星玲子がデュエットで歌っています。
日活映画「のぞかれた花嫁」の主題歌です。

トーク例

「当時子どもたちまでがこの『あなぁた』『なぁ〜んだい』のかけ合いを真似て、大人をからかったそうですね（笑）」「でも、『あなぁた』『なぁ〜んだい』は、男女にとって永遠の幸せなかけ合いですよね。みなさんもきっとお若い頃、口にされたことと思います。きょうは、そんな昔を思い出しながら、お隣の人とペアでこのかけ合いをやってみたいと思います（笑）」

端康成一『雪国』発表。吉川英治『宮本武蔵』の連載が朝日新聞で始まる。第1回芥川賞・直木賞。NHKラジオの受信200万台に増える。アメリカではベニー・グッドマンがスウィング・ジャズの幕を開ける。

東京のバスガール

スピード感を表すことができるように、軽快にリズムを保って演奏してください。

作詞　丘　灯至夫
作曲　上原　げんと

はつらつと
Em
B7
Em
B7
Em
(さん、はい)
わかいきぼうもこいもあーる

B7
Em
ビルのまちからやまのてへ
こーんのせいふく

B7
Em
B7
Em
Am
Em
みにつーけーて
わたーーしはとうきょうのバ

この曲が発表された
昭和32（1957）年は

1,000円札主流の時代だったが、この年に初めて5,000円札（聖徳太子）が登場。自動車ラッシュで、市街地にバイパスが作られる。ラジオで「赤胴鈴之助」始まる。初の女性週刊誌『週刊女性』↗

東京のバスガール

作詞 丘 灯至夫
作曲 上原げんと

1
若い希望も　恋もある
ビルの街から　山の手へ
紺の制服　身につけて
私は東京の　バスガール
発車オーライ
明るく明るく　走るのよ

2
昨日こころに　とめた方《かた》
今日はきれいな　人つれて
夢ははかなく　破れても
くじけちゃいけない　バスガール
発車オーライ
明るく明るく　走るのよ

キーワード

コロムビア・ローズ

トーク例

「コロムビア・ローズの紺の制服とあの小さな帽子をちょっと斜めにかぶった姿が、とってもチャーミングでしたね」
「『発車～、オーライ！』って、すごく懐かしいかけ声ですよね。もう一度、当時のバスに乗った気持ちで歌ってみましょう！」

ここでいうバスガールとは定時路線の女性車掌のことです。この曲がヒットした当時、バスガールは当時の女の子の憧れの職業だったと言います。この曲を歌ったのは初代コロムビア・ローズで、今は３代目コロムビア・ローズが活躍しています。

が創刊。「東京のバスガール」、「東京だヨおっ母さん」など東京ものがヒット。有楽町にそごうデパートができると、翌33年に「有楽町で逢いましょう」（フランク永井）が流行した。同33年に東京タワー（333m）も完成。

高校三年生

若々しく弾むようなリズムを左手で表現してください。

若々しくはつらつと

作詞　丘 灯至夫
作曲　遠藤 実

D7
Gm
(さん、　はい)
Gm D7 Gm
あかーい　ゆうひが　こうしゃを
E♭ D7 Gm Cm
そめーてー　ニレの　こかげ
Gm E♭ Dm Gm
にはーずーむこえー　あ
1
2
5

この曲が発表された
昭和38（1963）年は

ジョン・F・ケネディ大統領が暗殺。冷戦中の宇宙開発。初の女性宇宙飛行士ソ連のテレシコワさんが宇宙から「私はカモメ」。新千円札（伊藤博文肖像）が発行。東京・青山に初のボウリング ↗

場オープン、翌39年にボウリング人口1000万人に。「三ちゃん農業」(男は都会に就職、農業労働はじいちゃん・ばあちゃん・かあちゃんが中心に)。団地住まいの共働き夫婦が増え、子どもは「カギっ子」となる。

高校三年生

作詞　丘灯至夫
作曲　遠藤実

1
赤い夕日が　校舎をそめて
ニレの木陰《こかげ》に　弾《はず》む声
ああ　高校三年生
ぼくら　離れ離れになろうとも
クラス仲間は　いつまでも

2
泣いた日もある　怨《うら》んだことも
思い出すだろ　なつかしく
ああ　高校三年生
ぼくら　フォークダンスの手をとれば
甘く匂《にお》うよ　黒髪《くろかみ》が

3
残り少ない　日数《ひかず》を胸に
夢がはばたく　遠い空
ああ　高校三年生
ぼくら　道はそれぞれ　別れても
越《こ》えて歌おう　この歌を

キーワード

舟木一夫　黒の詰襟《つめえり》

作詞者の丘灯至夫は、校庭でフォークダンスをしている高校生を見て、この歌詞を着想したと言われます。
翌39年の東京オリンピック開催を前に、高度経済成長が右肩上がりの日本の青春ともいえる時期です。仲間を大切にし、未来を信じた。この歌にも清々しい活気があふれています。

歌手舟木一夫のデビューシングル。発売される前には曲調が幼いのではないかと危惧されていましたが、発売から一カ月で10万枚、半年で100万枚を売り上げる大ヒットとなりました。その年のレコード大賞を受賞した折、舟木は感涙のあまり歌えなくなり、「プロの歌手が歌えなくなるなんて」「男のクセに」などと批判されたそうです。レコード大賞でこみ上げて歌えなくなった歌手第一号だそうです。

コラム 3

歌謡曲の伴奏のコツ——バンド演奏をイメージできるように

歌謡曲の伴奏は、ほとんどがバンド（ドラム、ベース、ギター、キーボードなど）によって演奏されています。
1人キーボードだけで歌謡曲の伴奏をするときには、「左手」がベースと和音、「右手」が和音とメロディーを担当しています。ベースラインはベースらしくテヌート気味で、カッティングに相当する和音 (ex. 右ページ「船頭小唄」のギターの和音など) は、不必要に伸ばさず軽快に音を切ります。
実際にバンドのどのような楽器で演奏されるのか考えると、タッチに違いが出て、奥行きのある伴奏になります。

p.140 津軽海峡冬景色

最初のアルペジオはリズムを刻むように淡々と演奏
このフレーズ以降はメロディーを含むため気合を入れて演奏
ドラマティックに
Gm
A onE
D
Gm
Gm
うえ のは つのやこ うれ っしゃ
左手はベースと考えてテヌートで演奏
ストリングと考えてそっと演奏

瀬戸の花嫁

作詞　山上　路夫
作曲　平尾　昌晃

1
瀬戸は日暮れて　夕波小波《ゆうなみこなみ》
あなたの島へ　お嫁にゆくの
若いと誰もが　心配するけれど
愛があるから　大丈夫なの
段々畑《だんだんばたけ》と　さよならするのよ
幼い弟　行くなと泣いた
男だったら　泣いたりせずに
父さん母さん　大事にしてね

2
岬《みさき》まわるの　小さな船が
生まれた島が　遠くになるわ
入江《いりえ》の向こうで　見送《みおく》る人たちに
別れつげたら　涙が出たわ
島から島へと　渡って行くのよ
あなたとこれから　生きてく私
瀬戸は夕焼け　明日も晴れる
二人の門出《かどで》　祝っているわ

キーワード

小柳ルミ子　八重歯

歌手小柳ルミ子４枚目のシングルです。曲の舞台は香川県の沖之島とされています。第14回日本レコード大賞・歌唱賞を受賞しました。

トーク例
「19歳の小柳ルミ子さんを思い出しながら、初々しい気持ちで歌ってみたいと思います」

p.112　船頭小唄

これらはメロディーのガイド音なのでアクセントをつけて演奏する
Am
Dm
E
お　れ　は　か　わ　ら　の　か　れ　す　す　き
左手はベースと考えてテヌート気味に演奏する
こういった細かいリズムをギターのように歯切れ良く演奏するとメリハリがつく

上記のようにそれぞれ異なった楽器で演奏されることを念頭においてください。
そのためには、元の曲を知っておく必要があります。知らない曲を演奏する場合は、一度だけでもオリジナルを聴いておく必要があります。名演の復刻ＣＤも手軽に入手できるようになりました。最近は動画サイトなどで昔の画像や音を見たり聴いたりすることもできます。これだけでも雰囲気はだいぶつかめます（著者も本書をアレンジする際に参考にしました）。

昔の曲を知ることは楽しい仕事です。この本を手にしたことをきっかけとして、昔の名曲・名演にふれてみてください。

瀬戸の花嫁

せつない感じが出るようにコード付けを工夫してみました。感じ取っていただけたら幸いです。

作詞　山上 路夫
作曲　平尾 昌晃

せつない感じ

C Bm7 Em7 Am7 D7 G
(さん、はい) せ と
G Em Bm7 C
は ー ひ ぐ れ て ゆ う な み こ な み あ な た の し ま
Bm7 Em A Dsus4 D G
へ お よ め に ゆ く の わ か い と ー だ れ も が し ん
Em Bm7 C Bm7 Em Am D7
ぱ い す る け れ ど あ い が あ る か ら だ い じょ う ぶ な

この曲が発表された
昭和47（1972）年は

佐藤栄作から田中角栄が首相に。訪中し、日中国交正常化を果たす。パンダが上野動物園に来る。中国語学習熱高まる。『日本列島改造論』の影響で、地価が暴騰する。グアム島密林内で元日本 ↗

兵の横井庄一さんが戦後28年目に発見、救出された。冬季オリンピック札幌大会盛会。ハワイの力士、高見山が初優勝。
有吉佐和子の『恍惚の人』が140万部のベストセラー。ちあきなおみ「喝采」レコード大賞。

全季節

星影のワルツ

落ち着いた３拍子の曲です。メロディーの合間の拍を取りやすいように、オブリガードを入れています。

作詞　白鳥園枝
作曲　遠藤　実

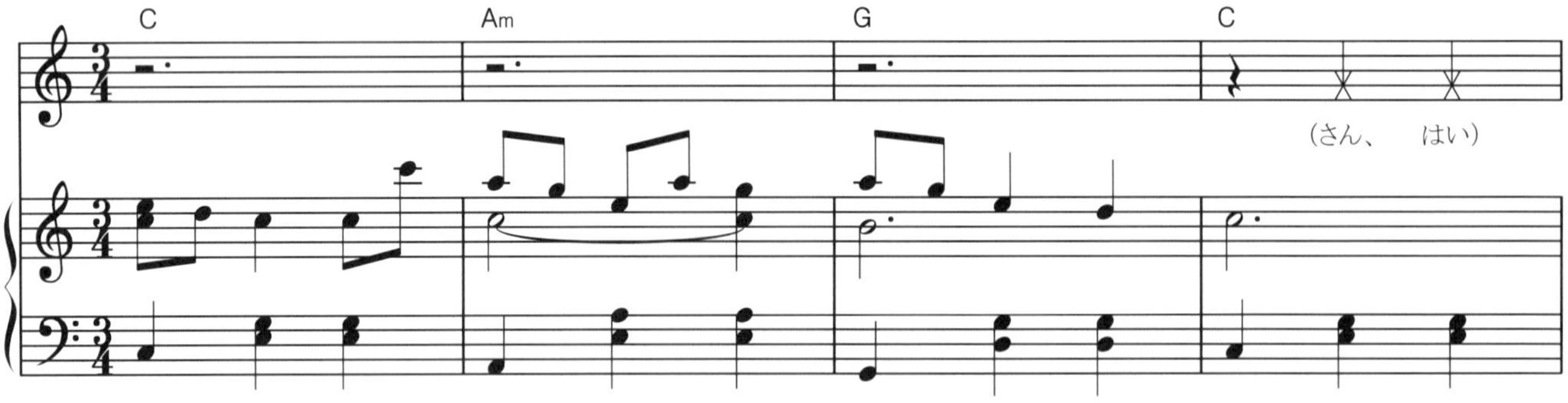
しみじみと
C
Am
G
C
(さん、　はい)

C
G
C
Am
わかれる
こーーとーは
つらいーけーど
しかたが

C
G
C
Am
ないんーだ
きみのたーめ
わかれにほしかげの

キーワード
千昌夫

歌手千昌夫（せん・まさお）の代表曲です。発売された年には騒がれず、2年後の43年に年間売り上げ第1位を獲得しました。

この曲が発表された
昭和41（1966）年は

この年代の新・三種の神器は、カー、クーラー、カラーテレビ。自動車は輸出でも花形産業に。NHK「おはなはん」が視聴率50%を超える。ビートルズが来日し武道館が沸騰。エレキギターも若者の心をとら↗

星影のワルツ

作詞 白鳥園枝
作曲 遠藤 実

1
別れることは つらいけど
仕方がないんだ 君のため
別れに星影の ワルツをうたおう
冷たい心じゃ ないんだよ
冷たい心じゃ ないんだよ
今でも好きだ 死ぬ程《ほど》に

2
一緒になれる 倖《しあわ》せを
二人で夢見た ほほえんだ
別れに星影の ワルツをうたおう
あんなに愛した 仲なのに
あんなに愛した 仲なのに
涙がにじむ 夜の窓

3
さよならなんて どうしても
いえないだろうな 泣くだろうな
別れに星影の ワルツをうたおう
遠くで祈ろう 倖せを
遠くで祈ろう 倖せを
今夜も星が 降るようだ

えた。映画「若大将」シリーズが大ヒット。マイク真木の「バラが咲いた」。ベトナム戦争などの反戦意識と反体制志向が高まる。ヒッピー、フォークソング、ミニスカート流行。大学の全共闘が活発に。

黒田節

りりしい感じで、重々しく演奏してください。

ゆったりおごそかに

福岡県民謡

(さん、はい)
さ ーけ はー の めー の め
の むー な ーらー ば
ひ の も と ー い ち の ー
こ の ーや ーりー を
の み ー と る ー ほ ー ー ど に
の む ー な ら ー ば ー ー ー

黒田節

福岡県民謡

1

酒は飲め飲め　飲むならば
日《ひ》の本一《もといち》の　この槍《やり》を
飲み取るほどに　飲むならば
これぞまことの黒田武士《くろだぶし》

2

峰《みね》の嵐か　松風か
訪《たず》ぬる人の　琴の音《ね》か
駒をひきとめ　立ち寄れば
爪音《つまおと》高き　想夫恋《そうふれん》

3

春の弥生《やよい》のあけぼのに
四方《よも》の山辺を見渡せば
花のさかりも　白雲の
かからぬ峰こそ　なかりけれ

キーワード

大きな杯　槍

福岡藩の武士たちによって歌われていたものが全国に広まりました。酒豪の黒田武士に殿様が三升も入る大杯の酒を薦め、見事に飲み干した褒美に殿様から家宝の槍をもらったという逸話を歌っています。

雅楽の「越天楽」のメロディーが使われています。おごそかな舞を舞うように、ゆったりとした呼吸で歌いたいものです。

草津節

のんびりとした雰囲気でゆったりと演奏してください。

群馬県民謡

のんびりと
Am
Em
Am
Em
(さん、 はい)
く さ
3
1 2
1 3
2 5
Am
Dm
つ よ い と こ い ち ど は ー お い で (ドッ コイ
Am
Dm
ショ) お ゆ の な か に も コ リャ は な が

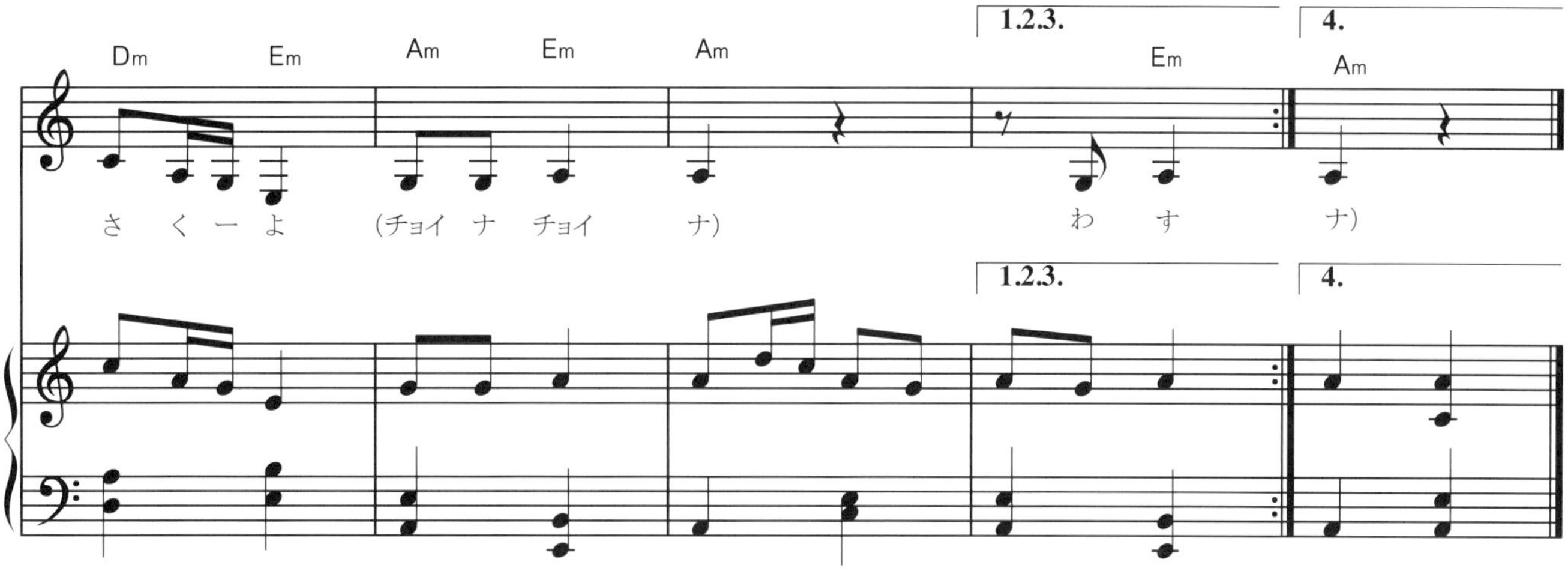

草津節

群馬県民謡

1
草津よいとこ 一度はおいで
ア ドッコイショ
お湯の中にも コーリャ 花が咲くヨ
チョイナ チョイナ

2
忘れしゃんすな 草津の道を
ア ドッコイショ
南浅間《みなみあさま》に コーリャ 西白根《にししらね》ヨ
チョイナ チョイナ

3
朝の湯けむり 夕べの湯もや
ア ドッコイショ
草津は湯の町 コーリャ 夢の町ヨ
チョイナ チョイナ

4
お医者様でも 草津の湯でも
ア ドッコイショ
惚《ほ》れた病《やまい》は コーリャ 治《なお》りゃせぬヨ
チョイナ チョイナ

5
草津よいとこ 里《さと》への土産《みやげ》
ア ドッコイショ
袖《そで》に湯《ゆ》の コーリャ 香《か》が残るヨ
チョイナ チョイナ

6
積もる思いと 草津の雪は
ア ドッコイショ
解《と》けるあとから コーリャ 花が咲くヨ
チョイナ チョイナ

キーワード

湯もみ 温泉

草津温泉は日本三名湯の一つです。

草津温泉の源泉は熱いところでは94度もありそのままでは熱くて入浴することができないので、水を使わず自然に温度を下げる方法として、「湯もみ」が考え出されました。長い板を使って湯をかきまぜ温度を下げます。この「湯もみ」をするときに歌われていたのが草津節です。

人生劇場

硬い感じの演歌風な伴奏にしてみました。音域も低めに、苦味ばしった男の意気を歌ってください。

作詞　佐藤惣之助
作曲　古賀政男

堂々と

Gm
(さん、　はい)
Gm　Cm　Gm
や　ー　る　と　お　も　ー　え　ば　ど　こ　ま　で　ー　ー　や　る　さ
Cm　Gm　D7　Gm
そ　ー　れ　が　ー　ー　ー　お　と　こ　ー　ー　の　た　ま　し　い　ー　じゃ　ー　ー　な　い　か
Gm　Cm
ぎ　ー　り　ー　が　ー　す　た　れ　ー　ば　こ　の　よ　ー　ー　は　ー

この曲が発表された
昭和13（1938）年は
p.170とp.178も参照。国家総動員法が公布され、物資も言論も統制が強まる。内閣情報部は、従軍作家を募集、漢口攻略作戦に「ペン部隊」を派遣する。久米正雄、佐藤春夫、菊池寛、吉川　↗

人生劇場

作詞　佐藤惣之助
作曲　古賀政男

1
やると思えば　どこまでやるさ
それが男の　魂《たましい》じゃないか
義理がすたれば　この世は闇だ
なまじとめるな　夜の雨

2
あんな女に　未練《みれん》はないが
なぜか涙が　流れてならぬ
男ごころは　男でなけりゃ
わかるものかと　あきらめた

3
時《とき》よ時節《じせつ》は　変わろとままよ
吉良《きら》の仁吉《にきち》は　男じゃないか
おれも生きたや　仁吉のように
義理と人情の　この世界

キーワード

早稲田

トーク例
「早稲田のあの無頼のスタイルや気風は、この歌から影響を受けているんですね(笑)」

早稲田大学を舞台とした尾崎士郎の小説を下敷きにして作られた歌です。早稲田人の心意気を示すものとして「第二校歌」と呼ばれているそうです。３番に出てくる吉良の仁吉とは、幕末の時代に生きた人で、わずかな恩に報いるために負けるとわかっている戦いに挑み若くして亡くなったという、義理と人情の人といわれています。

英治、林芙美子など人気作家が政府のお墨付きで戦争を描いたが、評判を呼ばなかった。トヨタ自動車工業が、軍からの徴発車を国防色に塗り替える。日比谷に第一生命ビルが竣工（戦後のGHQの本拠となった）。

幸せなら手をたたこう

歌の中に身体動作が入るため、音楽療法活動で活用することの多い曲です。
歌→動作→歌→動作と交互に動きが入りますが、対象者の動作が終わるまで待つこと、
そのための間(ま)を上手にとりながら、全体のテンポを調整してください。

作詞　きむら りひと
作曲者不詳

軽快に
G7 C7 F C7 F C7
(さん、はい)
し あ わ せな らて をた た こう し あ
C7 F C7 F7 Gm onB♭ F onA
わ せな らて をた た こう し あ わ せな らた いど で し めそ うよ ほ ら
C7 F C7 F C7
み んな でて をた た こう し あ わ せな らあ しな ら そう し あ

キーワード
東京オリンピック

元はスペイン民謡で、英語の歌詞もあります。日本では坂本九が歌ってヒットしました。発売翌年の高校野球選手権の行進曲にもなりました。

この曲が発表された 昭和39(1964)年は

東京オリンピックが開催され、 東洋の魔女(女子バレーボール)がメダルを獲得、「俺について来い」が有名に。東海道新幹線が開通(東京～大阪を4時間10分)、羽田空港～浜松町にモノレール開通。↗

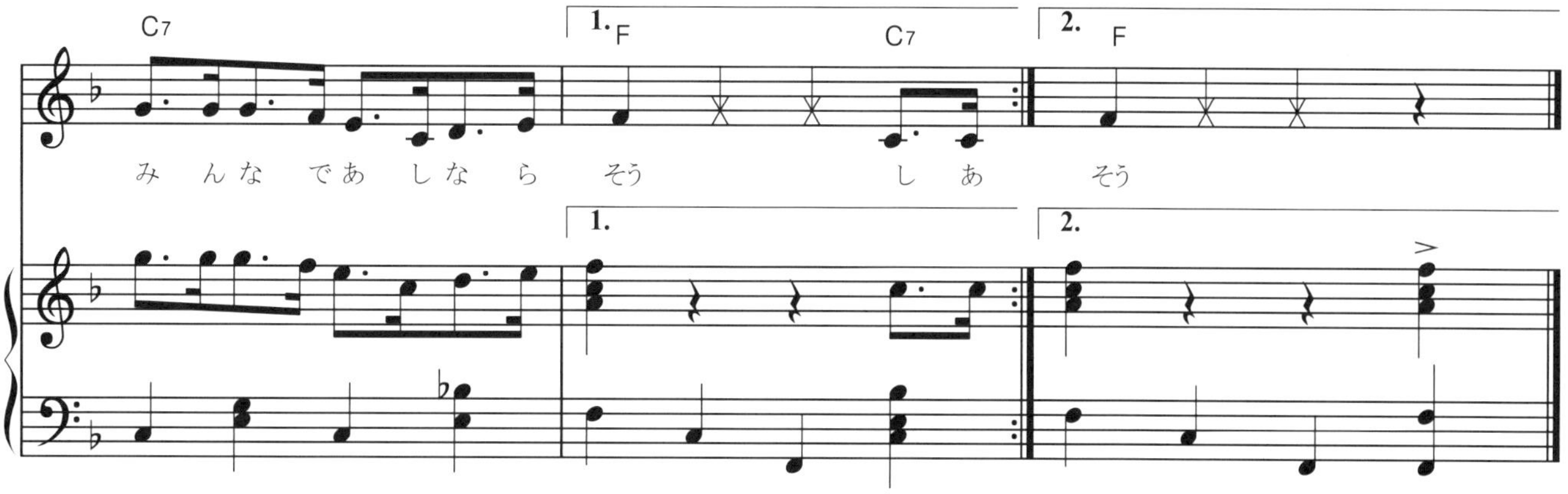

応用

動作すべてを盛り込んだ歌詞を最後に付け加えることができます。

(セラピストはお手本の動作をする)

幸せなら手をたたこう

作詞 きむら りひと
作曲者不詳

1
幸せなら手をたたこう
幸せなら手をたたこう
幸せなら態度で示そうよ
ほらみんなで手をたたこう

2
幸せなら足ならそう
幸せなら足ならそう
幸せなら態度で示そうよ
ほらみんなで足ならそう

3
幸せなら肩たたこう
幸せなら肩たたこう
幸せなら態度で示そうよ
ほらみんなで肩たたこう

4
幸せならほっぺたたこう
幸せならほっぺたたこう
幸せなら態度で示そうよ
ほらみんなでほっぺたたこう

走行中のタクシーが無線交信ができるようになった。戦後19年して、太平洋戦争で戦没した軍人・軍属の二百数万人に叙位叙勲を贈ることになった。　NHK大河ドラマ「赤穂浪士」（長谷川一夫主演）が話題。

世界の国からこんにちは
（替え歌バージョン）

この曲の歌詞を下記のように変えて、音楽療法セッションでの「始まりの曲」として活用しています。もちろんみなさんに人気の高いオリジナルの歌詞も、そのままセッションでよく歌っています。はつらつと若々しく演奏してください。

作詞　島田陽子
作曲　中村八大
唄　三波春夫

はつらつと
G D7 G
（さん、　はい）
こ ん
G C G D7
に ち は こ ん に ち は ○○ ○ の み な さ ん こ ん
に ち は こ ん に ち は え が ー お あ ふ れ る こ ん
G C G D7
1.
G
に ち は こ ん に ち は ○○ ○ の み な さ ん こ ん
に ち は こ ん に ち は こ こ ろ の そ こ か

この曲が発表された
昭和42（1967）年は

昭和の名宰相・吉田茂（麻生太郎首相の祖父）が死去、戦後初の「国葬」が執り行われる。テレビの普及に伴い、NHKラジオの受信料が無料となる。物価は、郵便はがき7円、封書15円、かけそば60円。↗

世界の国からこんにちは

作詞　島田陽子
作曲　中村八大
唄　三波春夫

1

こんにちは　こんにちは　西のくにから
こんにちは　こんにちは　東のくにから
こんにちは　こんにちは　世界のひとが
こんにちは　こんにちは　さくらの国で
1970年の　こんにちは
こんにちは　こんにちは　握手《あくしゅ》をしよう

2

こんにちは　こんにちは　月の宇宙《うちゅう》へ
こんにちは　こんにちは　地球をとび出す
こんにちは　こんにちは　世界の夢が
こんにちは　こんにちは　みどりの丘で
1970年の　こんにちは
こんにちは　こんにちは　握手をしよう

3

こんにちは　こんにちは　笑顔あふれる
こんにちは　こんにちは　心のそこから
こんにちは　こんにちは　世界をむすぶ
こんにちは　こんにちは　日本の国で
1970年の　こんにちは
こんにちは　こんにちは　握手をしよう
こんにちは　こんにちは　握手をしよう

キーワード

万博　太陽の塔

あれから40年を経た今、大阪・千里の会場跡は静かな記念公園となり、残された万博のシンボル「太陽の塔」（岡本太郎作）だけが、面影を留めている。

トーク例

「万博が開かれていた半年間に、この歌を口ずさまない日はないというくらい、よく歌われましたね。あの三波春夫さんの笑顔とともに…」
「日本が、若く活気に満ちていた。そんな時代を表す歌です。」

作られたのは1967年、3年後の1970年に開催された大阪万国博覧会のテーマソングになりました。三波春夫の歌で有名ですが、その他にも坂本九や吉永小百合など多くの歌手により競作され、300万枚以上の大ヒットとなりました。
展示では、アポロ11号が持ち帰った「月の石」が大人気でたいへんな行列だったそうです。動く歩道や携帯電話、缶コーヒーなどがこの万博で初めて発表され、現在社会に普及しています。リニアモーターカーも発表されましたが、今も開発中です。

ツイッギーが来日、ミニスカートがブームに。ベトナム戦争でアメリカ軍が「枯葉作戦」を開始。ヒッピー族、アングラ族が社会現象に。リカちゃん人形が発売される。多胡輝『頭の体操』がミリオンセラー。

三百六十五歩のマーチ

行進曲風の曲なので、しっかりと歩くテンポをキープできるように低音を効かせて演奏してください。

作詞　星野 哲郎
作曲　米山 正夫

メリハリをもって

C F7 C Dm Em F G7
(さん、はい)
3
C G7 C G7 C
しあわせは あるいてこない だからあるいて ゆくんだね いちにちいっぽ
C G7 C G7 C F C F C
みっかでさんぽ さんぽすすんで にほさがる じんせいは ワンツーパンチ
Fm G7 Cm Cm onB♭ A♭ G
あせかきべそかき あるこうよ あなたのつけた あしあとにゃ

この曲が発表された昭和43（1968）年は

郵便物に郵便番号を記し、機械が自動読み取りすることに。白バイに乗った警官姿の男が三億円を強奪（三億円事件）。初めて心臓の移植手術（札幌医大病院・和田寿郎教授）。川端康成がノーベル文学賞を受↗

三百六十五歩のマーチ

作詞　星野哲郎
作曲　米山正夫

1

しあわせは　歩いてこない
だから歩いて　ゆくんだね
一日一歩　三日で三歩
三歩進んで　二歩さがる
人生は　ワン・ツー・パンチ
汗かき　べそかき　歩こうよ
あなたのつけた　足あとにゃ
きれいな花が　咲くでしょう
腕を振って　足をあげて
ワン・ツー　ワン・ツー
休まないで　歩け　ソレ
ワン・ツー　ワン・ツー
ワン・ツー　ワン・ツー

2

しあわせの　扉《とびら》はせまい
だからしゃがんで　通るのね
百日百歩《ひゃくにちひゃっぽ》　千日千歩《せんにちせんぽ》
ままになる日も　ならぬ日も
人生は　ワン・ツー・パンチ
あしたのあしたは　またあした
あなたはいつも　新《あたら》しい
希望の虹《にじ》を　だいている
腕を振って　足をあげて
ワン・ツー　ワン・ツー
休まないで　歩け　ソレ
ワン・ツー　ワン・ツー
ワン・ツー　ワン・ツー

3

しあわせの　隣《となり》にいても
わからない日も　あるんだね
一年三百六十五日
一歩違《ちが》いで　にがしても
人生は　ワン・ツー・パンチ
歩《あゆ》みを止めずに　夢みよう
千里の道も　一歩から
はじまることを　信じよう
腕を振って　足をあげて
ワン・ツー　ワン・ツー
休まないで　歩け　ソレ
ワン・ツー　ワン・ツー
ワン・ツー　ワン・ツー

キーワード

水前寺清子《すいぜんじきよこ》　高校野球選手権

100万枚を超す大ヒット曲です。高校野球選手権の行進曲テーマになり、発売の翌年にはレコード大賞も受賞した歌手水前寺清子の代表曲です。

トーク例

「人生の応援歌でもあるこの曲、元気が出ますね。チータ、水前寺清子さんのオビを下にグっと締めたあの着物姿を思い出します。背筋をのばして、パンチをこめて歌ってみましょう！」

賞。選挙立候補者にマスコミで顔を知られたタレント候補者が急増、この年の参院選挙では石原慎太郎、青島幸男、今東光、大松博文、横山ノックらが当選。

全季節

ああ人生に涙あり

力強い左手のリズムをシンプルに強調して演奏してください。

ボレロのリズムで

作詞　山上 路夫
作曲　木下 忠司

この曲が発表された
昭和44（1969）年は

アポロ11号が人類初の月面有人着陸に成功した。経済大国になった日本人はエコノミック・アニマルと蔑称されるように。国鉄にグリーン車が登場（これまでの一等車は廃止）。初めてプッシュ式の電話がお ↗

ああ人生に涙あり

作詞 山上路夫
作曲 木下忠司

1
人生 楽《らく》ありゃ 苦もあるさ
涙の後には 虹《にじ》も出る
歩いて行くんだ しっかりと
自分の道を ふみしめて

2
人生 勇気が必要だ
くじけりゃ誰かが 先に行く
後から来たのに 追い越され
泣くのが嫌《いや》なら さあ歩け

3
人生 涙と笑顔あり
そんなに悪くは ないもんだ
何にもしないで 生きるより
何かを求めて 生きようよ

【替え歌】「どんぐりころころ」の歌詞で
どんぐり ころころ どんぶりこ
お池にはまって さあ大変
どじょうが出てきて こんにちは
ぼっちゃん一緒に 遊びましょう

文字数が一緒なので「どんぐりころころ」の歌詞を当てはめて歌うこともできます。
対象者に小物打楽器を持ってもらい、左手のリズム（ジャン、ジャン、ジャンジャンジャン）を続けてもらいながら歌ってもらうと難易度が少し高くなり、自由に鳴らすだけよりも手応えのある活動になるでしょう。

キーワード

水戸黄門《みとこうもん》 印籠《いんろう》

テレビ時代劇「水戸黄門」の主題歌です。「水戸黄門」は、昭和44年から平成23年まで42年間にわたり放映された稀に見る長寿ドラマで、この「ああ人生に涙あり」は、歴代の助さん・格さん役を演じる俳優が歌い継ぎました。
この曲の作詞者山上路夫には他にも「瀬戸の花嫁」「翼をください」などの作品があります。

目見えするが、あまり売れなかった。NHK・FM放送が開始。この年流行った歌に「黒ネコのタンゴ」、「いいじゃないの幸せならば」、「港町ブルース」、「いい湯だな」、「時には母のない子のように」など。

今日の日はさようなら

オープンコード（1オクターブを超える）のアルペジオで、ギター伴奏らしさを出そうとしてみました。テンポが速くなりすぎないように演奏してください。

あたたかく

作詞・作曲　金子 詔一

この曲が発表された
昭和41（1966）年は

p.198も参照。この年から9月15日「敬老の日」、10月10日「体育の日」が登場。コインランドリーが東京と大阪に登場、既存の洗濯業者の反対にあうが普及。大型旅客機による事故が相次ぐ。この年、↗

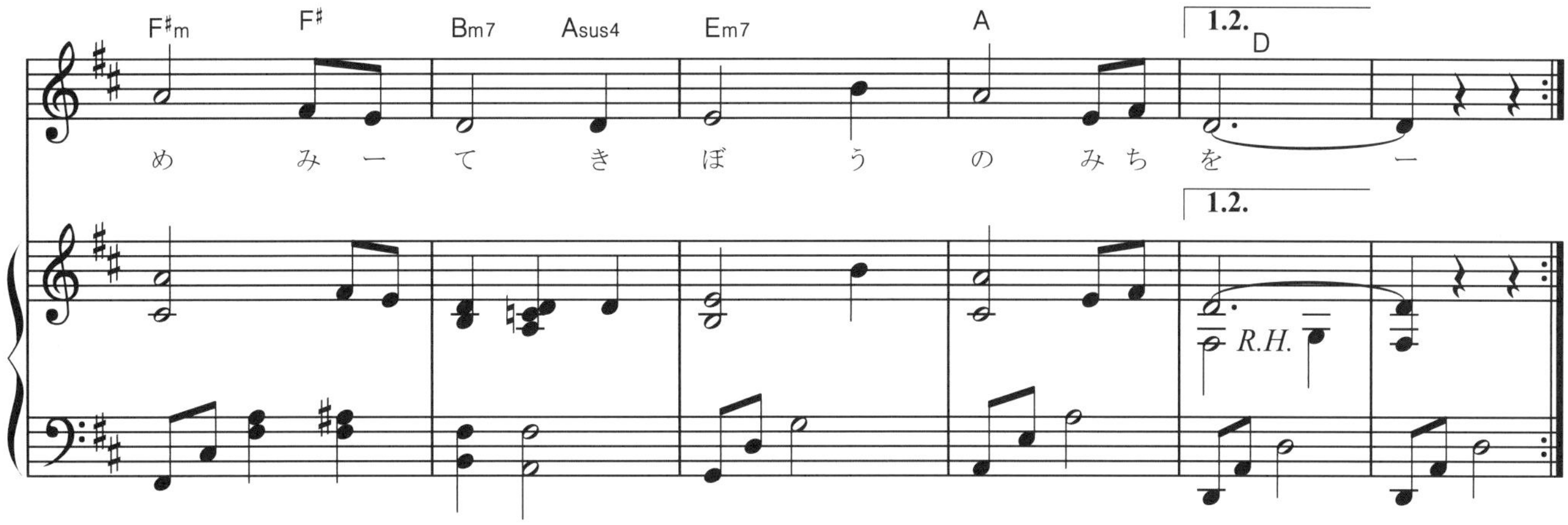

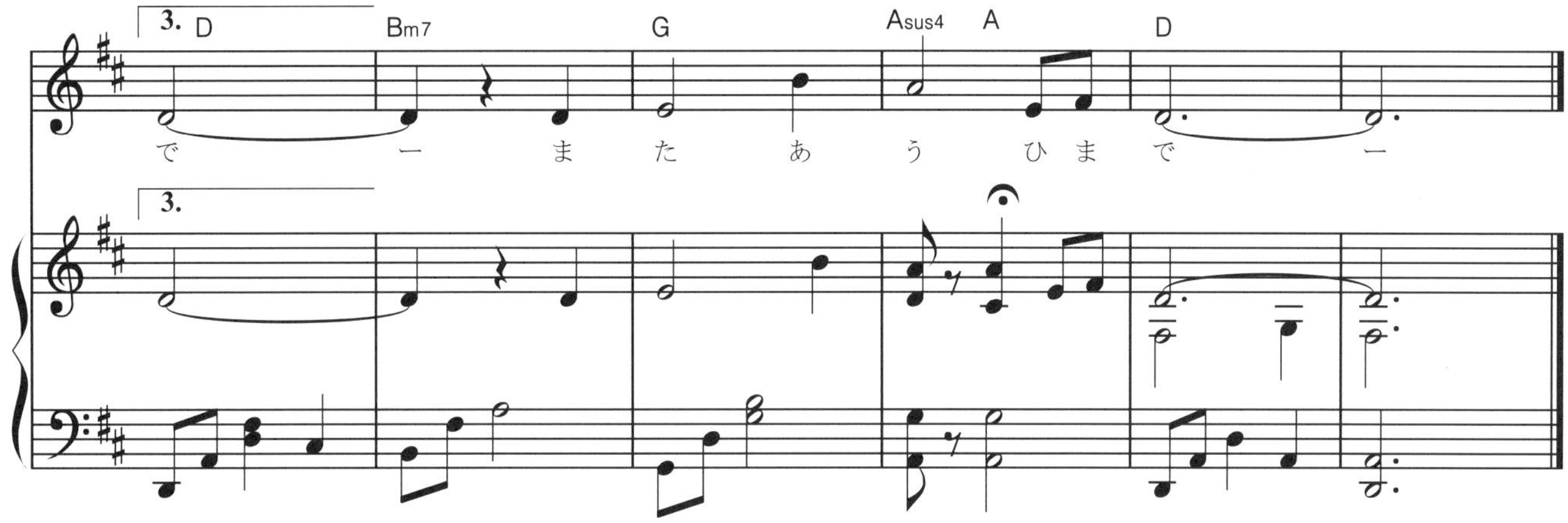

今日の日はさようなら

作詞・作曲　金子詔一

1
いつまでも絶《た》えることなく
友だちでいよう
明日《あす》の日を夢見て
希望の道を

2
空を飛ぶ鳥のように
自由に生きる
今日の日はさようなら
また会う日まで

3
信じあうよろこびを
大切にしよう
今日の日はさようなら
また会う日まで
また会う日まで

キーワード

森山良子
終わりの歌

トーク例
「学校で覚えました。私の世代にはジ〜ンとくる歌です。メロディーにもキュ〜ンとしますが、歌詞が友だち、希望、空を飛ぶ、信じあう…など、大切にしたいものばかりです。そして、一番いいのは、また会う日が来るんだ、という結びのところです。では今日は、この曲でお別れしたいと思います」

森山良子のヒット曲で、もともとはキャンプファイヤーのときなどに歌われることが多いそうです。
かつての「仰げば尊し」と並んで、近年の卒業式の定番ソングとも言われています。

全日空機の東京湾墜落を始めとして4つもの飛行機事故が発生した。三浦綾子『氷点』がベストセラー。阿川弘之『山本五十六』、海軍予備学生第14期編『ああ同期の桜』がよく読まれた。

＊ 歌唱活動を音楽療法にする「観察」と「評価」

音楽療法セッションでは、曲を決めた順番に演奏して歌ってもらって終わりではなく、対象者に見られる反応を記録し、評価してセッションを振り返ることが大切です。

音楽療法で歌唱活動を取り上げるときには、声の大きさや音程の正確さなどはそれだけでは評価の項目にはなりません。

大きな声で歌っているだけではなく、歌唱に至るまでにも身体や表情には変化があり、障がいや病気を持つ人と歌唱活動をするには細かい観察をしなければ変化がわかりません。ここでは、歌唱活動を行っている対象者のどういった点に注目して観察をすればよいかのチェックリストを挙げます。

- □ うつむかずに顔を上げているか
- □ 音楽療法士の方に身体を向けているか
- □ 目を開けているか
- □ 口元が動いているか（歌詞をつぶやいているのか）
- □ 手の動きはあるのか（膝をたたいている、手拍子をしている、リズムに合わせて動かしている）
- □ 声の大きさ
- □ 歌のテンポ（伴奏のテンポに合っているのか）
- □ 音程（伴奏を聴いて歌っているのか）
- □ 歌い終わった後の表情の変化はあるのか（笑顔、泣き顔、安心顔など）
- □ 歌い終わった後に手をたたくなどの反応がみられるか
- □ 歌い終わった後に発語はあるのか
- □ 曲にまつわる話に関する発言があるのか

上記のチェックリストに加え、ふだんの様子と比べてどのような違った様子が見られたかをセッション終了ごとに記録して、セッション内容は対象者にとって適切であったか、音楽療法の意図した行動や反応が見られたかを評価します。その上で次回のセッション計画を考えます。

対象者への声かけについて

1曲歌い終えたら、その都度何らかのフィードバックを返してください。自分から大きな声で歌える対象者には、その声の大きさや音程、リズムなどを取り上げて「しっかりとした声が出てらっしゃいますね」「音程もきちんと取れていますね」「リズムが正確ですね」など、音楽的なフィードバックを返すことも、次への意欲づけにつながるために大切です。

しかし、声の出ない人も周囲が歌うことによって少しでも自発的な動き（手をたたく、口を動かす）などがあれば、それを音楽的反応として記録します。

また、曲やその曲が流行した時代についての発言があったら、それも取り上げてグループに返すこと（「○○さんは、この頃××で働いていらしたそうです」など）により、音楽療法士と特定の対象者で行っていた1対1の会話を、グループ全体への問いかけへと変換することができ、グループとしての一体感や、発言した対象者がグループから注目されていると知ることによって自信を持つことなど、心理的な治療目標につなげることができます。

ただ歌を歌ってもらうだけでなく、ていねいに1曲ずつ、対象者の発言や反応を見ながら進めることで、歌唱活動は音楽療法になるのです。

「その人が好きな音楽を大切にすることは、その人の気持ちを大切にすることです」

音楽療法を受ける対象者の声域に合ったキーで書かれた楽譜集があまりなく、あったとしてもコードネームだけしか記されていない本が多いため、伴奏に不慣れな人には不便で、コードネームだけではどうしても伴奏パターンがワンパターンになってしまい残念だと思っていました。

両手で簡単に弾けるアレンジの伴奏譜面があればいいのに、と思ったのが本書を作るきっかけとなりました。

本書はたくさんの人の力をお借りして作ることができました。

まず選曲について、卒業生で音楽療法士として特別養護老人ホームに７年間勤務した下里由里子さんに、施設を利用されている高齢者が喜んで歌われる曲についてお聞きして、本書の元となる曲のリストを作っていただきました。岐阜県音楽療法士であり大垣女子短期大学の非常勤講師の日比あけみ先生にも選曲について助言をいただきました。深く感謝の意を表したいと思います。

音楽療法士の初心者が弾けるレパートリーはたくさんあった方が良いと思い、100曲は書きたいと考えました。ところが、編曲の作業はともかく、曲にまつわるエピソードや当時の出来事などを調べる作業が膨大でした。私のクラスの２年生たちにお願いしたところ、全員が快く調べものを分担して手伝ってくれました。一緒に本を作ることを通して、指導者として教えられることがたくさんありました。大垣女子短期大学音楽療法コース２年生のみんなに感謝します（一人ひとりの名前を記す代わりにここに写真を掲載します）。

最後に、版元のあおぞら音楽社の北島京子さんに感謝申し上げます。「これからの音楽療法は何よりも若い人のパワーにかかっています。学生さんがこんなに積極的に本作りに加わっているとは、素晴らしい。熱い本だ」と励ましてくださったおかげで本をまとめることができました。

高齢者の好きな音楽を大切に演奏することは、高齢者の気持ちを大切にすることにつながります。この楽譜集が、音楽療法士が高齢者の方の気持ちを大切にしていることを伝える助けになればこれほど嬉しいことはありません。

2009年　夏の終わりに 菅田 文子

本書の原稿作りに携わってくれた大垣女子短期大学音楽療法コース２年生

さくいん1 ─ 曲名五十音順

歌い出し五十音順

1881（明治14）	蛍の光	124
1884（明治17）	仰げば尊し	26
1892（明治25）	うさぎ	92
1893（明治26）	一月一日	128
1896（明治29）	夏は来ぬ	52
1900（明治33）	花	30
1901（明治34）	荒城の月	16
	お正月	126
	うさぎとかかめ	162
1905（明治38）	美しき天然	110
	大黒さま	158
	戦友	176
1907（明治40）	旅愁	102
1910（明治43）	春が来た	28
	われは海の子	68
	月	91
	虫の声	94
	ふじの山	130
1911（明治44）	かたつむり	62
	紅葉	104
	雪	120
	日の丸の旗	157
	浦島太郎	160
1912（明治45・大正元）	春の小川	34
	茶摘み	50
	村祭り	86
	村の鍛冶屋	154
	広瀬中佐	172
1913（大正2）	早春賦	14
	鯉のぼり（いらかの）	38
	海（松原遠く）	66
	浜辺の歌	78
	冬景色	122
1914（大正3）	朧月夜	20
	カチューシャの唄	134
	故郷	144
1918（大正7）	金色夜叉の歌	164
1920（大正9）	十五夜お月さん	93
	叱られて	108
1921（大正10）	てるてる坊主	61
	七つの子	100
	船頭小唄	112
	夕日	146
	ゆりかごのうた	148
	赤い靴	156
1922（大正11）	春のうた	36
1923（大正12）	春よ来い	12
	どこかで春が	24
	背くらべ	42
	月の沙漠	106
1923（大正12）	夕焼け小焼け	152
	籠の鳥	166
1924（大正13）	証城寺のたぬきばやし	88
1925（大正14）	あめふり	56
	雨降りお月	58
	ペチカ	136
	あの町この町	150
1927（昭和2）	赤とんぼ	98
1931（昭和6）	こいのぼり（屋根より）	40
	丘を越えて	168
1933（昭和8）	東京音頭	74
1935（昭和10）	二人は若い	188
1936（昭和11）	うれしいひなまつり	18
1937（昭和12）	かもめの水兵さん	54
1938（昭和13）	旅の夜風	170
	同期の桜	178
	人生劇場	204
1940（昭和15）	蘇州夜曲	182
1940（昭和15）	となりぐみ	180
1941（昭和16）	七夕さま	64
	うみ（海は広いな）	65
	たき火	118
1942（昭和17）	スキー	132
1944（昭和19）	ラバウル小唄	174
1945（昭和20）	里の秋	84
	リンゴの唄	114
1946（昭和21）	みかんの花咲く丘	44
1948（昭和23）	憧れのハワイ航路	184
1949（昭和24）	青い山脈	46
	夏の思い出	80
	とんぼのめがね	96
	雪の降るまちを	138
1951（昭和26）	上海帰りのリル	186
1957（昭和32）	東京のバスガール	190
1963（昭和38）	高校三年生	192
1964（昭和39）	幸せなら手をたたこう	206
1965（昭和40）	知床旅情	76
1966（昭和41）	星影のワルツ	198
	今日の日はさようなら	214
1967（昭和42）	世界の国からこんにちは	208
1968（昭和43）	三百六十五歩のマーチ	210
1969（昭和44）	ああ人生に涙あり	212
1972（昭和47）	瀬戸の花嫁	196
1977（昭和52）	北国の春	22
1977（昭和52）	津軽海峡冬景色	140
（年代順外）	さくら	32
	ソーラン節	70
	炭坑節	72
	黒田節	200
	草津節	202

ベル譜付きの曲一覧

●ベル単音奏

●ベル和音奏

●ベル単音奏・和音奏

◆文献◆

プロフェッショナル・ユース　歌謡曲のすべて　上巻　全音楽譜出版社、2005.
童謡唱歌集　野ばら社、1973.
日本のうた　第１集　明治・大正　野ばら社、2002.
伴奏つき　こどものうた　野ばら社、2003.
お年寄りと楽しむ楽譜集　音の出会い　ドレミ楽譜出版社、2007.
童謡・唱歌　日本百名歌　主婦の友社、2004.
日本の民謡　野ばら社、2000.
唱歌・童謡ものがたり　読売新聞文化部、1999.

古橋　信孝、吉田　文憲監修　「思わず口ずさむ　なつかしい日本語の歌と詩」 成美堂出版、2004.
合田　道人 「童謡なぞとき　こんなに深い意味だった」 祥伝社黄金文庫、2004.
長田　暁二 「歌でつづる 20 世紀〜あの歌が流れていた頃」 ヤマハミュージックメディア、2003.
海沼　実 「童謡　心に残る歌とその時代」 ＮＨＫ出版、2003.
由井　龍三 「日本の歌、ふるさとの心」 春秋社、2001.
筒井　清忠 「西條八十と昭和の時代」 ウェッジ、2005.
山田　清子 「唱歌 145 曲の散歩道」 朝日新聞社、1992.
堀内　敬三 「定本　日本の軍歌」実業之日本社、1969.

半藤一利監修「大正モダンから戦後まで」日本の歴史を見る（10）世界文化社、2006.
小松左京・堺屋太一・立花隆 企画「20 世紀全記録　chronik 1900—1986」講談社、1986.

●プロフィール

菅田文子（すがた あやこ）

日本音楽療法学会認定音楽療法士
大垣女子短期大学音楽療法コース教授

大阪府出身。ジャズピアノを市川 修氏に師事。ヤマハポピュラーミュージックスクール講師として音楽指導に携わるかたわら、ライブミュージシャンとして活動する。

アメリカ（ニューヨーク）のモロイカレッジ音楽療法科を卒業。アメリカ音楽療法協会認定音楽療法士を得て帰国。

岐阜県音楽療法研究所に研究員として勤務した後、2003年より大垣女子短期大学音楽総合科の音楽療法コース専任講師。岐阜大学大学院で発達心理学を研究、修士号を取得。広島大学大学院博士課程後期単位取得。主として広汎性発達障害児者を対象とした臨床活動を継続し、臨床的即興が治療的にはたらく仕組みについて研究している。2017年4月より現職。

日本音楽療法学会認定音楽療法士、同学会理事。全国音楽療法士養成協議会の音楽療法・音楽教育充実向上委員。作編曲家としてCM 音楽や環境音楽の作曲およびアレンジ活動のかたわら、シンガーの伴奏などライブ活動も積極的に行っている。

著書に『音楽療法で使う即興・伴奏・作曲』、『弾き語りキーボード・セッション② 音楽療法の必須100曲・子ども編』、『同③・おとな編』『同④・ノスタルジー編』（共にあおぞら音楽社刊）。

弾き語りキーボード・セッション①
音楽療法の必須100曲［高齢者編］

2009年 9 月20日　第 1 刷発行
2023年 4 月20日　第14 刷発行

著　者　菅田 文子

発行者　北島 京子
発行所　有限会社 あおぞら音楽社
〒136-0073 東京都江東区北砂 3-1-16-308
電話 03-5606-0185　FAX 03-5606-0190
http://www.aoisora.jp/　E-mail info@aoisora.jp
振替 00110-3-573584

●カバー装幀・本文デザイン・図版・DTP／中村デザインオフィス
●楽譜制作／菅田 文子
●刷版・印刷・製本／株式会社 平河工業社

JASRAC 出 0910689-309

ISBN978-4-904437-03-2 C3073　定価は表紙に表示してあります。

独習用
CD付

音楽療法で使う 即興・伴奏・作曲

ここから始めれば誰でもできる

初心者のための
30日間マスター！

菅田文子［著・作曲・CD演奏］　A4判・112頁・70分CD・譜例多数

ISBN 978-4-904437-14-8　定価（本体1,900円＋税）

**音楽療法士に求められるのは、
既成の楽譜に書かれていないことを演奏する力です。
それが即興・伴奏・作曲です。**

30日間でマスターします（本書の構成）

1　対象者に合わせるための練習①
2　対象者に合わせるための練習②
3　ペンタトニック　自由に即興演奏をするための練習
4　さまざまなペンタトニック
5　主要三和音の伴奏づけ（長調）
6　主要三和音の伴奏づけ（短調）
7　主要三和音の即興的な使い方
8　主要三和音で一緒に演奏を終わる練習（key=F♯）
9　基本拍を促す伴奏①　既製曲の基本拍
10　基本拍を促す伴奏②　太鼓とピアノの即興
11　基本拍を促す伴奏③　太鼓とピアノの即興、応用
12　基本拍を促す伴奏④　太鼓とピアノのテンポ変化
13　基本拍を促す伴奏⑤　太鼓、シンバルとピアノの即興課題
14　さまざまな伴奏パターンを学ぶ①　民謡
15　さまざまな伴奏パターンを学ぶ②　軍歌
16　さまざまな伴奏パターンを学ぶ③　演歌
17　目的に合わせて作曲する①　リラックス体操の伴奏
18　目的に合わせて作曲する②　タオル体操の伴奏
19　目的に合わせて作曲する③　嚥下体操の伴奏
20　目的に合わせて作曲する④　「待つ」ための曲を作る
21　目的に合わせて作曲する⑤　動きを促す音楽の作曲
22　目的に合わせて作曲する⑥　気持ちを表す音楽の作曲
23　目的に合わせて作曲する⑦　言葉や詩に曲をつける
24　1音のためのアレンジ
25　1音のための作曲
26　モード（旋法）と慣用的な表現①　ドリアンのスケール
27　モード（旋法）と慣用的な表現②　リディアン、中近東のスケール
28　モード（旋法）と慣用的な表現③　スペイン風音階
29　モード（旋法）と慣用的な表現④　民謡音階の即興
30　臨床における応用

1人でできる課題と、2人で行う課題に分かれています

6つの目標
（本書でできるようにすること）

1．自分が覚えているメロディーは、楽譜がなくても弾けるようになること
2．自分が歌えるメロディーに伴奏がつけられること
3．体操や手遊びにオリジナルの伴奏をつけること
4．基本拍を促す伴奏ができること
5．音楽療法の活動目標にそった作曲ができること
6．対象者の作った詞に曲をつけること

**本書では、多数の作曲例を紹介しています。
現代の若者の心に寄り添うための作曲として、
ボーカロイドを使った作品もCDに入っています。**

●本書は、既刊『相手を活かす即興と伴奏』を大幅に増補改訂し、多数の参考演奏を収録したCDを付録としたものです。